# DIM CROESO '69
## GWRTHSEFYLL YR ARWISGO

# DIM CROESO '69

## GWRTHSEFYLL YR ARWISGO

# ’69

## Arwel Vittle

y Lolfa

Argraffiad cyntaf: 2019

Derbyniwyd caniatâd i gyhoeddi lluniau, cerddi a darnau
llenyddol yn y gyfrol hon. Ond, yn achos rhai lluniau, er
ymchwilio, ni chanfuwyd pwy sydd berchen ar yr hawlfraint.

Dymuna'r cyhoeddwyr gydnabod cymorth ariannol
Cyngor Llyfrau Cymru

Llun clawr blaen: Geoff Charles trwy ganiatâd
Llyfrgell Genedlaethol Cymru
Llun clawr ôl: Keystone Press / Alamy
Cynllun y clawr: Robat Gruffudd / Y Lolfa

Rhif Llyfr Rhyngwladol: 978 1 78461 710 3

Cyhoeddwyd, rhwymwyd ac argraffwyd yng Nghymru gan
Y Lolfa Cyf., Talybont, Ceredigion SY24 5HE
gwefan www.ylolfa.com
e-bost ylolfa@ylolfa.com
ffôn 01970 832 304
ffacs 832 782

Ymunwch yn y gân, daeogion fawr a mân,
O'r diwedd mae gyda ni Brins yng Ngwlad y Gân.

'Carlo', Dafydd Iwan

Mewn gwlad wallgof, roedd paentio digywilydd a ralïau anferth Cymdeithas yr Iaith yng Nghaernarfon a Chilmeri, a'u nosweithiau llawen eirias, a'r pegynu chwyrn, oll yn afreal bron. Ond roedd yma lu o heddlu cudd real iawn yn erlid, a bomiau go iawn yn tanio, ac yn lladd. A daeth 2,500 o filwyr Prydeinig i Eryri i roi gwers hanes i'r Cymry bach.

*Wyt Ti'n Cofio?*, Gwilym Tudur

Wylit, wylit, Lywelyn,
Wylit waed pe gwelit hyn.

'Fy Ngwlad', Gerallt Lloyd Owen

# Cynnwys

# Rhagymadrodd

DAETH Y SYNIAD am y llyfr hwn rai misoedd yn ôl wrth feddwl am y dathliadau anorfod a fyddai'n siŵr o ddigwydd i nodi hanner canrif wedi'r Arwisgo yn 2019. Barnwyd nad drwg o beth fyddai cyfrol yn cofnodi hanes yr unigolion a'r mudiadau a benderfynodd wrthsefyll Arwisgiad y Tywysog Charles a'r 'Tri Mis o Ddathlu Mawr'. Bwriad y gyfrol hon, felly, yw rhoi syniad i'r darllenydd o sut beth oedd bod ym merw pethau ar y pryd; gan geisio cyfuno hanes llafar llygaid-dystion gyda naratif o'r digwyddiadau a arweiniodd at yr Arwisgo yn 1969. Canolbwyntir ar brofiadau ac atgofion ymgyrchwyr a phrotestwyr yn bennaf. Lleisiau o'r gwrthsafiad sydd yma, nid lleisiau'r sefydliad, na lleisiau brenhinwyr Cymru, er mor niferus oeddynt yn y flwyddyn honno. Roedd yn gyfnod cofiadwy ar sawl ystyr, ac mae gan nifer eu hatgofion unigryw o'r flwyddyn honno; ac er nad oes modd cynnwys profiad pawb fu fyw drwy'r digwyddiadau, fy nod pennaf oedd ceisio rhoi cyfle i'r rhai a oedd yno, ac a chwaraeodd eu rhan, boed fawr neu fach, yn y gwrthwynebiad i ddweud eu stori.

Mae dau ddigwyddiad yn hanfodol i ddeall hanes Cymru yn y chwedegau – y penderfyniad i foddi Cwm Tryweryn ar drothwy'r ddegawd ac Arwisgo 1969 ar ei diwedd. Roedd y naill yn tystio i wendid politicaidd y mudiad cenedlaethol yng Nghymru, wrth i gorfforaethau a gwleidyddion Lloegr gael rhwydd hynt i wneud yr hyn a fynnent â chymunedau Cymru. Roedd y gwrthwynebiad i'r Arwisgo, ar y llaw arall, yn arwydd nad oedd pethau yn gyfan gwbl ar ben, ac nad oedd cenedlaetholdeb yn farw gorn yng Nghymru. Cymaint oedd maint y cynnwrf, bu'n rhaid i'r awdurdodau ddrafftio catrodau o filwyr, cannoedd a blismyn, heddlu cudd a hyd yn oed *agents provocateurs*, er mwyn gallu cynnal seremoni heddychlon yng Nghaernarfon. Canlyniad hynny, i bob pwrpas, oedd gosod rhannau o Gymru dan warchae. Talwyd pris uchel gan rai diniwed a anafwyd mewn ffrwydradau neu a garcharwyd, a thalodd dau'r pris eithaf yn Abergele. Rhwygwyd cymunedau a phrif sefydliadau'r genedl gan y dadlau a'r cecru a ddaeth yn sgil yr achlysur – rhoddwyd Plaid Cymru mewn cyfyng gyngor o ran gwrthwynebu'r digwyddiad neu beidio, achoswyd rhyfel cartref yn rhengoedd yr Urdd, cafwyd ffraeo a surni yn yr Orsedd a'r enwadau crefyddol hefyd, a chynhaliwyd sawl protest ac ympryd ar gampws colegau Prifysgol Cymru. Nid oedd modd i neb osgoi cymryd ochr.

Fel llawer rhan arall o wledydd y gorllewin yn y chwedegau, elfen fawr o brotestiadau'r Arwisgo oedd y gwrthdaro rhwng yr ifanc a'r hen. Yn hyn o beth, gellid dadlau mai 1969 oedd 1968 Cymru – gyda chenhedlaeth o bobl ifanc wedi colli amynedd gyda 'chlaear wladgarwyr' a 'chymedrol nwyd' y genhedlaeth hŷn yn gwrthryfela yn erbyn eu parchusrwydd a'u gwerthoedd saff. Arf draddodiadol y gwan yn erbyn y cryf yw dychan, ac roedd yr Arwisgo yn gocyn hitio rhagorol – o gartwnau ffraeth *Tafod y Ddraig* a *Lol* i ganeuon crafog Dafydd Iwan a'r Dyniadon Ynfyd. Pa well targed i wawd Cymry ifanc modern oedd am newid eu gwlad na seremoni ffug ganoloesol mewn castell llawn o ddynion bydol ddoeth, hen a pharchus?

Roedd sawl gwedd i'r gwrthsafiad, oedd yn cynnwys protestiadau torfol di-drais Cymdeithas yr Iaith, perfformiadau parafilwrol theatrig yr FWA, a bomiau go iawn Mudiad Amddiffyn Cymru; gyda llwyddiannau isetholiadol Plaid Cymru yng Nghaerfyrddin, Gorllewin y Rhondda a Chaerffili yn cynyddu'r tensiwn, ac yn bwydo'r syniad bod yna rywbeth mawr ar droed. Bernir yn gyffredinol mai ystryw gan y Llywodraeth Lafur oedd yr Arwisgo, er mwyn torri crib Plaid Cymru. Dichon bod llawer o wirionedd yn hynny, yn sicr mi fanteisiodd gwleidyddion Llafur fel George

Thomas ar yr achlysur i geisio tanseilio a phardduo'r mudiad cenedlaethol.

Wyneb cyhoeddus y gwrthdystwyr oedd Dafydd Iwan, nid yn unig yn rhinwedd y ffaith mai ef oedd Cadeirydd Cymdeithas yr Iaith yn 1969, ond am ei fod hefyd yn un o sêr y byd pop Cymraeg newydd ac awdur 'Carlo' – anthem ddychanol y protestiadau. Yn eironig iawn, o gofio iddo ddioddef cymaint o ddirmyg milain gan frenhinwyr Cymru, roedd ganddo amheuon ynghylch pa mor ddoeth oedd hi i'r Gymdeithas arwain y gwrthwynebiad i'r syrcas frenhinol, ar draul ymgyrchoedd eraill y mudiad. Gwelai arweinwyr eraill y Gymdeithas, fel Emyr Llywelyn, yr Arwisgo mewn termau symbolaidd – torrwyd datblygiad gwleidyddol Cymru yn 1282 gyda lladd Llywelyn ap Gruffudd, Tywysog brodorol olaf Cymru ac roedd popeth a ddigwyddodd wedi hynny 'yn wyrdroad annaturiol ar ddatblygiad y genedl'. I'r Athro J. R. Jones, nid olyniaeth a llinach frenhinol tywysogion Gwynedd oedd y cwestiwn, ond yn hytrach, 'beth a ddaeth o sofraniaeth y Cymry?'

Un o gymhellion John Jenkins dros blannu bomiau Mudiad Amddiffyn Cymru oedd atgoffa'r Cymry eu hunain, yn ogystal â'r wladwriaeth Brydeinig, o'u bodolaeth fel pobl ac fel cenedl. Iddo ef roedd cynnal yr Arwisgo yn sarhad: 'The attitude of the other side was quite appalling. We've never existed. We were never here. We've only been shadows from God knows where. It's a serious distortion of history.' I rywun fel Gareth Miles, roedd yn galonogol bod Cymru'r cyfnod, am unwaith yn ei hanes, yn ymdebygu i wledydd trefedigaethol eraill oedd yn ymladd am eu rhyddid – gyda mudiad tanddaearol, mudiad protest myfyrwyr a phlaid gymedrol ganol y ffordd. Er na fyddai amryw o aelodau'r carfanau cyfansoddiadol ac anghyfansoddiadol hyn yn arddel na chytuno gyda dulliau ei gilydd, bryd hynny nac wedyn, roedd popeth yn ei ffordd yn cyfrannu i greu awyrgylch chwyldroadol. Nid mater o geisio atal y seremoni rhag mynd yn ei blaen oedd hi i'r protestwyr, serch hynny. Yn ôl Ffred Ffransis, a fu'n rhan ganolog o fwrlwm protestiadau myfyrwyr Aberystwyth yn 1969, nid

11

ennill y frwydr ar y pryd oedd y peth allweddol, ond yn hytrach dangos i genedlaethau'r dyfodol bod brwydr wedi digwydd: 'Bod pobl Cymru'n gallu dweud – mi oedd yna wrthwynebiad. Mae Cymru wedi newid. Fydd o ddim fel 1911, ac mi fydd yn llawer anoddach i rywbeth fel hyn ddigwydd eto.'

Ar ddiwedd yr Arwisgo, roedd Cymru'n wlad wahanol. Roedd y gwrthdaro wedi miniogi meddyliau, agor llygaid a rhoi haearn yng ngwaed y mudiad cenedlaethol. Drwy sefyll yn erbyn urddo mab Brenhines Lloegr yn Dywysog Cymru, a phopeth a gynrychiolid gan hynny, adenillwyd rhyw gyfran o'r hunan-barch a gollwyd adeg y methiant i atal boddi Tryweryn. Gorfodwyd yr awdurdodau Prydeinig i ddangos grym gwladwriaeth amrwd er mwyn cadw'r heddwch yng Nghymru, ac yn y dyddiau hynny, yng ngeiriau Saunders Lewis, 'fe fu hi'n go agos at beth tebyg i ryfel agored rhwng plismyn y llywodraeth a phobl ifainc Cymru Gymraeg. Ni bydd hi fyth eto yn union fel cynt.'

# Diolchiadau

MAE'R LLYFR HWN yn dibynnu'n helaeth ar dystiolaeth lafar ac ysgrifenedig a gasglwyd rhwng haf 2018 a gwanwyn 2019. Rwyf felly'n hynod ddiolchgar i'r canlynol a gytunodd yn hael i rannu eu hatgofion o'r cyfnod – Sioned Bebb, Ieuan Bryn, Myrddin ap Dafydd, Twm Elias, Ffred Ffransis, Nia Griffith, Peter Hughes Griffiths, Robat Gruffudd, Alwyn Gruffydd, John Jenkins, Lowri Morgan, Eryl Owain, Manon Rhys, Ioan Roberts, Wyn Thomas, Siân Wyn Siencyn, Nest Tudur, Dafydd Wigley, Ieuan Wyn a Mari Wyn. Diolch hefyd i Manon Rhys am ganiatáu cynnwys darnau diwygiedig o'i nofel *Ad Astra*, ac i Owain Williams am adael i mi gyfaddasu detholiad o'i hunangofiant, *Tryweryn – A Nation Awakes*.

Mae fy nyled yn arbennig o fawr i'r canlynol, nid yn unig am rannu eu profiadau ond hefyd am sawl cymwynas arall – Emyr ac Eiris Llywelyn am eu croeso a'u cyngor, Gareth a Gina Miles am gael benthyg llyfrau lloffion sy'n archif amhrisiadwy ynddynt eu hunain, ac yn yr un modd Arfon Gwilym am adael i mi bori yn ei drysorfa o ffotograffau, dogfennau, papurau newydd a gohebiaeth o'r cyfnod. Diolch hefyd i Lyn Ebenezer am ei eiriau caredig, ei atgofion ac am wirio rhai ffeithiau, ac i Dafydd Iwan am rannu ei atgofion a chydsynio i ddefnyddio rhai o eiriau cofiadwy ei ganeuon yn y gyfrol.

Diolch i Marged Tudur a Robat Trefor am fynd yr ail filltir wrth olygu'r testun, ac i weddill criw'r Lolfa am eu gwaith caboledig wrth osod, dylunio ac argraffu'r llyfr.

Ni fyddai'r llyfr wedi gweld golau ddydd heb gyfraniad pob un o'r uchod, ac mae eu parodrwydd i'm cynorthwyo yn golygu mai cywaith yw'r llyfr terfynol i raddau helaeth iawn. Rwy'n gobeithio 'mod i wedi gwneud cyfiawnder â'u cyfraniadau, ac yn sicr dylid priodoli popeth difyr sydd rhwng y cloriau iddynt hwy, a phob diffyg i'r awdur.

# 1

# Diwedd y teulu brenhinol

AR YR 11EG o Ragfyr 1282, digwyddodd sgarmes waedlyd yn agos at Afon Irfon ger pentref Cilmeri ym Mhowys. Ymladdfa oedd hon rhwng marchogion Seisnig a mintai o Gymry a oedd yn teithio ar droed. Digwyddiad bychan ond un ag arwyddocâd hanesyddol pellgyrhaeddol, oherwydd un o'r fintai a laddwyd gan y Saeson oedd Llywelyn ap Gruffudd, arweinydd teyrnas Gwynedd a Thywysog Cymru.

Etifeddodd Llywelyn wlad a oedd dan fygythiad parhaus gan deyrnas bwerus Harri III, Brenin Lloegr. Fyth ers Cytundeb Woodstock yn 1247 roedd Gwynedd wedi'i rhannu rhwng Llywelyn a'i ddau frawd, Owain a Dafydd, fel rhan o fwriad Harri III i gadw'r gwrthwynebiad Cymreig i goron Lloegr yn wan a rhanedig. Wedi brwydr Bwlch Derwin yn 1255 trechwyd Owain a Dafydd gan Lywelyn, a chyhoeddodd ei hun yn Dywysog Gwynedd gyfan. Yn 1258, gyda Harri yn pryderu am ei farwniaid gwrthryfelgar, gofynnodd Llywelyn ap Gruffudd i Arglwyddi Deheubarth a Phowys ddatgan teyrngarwch iddo ef yn hytrach na Harri, a mabwysiadodd y teitl 'Tywysog Cymru'. Yna, rhoddodd byddin Gwynedd gychwyn ar gyfres o ymgyrchoedd yn erbyn y Saeson ac adenillwyd tiroedd a gollwyd yng Ngwynedd a Phowys. Canlyniad hyn oedd gorfodi Harri III i gydnabod Llywelyn fel Tywysog Cymru yn ffurfiol yng Nghytundeb Trefaldwyn yn 1267.

Pan fu farw Harri yn 1272, fe'i holynwyd gan Edward I, ond gwrthododd Llywelyn fynychu seremoni coroni Edward. Ar bum achlysur fe'i gorchmynnwyd i dalu gwrogaeth i'r Brenin newydd ond gwrthododd bob tro. Roedd canlyniad hyn yn anorfod ac yn 1277 ymosododd byddin Edward, a dioddefodd lluoedd Llywelyn golledion cyson. Gorfodwyd Llywelyn i geisio heddwch ac o dan delerau Cytundeb Aberconwy yn y flwyddyn honno, collodd ei holl diroedd heblaw'r rhai yng Ngwynedd i'r gorllewin o Afon Conwy. Ar Sul y Blodau 1282, gwrthryfelodd Dafydd yn erbyn Edward ac ymosod ar y Saeson yng Nghastell Penarlâg, ac yna gosod gwarchae ar Gastell Rhuddlan. Lledodd y gwrthryfel yn gyflym i rannau eraill o Gymru, gyda'r Cymry'n cipio cestyll Aberystwyth a Charreg Cennen yn y Deheubarth. Nid oedd dewis gan Lywelyn ond ymuno â'r gwrthryfel.

Cafodd y Cymry gryn lwyddiant ar y dechrau. Trechwyd byddin Edward yn Llandeilo a dinistriwyd llongau brenin Lloegr ym Mrwydr Moel-y-don ar y Fenai. Eto i gyd, wrth i'r rhyfel barhau symudodd y pendil o blaid Edward I. Penderfynodd Llywelyn deithio i ardal Buellt ym Mrycheiniog i ennill cefnogwyr gan adael Gwynedd yng ngofal ei frawd Dafydd. Mae union gymhellion Llywelyn dros adael y gogledd yn ddirgelwch, ac amheuir iddo gael ei dwyllo i adael cadernid Eryri trwy gynllwyn teulu Roger Mortimer o Lanfair-ym-Muallt. Beth bynnag oedd y rheswm, bu'r penderfyniad yn un a seliodd dynged Llywelyn ei hun ac a newidiodd gwrs hanes Cymru.

Mae union amgylchiadau marwolaeth Llywelyn yn aneglur. Yn ôl un ffynhonnell dywedir bod Llywelyn wedi cael ei wahanu oddi wrth ei osgordd a chael ei ladd gan farchog Seisnig o'r enw Stephen de Frankton, nad oedd yn sylweddoli pwy yr oedd wedi'i ladd. Dywed ffynhonnell arall fod Llywelyn a deunaw o'i filwyr wedi cael eu hynysu ar ôl brwydr fawr rhwng y Cymry a'r Saeson ac wedi ffoi i goedwig ger Aberedw. Yno yng Nghilmeri, ar fore'r 11eg o Ragfyr 1282, y cafodd Llywelyn ei amgylchynu gan y Saeson a'i ladd.

Torrwyd pen y Tywysog a'i anfon i Lundain lle cafodd ei arddangos ar glwydi'r Tŵr. Fe'i coronwyd gydag eiddew, i wawdio'r hen broffwydoliaeth Gymreig y byddai Cymro yn cael ei goroni yn Llundain fel Brenin Ynys Prydain. Nid yw bedd corff Llywelyn yn hysbys, ond yn ôl y traddodiad cafodd ei gludo i Abaty Sistersaidd Cwm-hir, a'i gladdu yno. Erbyn heddiw, saif maen coffa yng Nghilmeri i ddynodi'r fan lle lladdwyd y Llyw Olaf.

I'r beirdd yr oedd marwolaeth Llywelyn a chwymp teyrnas Gwynedd yn ddiwedd byd. Yn y farwnad enwocaf i'r Llyw Olaf o'r cyfnod, mae'r bardd Gruffudd ab yr Ynad Coch yn darlunio cwymp Tywysog Gwynedd fel apocalyps:

Poni welwch chwi hynt y gwynt a'r glaw?
Poni welwch chwi'r deri'n ymdaraw?
Poni welwch chwi'r môr yn merwinaw'r tir?
Poni welwch chwi'r gwir yn ymgyweiriaw?
Poni welwch chwi'r haul yn hwyliaw'r awyr?
Poni welwch chwi'r sŷr wedi'r syrthiaw?

Gyda cholli Llywelyn, chwalwyd y gwrthryfel yn gyflym ac ymhen ychydig o flynyddoedd roedd Cymru gyfan yng ngafael dwrn dur Edward. Parhaodd Dafydd, fel olynydd Llywelyn, â'r frwydr am sawl mis, ond ym mis Mehefin 1283 cafodd ei ddal yn yr ardal uwchben Abergwyngregyn. Aed ag ef i'r Amwythig lle cafodd ei gondemnio i farwolaeth. Cafodd ei lusgo drwy'r strydoedd, ei grogi, ei ddiberfeddu a'i chwarteru.

Ar ôl y goncwest yn 1283, meddiannodd Edward gartref tywysogion Gwynedd a sefydlu ei lys yn Abergwyngregyn, ac aeth ati'n fwriadol i ddileu holl symbolau ac arwyddion brenhinol Gwynedd. Gorymdeithiwyd â chrair crefyddol pwysicaf Gwynedd, y Groes Naid, yn fuddugoliaethus trwy strydoedd Llundain yn 1285 dan arweiniad Edward I, y Frenhines, Archesgob Caergaint a phedwar ar ddeg o esgobion ac arglwyddi. Trwy hyn yr oedd Edward yn cyhoeddi gerbron y byd ddifodiad teyrnas Gwynedd a meddiannu'i thywysogaeth gan Goron Lloegr.

Dygwyd Gwenllian, merch Llywelyn, i Briordy

Sempringham yn Swydd Lincoln lle treuliodd weddill ei hoes, gan ddod yn lleian yn 1317 a marw yno yn ddietifedd yn 1337, heb wybod fawr ddim am ei threftadaeth na medru fawr ddim o Gymraeg. Codwyd carreg goffa iddi ger hen safle'r abaty yn 2001. Cafodd saith o gefndryd Gwenllian eu dal yn ogystal; anfonwyd pump o'r merched i Briordai Alvingham a Six Hills, hefyd yn Swydd Lincoln, gan gynnwys Gwladys, merch Dafydd ap Gruffudd. Carcharwyd Llywelyn ac Owain, brodyr iau Gwladys, yng Nghastell Bryste. Bu farw Llywelyn o fewn ychydig flynyddoedd i'w garcharu, yn 1287, a chadwyd Owain yn gaeth ar hyd ei oes. Yn 1305, ugain mlynedd ar ôl ei ddal, gorchmynnodd y Brenin y dylid ei gadw mewn 'wooden cage bound with iron' o fewn muriau'r castell. Yn fwy dirdynnol fyth, ysgrifennodd Owain at Edward II yn 1312 yn ymbil am gael caniatâd i 'go and play within the wall of the castle'. Roedd yn 36 oed erbyn hynny, ac wedi'i garcharu am bron i ddeng mlynedd ar hugain. Gwrthodwyd ei gais. Nid yw union ddyddiad nac amgylchiadau ei farwolaeth yn wybyddus.

Nid oes cofnod o frawd hynaf Llywelyn, Owain Goch, ar ôl 1282 ac mae'n bosib iddo gael ei lofruddio. Felly, diweddodd gweddill teulu brenhinol Gwynedd eu bywydau mewn caethiwed – gyda dau eithriad: Madog ap Llywelyn, cefnder pell, a ddefnyddiodd y teitl Tywysog Cymru gan arwain gwrthryfel aflwyddiannus yn 1294, a Rhodri, brawd iau Llywelyn ap Gruffudd.

Goroesodd Rhodri (a alltudiwyd o Gymru yn 1272) trwy osgoi tynnu sylw ato ei hun a byw bywyd uchelwrol tawel, gan ddal maenordai yn Swydd Gaerloyw, Swydd Gaer, Surrey a Phowys. Bu farw yntau tua 1315. Yn ddiweddarach hawliwyd y teitl 'Tywysog Cymru' gan ŵyr Rhodri, sef Owain ap Thomas ap Rhodri, a oedd yn fwy adnabyddus fel Owain Lawgoch neu Yvain des Galles. Aeth Owain yn filwr i Ffrainc ac ochri gyda'r Ffrancwyr yn eu brwydr yn erbyn y Saeson. Pan ddechreuodd gynllunio i hawlio ei etifeddiaeth Gymreig yn ôl, anfonwyd John Lambe, ysbïwr ar ran coron Lloegr, i'w lofruddio yn 1378.

Claddwyd Owain ger Mortagne-sur-Gironde yn Ffrainc, lle saif cofeb iddo heddiw.

Yn 1284, sicrhaodd Edward I fod ei fab Edward (Edward II yn ddiweddarach) yn cael ei eni yng Nghastell Caernarfon, gan ddangos i'r Cymry fod ganddynt feistri gwleidyddol newydd. Daeth Edward yn 'Dywysog Cymru' yn swyddogol yn Lincoln yn 1301 – y tywysog cyntaf o Loegr i gael ei arwisgo yn Dywysog Cymru.

Ar sawl gwedd mi oedd diwedd teulu brenhinol Gwynedd yn un o'r digwyddiadau hanesyddol hynny a fyddai'n cael effaith am ganrifoedd i ddod. Fel dywed John Davies: 'Tynged y Cymry mwyach, ledled eu gwlad, fyddai byw o dan drefn wleidyddol na oddefai ond safle israddol iddynt hwy ac i'w priodoleddau, ffaith a fyddai'n elfen ganolog yn eu profiad hyd yr awr a'r funud hon.'

# 2

# Arwisgiad Lloyd George

YN FUAN IAWN daeth yn draddodiad i frenhinoedd Lloegr arwisgo eu hetifeddion yn Dywysog Cymru. Ar y cychwyn defnyddid coronig Llywelyn ap Gruffudd, a gafodd ei dwyn o Abaty Cymer gan Edward I, yn y seremoni Arwisgo. Defnyddiwyd coronig Llywelyn ar bob achlysur hyd nes yr aeth yn rhy hen i'r diben. Yr hyn sy'n drawiadol yw nad seremoni gyhoeddus fawreddog oedd Arwisgo Tywysog Cymru tan 1911. Cyn hynny cynhaliwyd y seremoni gymharol fechan o flaen aelodau Senedd Lloegr.

Roedd y penderfyniad i wneud Arwisgiad y Tywysog Edward (Edward VIII yn ddiweddarach, a Dug Windsor wedi hynny) yn achlysur cyhoeddus mawreddog i'w briodoli'n sylweddol i gynllwynio politicaidd David Lloyd George, Aelod Seneddol Bwrdeistrefi Caernarfon a Changhellor y Trysorlys. Mewn ymateb i'w bryderon am ei boblogrwydd ei hun a thwf cenedlaetholdeb Cymreig, llwyddodd Lloyd George i fanteisio ar y bwriad i arwisgo Edward trwy ddarbwyllo'r Brenin Siôr V i gynnal seremoni gyhoeddus. Yn ei hunangofiant, dywedodd Edward ei fod yn gobeithio y byddai'r seremoni 'will help Papa in his dealings with the difficult Mr Lloyd George'. Felly, am y tro cyntaf erioed, cynhaliwyd Arwisgiad cyhoeddus yng Nghastell Caernarfon ar y 13eg o Orffennaf 1911. Gwelir ôl dylanwad Lloyd George ar y lleoliad hefyd. Er bod Caernarfon ar sawl cyfrif yn anhygyrch, dyna'r fan lle cyflwynodd Edward I ei fab i'r Cymry yn ôl yn y drydedd ganrif ar ddeg ac roedd

19

wrth gwrs, yn gyfleus iawn, ynghanol etholaeth seneddol Lloyd George.

Mae'n debyg bod Cymry'r cyfnod wedi rhoi croeso brwd i'r bwriad, gan weld y seremoni fel cydnabyddiaeth o genedligrwydd Cymru. Lleiafrif oedd y lleisiau croes, fel Keir Hardie, Aelod Seneddol Merthyr Tudful ac Aberdâr, a ddatganodd fod yr holl beth yn symbol o ormes hanesyddol gan ychwanegu bod Edward yn 'son of a conqueror' ac y dylai'r seremoni wneud i bob Cymro 'who was patriotic, blush with shame. Every flunkey in Wales, Liberal and Tory alike, was grovelling on his hands and knees to take part in the ceremony.'

Un ôl-nodyn diddorol i Arwisgo 1911 yw pan orfodwyd i Edward VIII ildio'r goron yn 1936 yn sgil sgandal ei berthynas gyda Wallis Simpson, aeth â choronig yr Arwisgo gydag ef i'w alltudiaeth, rhywbeth a oedd mewn gwirionedd yn anghyfreithlon ac yn weithred o ladrad. Eto i gyd, gellid dadlau mai'r cyfan wnaeth Edward oedd parhau'r traddodiad o dywysogion Seisnig Cymru yn dwyn creiriau hanesyddol.

Yn aml, tybir mai ymateb Llywodraeth Lafur Harold Wilson i lesteirio adfywiad cenedlaetholdeb yng Nghymru oedd Arwisgo 1969, ond nid syniad gwreiddiol Llafur oedd cynnal seremoni Arwisgo rwysgfawr arall, ond yn hytrach rhywbeth a etifeddwyd oddi wrth y llywodraeth Geidwadol flaenorol. Fel nododd yr hanesydd John S. Ellis, nid oedd gan lywodraeth Dorïaidd Harold Macmillan enw da yng Nghymru'r 1950au; gwrthwynebodd argymhellion ar gyfer creu Swyddfa Gymreig a chymeradwyodd foddi Cwm Tryweryn gan Gorfforaeth Lerpwl yn 1957. Mewn ymgais i roi siwgr ar y bilsen, trefnodd llywodraeth Macmillan y Festival of Wales yn 1958. Uchafbwynt yr ŵyl oedd cynnal Gemau'r Gymanwlad yng Nghaerdydd, oedd newydd ei dynodi yn brifddinas yn 1955. Awgrym Macmillan mae'n debyg oedd y dylai'r Frenhines goroni'r achlysur trwy gyhoeddi'n swyddogol y byddai Charles, ei mab saith oed, yn cael y teitl 'Tywysog Cymru'.

Ym marn Henry Brooke, y Gweinidog dros Faterion

Cymreig, byddai creu Tywysog Cymru newydd yn gam hynod boblogaidd. Meddai: 'To possess a Prince of Wales has a meaning and a value for Welshmen which is easy for us in England to underestimate.' O ganlyniad, yn y seremoni i gloi Gemau'r Gymanwlad, chwaraewyd neges ar dâp gan y Frenhines, yn datgan ei bod am ddynodi llwyddiant y 'Festival of Wales' a'r 'British Empire and Commonwealth Games' drwy wneud ei mab, Philip Charles Arthur George yn Dywysog Cymru, gan ychwanegu: 'When he is grown up, I will present him to you at Caernarfon.'

# 3

# 'Cyflwyno Cymru i'r byd ar ei gwisg gorau'

GWNAETH Y FRENHINES ei datganiad y byddai ei mab hynaf yn dod yn Dywysog Cymru, ac y byddai'n cael ei arwisgo'n ffurfiol mewn seremoni yng Nghaernarfon, gwta flwyddyn ar ôl i San Steffan gymeradwyo mesur seneddol Cronfa Ddŵr Tryweryn. Pasiwyd y Mesur er gwaethaf gwrthwynebiad pob Aelod Seneddol Cymreig namyn un – ffaith oedd yn dystiolaeth glir i amryw bod gwleidyddiaeth gonfensiynol yn analluog i amddiffyn buddiannau Cymru a'i phobl. Ar sawl cyfri felly, roedd Tryweryn yn drobwynt, ac yn gatalydd ar gyfer popeth arall a ddigwyddodd yng Nghymru yn y chwedegau ac wedyn.

Nid y pleidiau Prydeinig yn unig oedd yn cael y bai am y methiant i achub Tryweryn. Roedd canfyddiad ymysg carfan sylweddol o genedlaetholwyr fod cymuned Capel Celyn wedi cael ei haberthu er mwyn uchelgais arweinyddiaeth Plaid Cymru. Haerwyd bod y Blaid, wrth geisio denu cefnogaeth etholiadol ehangach, wedi colli cyfle i arwain protestiadau mwy uniongyrchol yn erbyn y boddi. Achosodd hyn ddadrith a pheth drwgdeimlad yn y mudiad cenedlaethol – yn enwedig ymysg aelodau iau'r Blaid – a daeth yn hollol amlwg i lawer nad oedd buddiannau diwylliannol a gwleidyddol Cymru yn cael eu gwarchod gan y drefn Brydeinig, na Phlaid Cymru chwaith, ac allan o'r sylweddoliad hwn cododd mudiadau oedd yn arddel gweithredu mwy uniongyrchol, a oedd yn cynnwys torcyfraith.

Un o'r mudiadau amlycaf i godi yn y cyfnod wedi Tryweryn oedd Cymdeithas yr Iaith. Sefydlwyd y Gymdeithas yn 1962, yn rhannol o ganlyniad i ddarlith radio enwog *Tynged yr Iaith* Saunders Lewis. Roedd ymgyrchoedd cyntaf y Gymdeithas yn ymwneud â cheisio sicrhau statws swyddogol i'r iaith, gan alw am ffurflenni treth, arwyddion swyddfa'r post, tystysgrifau geni ac ati yn y Gymraeg. Cynhaliwyd protest dorfol gyntaf y Gymdeithas ym mis Chwefror 1963 ynghanol tref Aberystwyth lle bu protestwyr yn gludo posteri ar y swyddfa bost, cyn symud i Bont Trefechan, lle'r eisteddodd degau o aelodau ar ganol y ffordd i rwystro traffig. Erbyn canol y chwedegau roedd y Gymdeithas yn datblygu i fod yn fudiad protest di-drais egnïol ac effeithiol, ac ar fin cychwyn ar ei hymgyrch fwyaf amlwg a llwyddiannus o weithredu uniongyrchol, sef paentio arwyddion ffyrdd uniaith Saesneg.

Ar yr un pryd yr oedd cenedlaetholwyr eraill â'u bryd ar weithredu mwy milwriaethus, a dau o'r mudiadau hynny oedd Byddin Rhyddid Cymru, sef yr FWA, a Mudiad Amddiffyn Cymru (MAC).

Mudiad cudd tanddaearol oedd MAC, a ffurfiwyd mewn ymateb uniongyrchol i'r penderfyniad i foddi Cwm Tryweryn ac yn 1963 ffrwydrodd y mudiad drosglwyddydd ar safle'r argae arfaethedig, a charcharwyd Emyr Llywelyn Jones, myfyriwr ym mhrifysgol Aberystwyth, Owain Williams, perchennog caffi ym Mhwllheli a John Albert Jones, cyn-swyddog yn yr Awyrlu, am eu rhan yn y weithred. Wedi hynny dychwelodd John Albert i fagu teulu a gweithio fel paentiwr yn ei filltir sgwâr ym Mhwllheli, ymroddodd Emyr Llywelyn at weithredu di-drais gyda Chymdeithas yr Iaith, tra aeth Owain Williams yn weithgar gyda grwpiau milwriaethus eraill fel y Patriotic Front.

Yn dilyn bomio argae Tryweryn gan MAC yn 1963, paentiwyd sloganau ar waliau ar hyd a lled y gogledd a'r canolbarth oedd nid yn unig yn siarsio pobl i 'Gofio Tryweryn', ond hefyd i gyhoeddi ymddangosiad y 'Free Wales Army'. Yng ngeiriau Meic Stephens, 'dim ond slogan ar wal' oedd yr FWA i gychwyn, ond ysbrydolwyd rhai i droi'r slogan yn ffaith. Un o'r rhai hynny oedd Julian Cayo-Evans, cyn-filwr a bridiwr ceffylau 27 oed o Silian, ger Llanbedr Pont Steffan. Cymeriad carismataidd oedd Cayo, ac roedd ganddo yn ogystal ddawn amheuthun i sicrhau cyhoeddusrwydd i'w achos. Ym mis Hydref 1965, denodd ef a dau o'i gefndryd sylw mawr trwy ymddangos mewn gwisgoedd milwrol yn cario baner y Ddraig Goch mewn rali i brotestio yn erbyn agor argae Tryweryn. Un arall o gymeriadau amlwg y fyddin newydd gyda'i batshyn du dros ei lygad, a'i gi alsasian Gelert, oedd Dennis Coslett, cyn löwr a chyn-filwr o ardal Llanelli. Ond er gwisgo lifrai, nid byddin ddisgybledig oedd yr FWA, ac er gwaethaf ei henw nid oedd ganddi fawr o strategaeth filwrol chwaith. Ei hunig arfau oedd casgliad brith o ddrylliau, a jeligneit achlysurol a fachwyd o ambell chwarel leol, a phrif weithgarwch yr aelodau oedd ymddangos mewn ralïau yn eu dillad milwrol, a phaentio graffiti a sloganau. Ond prif effaith y gweithgareddau hyn oedd rhoi'r argraff gamarweiniol fod yna fyddin gudd fawr yn aros i godi mewn gwrthryfel agored.

Mewn gwirionedd, roedd llawer o genedlaetholwyr yn ystyried yr FWA yn fymryn o ffars, ond er hynny roedd yna gryn dipyn o gydymdeimlad iddynt ar lawr gwlad. Cadarnheir hynny gan Lyn Ebenezer, un a ddaeth i adnabod Cayo yn dda:

Mae pobl wedi wfftio'r FWA ond roedd gyda nhw gefnogaeth boblogaidd yn y pentrefi rownd ffordd hyn yn ardal Tregaron a Phontrhydfendigaid. Er enghraifft, rwy'n cofio dawns yn Llanon ac ar y wal anferth o Iwnion Jac, a dyma Cayo a gang o fois o Bontrhydfendigaid yn gweiddi 'Get that Bloody rag off the wall!' A dyma un o fois Bont yn dringo lan, tynnu'r faner a'r ddawns yn mynd 'mlaen, a dyma un ohonyn nhw'n tanio *lighter* a fyny aeth y fflag yn un fflam fawr. Daeth plismon mewn a wedodd Cayo wrtho fe 'Gwranda 'ma gwd boi os ti ishe mynd adre'n iach cer nawr!' Mynd 'nath e, ac roedd pobl yn cymeradwyo ac yn ein clapio ni fel arwyr mowr! Roedd y pethe 'ma'n digwydd.

Yn achos Mudiad Amddiffyn Cymru, yn dilyn arestio ei sylfaenwyr ar ôl ffrwydradau Tryweryn, bu'n rhaid i'r mudiad ad-drefnu'n sylweddol. Aethpwyd ati i recriwtio aelodau newydd a gwnaed hynny i raddau helaeth o dan arweinyddiaeth John Jenkins, Cymro di-Gymraeg o dde Cymru.

Rhingyll yng Nghorfflu Deintyddol y Fyddin Brydeinig oedd Jenkins, ac eithafwr Cymreig annhebygol ydoedd. Fe'i ganed yn 1933, a chafodd ei fagu ym Mhen-y-bryn yng Nghwm Rhymni. Ymunodd â'r Fyddin Brydeinig yn 1952, a threulio cyfnodau gyda'r fyddin yn yr Almaen a Chyprus lle gwelodd ymgyrch *guerilla* cenedlatholwyr Groegaidd EOKA yn erbyn Prydain. Yn ystod ei gyfnod yn y fyddin ac yn dilyn Tryweryn, gwelodd Jenkins nad oedd y Cymry yn cael eu cydnabod fel pobl o gwbl gan Brydain, a'u bod yn cael eu dileu o hanes:

The attitude of the other side was quite appalling. We've never existed. We were never here. We've only been shadows from God knows where. It's a serious distortion of history.

Ar ôl dychwelyd i Gymru yn 1965, bu'n byw gyda'i deulu yn Wrecsam ac yntau wedi ei leoli ym Marics Saighton, Swydd Gaer. Yn fuan wedi hynny, yn dilyn yr hyn a welai fel methiant dulliau cyfansoddiadol Plaid Cymru i atal boddi cwm arall yng Nghymru, sef Cwm Clywedog yn Sir Drefaldwyn, er mwyn cyflenwi dŵr i ddinas Birmingham, penderfynodd Jenkins y byddai'n ceisio arwain ymgyrch o weithredu milwriaethus yn erbyn y wladwriaeth Brydeinig:

I 'took up arms' because with many other people, I could feel instinctively that our national identity, our sacred soul, our everything, was not only being threatened but was in the last stages of survival. My aim was to create a state of mind, so that people would not accept all that the English government said and did as Moses on the Mount; to make them realise that all actions are acceptable when performed in the national interest.

We must always remember that to be liked is fatal, because all we can hope for then is benign toleration. We must aim preferably at being hated, then at least we gain a healthy respect. Force is to diplomacy what bullion is to banknotes. I have always believed that there is a direct connection between one's social attitude towards a people, and its fighting record.

Daeth Jenkins i'r casgliad fod angen un elfen hanfodol ar gyfer i'r ymgyrch lwyddo, sef y dylai gweithredwyr weithredu mewn 'celloedd' o ddau neu dri yn unig ac mai dim ond arweinydd cell fyddai'n hysbys i Jenkins ei hun. Yn bwysicach fyth, ni fyddai hyd yn oed arweinydd y gell yn gwybod dim am gefndir Jenkins, gan gynnwys ei enw.

Ers bomio argae Tryweryn roedd MAC wedi ceisio ymosod ar bibellau dŵr yng Nghymru. Cafwyd un ffrwydrad ger cronfa ddŵr Clywedog ym mis Mawrth 1966 ac ymgais aflwyddiannus ym Mawrth 1967 i fomio'r bibell ddŵr o Gwm Elan i Birmingham. Ym mis Medi 1967 gweithredodd John Jenkins a Frederick Alders – cydweithiwr iddo ym mand pres y Fyddin Diriogaethol – am y tro cyntaf yn enw MAC. Llwyddwyd i ffrwydro'r bibell oedd yn cario dŵr o Lyn Efyrnwy i Lerpwl yn Llanrhaeadr-ym-Mochant. Dros y ddwy flynedd nesaf, aeth y ddau ati i blannu nifer o ddyfeisiadau ffrwydrol. Credir nad oeddent yn gweithredu ar eu pennau eu hunain, ac er mai dynion oedd yn gosod y bomiau, dywed Jenkins fod y rôl a chwaraewyd gan ferched oedd yn cydymdeimlo â'r achos yn hanfodol hefyd.

Er gwaethaf y feirniadaeth ymysg cenedlaetholwyr o strategaeth Plaid Cymru, a'i harweinydd Gwynfor Evans yn benodol, yn 1966 profodd y Blaid ei llwyddiant etholiadol mwyaf ers ei sefydlu yn 1925. Yn dilyn marwolaeth Megan Lloyd George, yr Aelod Seneddol Llafur, bu'n rhaid cynnal isetholiad seneddol yng Nghaerfyrddin ar y 14eg o Orffennaf 1966. Canlyniad y bleidlais oedd buddugoliaeth i Gwynfor Evans, Llywydd Plaid Cymru, dros Gwilym Prys Davies, yr ymgeisydd Llafur. Daeth Gwynfor felly yn Aelod Seneddol cyntaf y Blaid. Dilynwyd hyn ymhen ychydig, ym mis Mawrth 1967, gan isetholiad Gorllewin y Rhondda lle daeth Vic Davies o fewn trwch blewyn i gipio'r sedd oddi ar Lafur i Blaid Cymru. Achosodd y canlyniadau hyn ddaeargryn gwleidyddol yng Nghymru – rhoddodd wynt yn hwyliau'r mudiad cenedlaethol a bygwth gafael y Blaid Lafur ar ei chadarnleoedd.

Erbyn canol y chwedegau, rhwng protestiadau Cymdeithas yr Iaith, ymddangosiadau dramatig yr FWA, bomiau MAC a llwyddiant etholiadol Plaid Cymru, roedd y cynnwrf gwleidyddol yng Nghymru yn dechrau dod i'r berw. Ynghanol hyn i gyd roedd angen i'r Llywodraeth Lafur a'r teulu brenhinol ddod i benderfyniad ynghylch pryd i gynnal yr Arwisgo. Ar ôl 1964, roedd y Swyddfa Gymreig newydd yn awyddus i fwrw ymlaen â'r seremoni cyn gynted â phosib. Dywedir bod y Palas yn llai awyddus, ac yn 1965, hysbyswyd y Prif Weinidog Harold Wilson gan y Frenhines y byddai'r seremoni'n cael ei gohirio hyd nes y byddai Charles wedi cwblhau ei addysg.

Penodwyd Cledwyn Hughes, Aelod Seneddol Môn, yn Ysgrifennydd Gwladol Cymru yn 1966. Yn ôl ei gofiannydd, D. Ben Rees, roedd Hughes yn frenhinwr brwd a phan olynodd James Griffiths fel Ysgrifennydd Gwladol, dywed iddo wneud yr Arwisgo'n flaenoriaeth: 'Nid Cledwyn a feddyliodd am yr Arwisgo, ond ef a fu'n gyfrifol am y digwyddiad.' Ar y llaw arall, awgrymodd Gwilym Prys Davies fod Palas Buckingham yn awyddus i'r seremoni ddigwydd rhywbryd rhwng 1969 ac 1970 ar ôl i Charles orffen ei astudiaethau yng Nghaergrawnt, ac mai'r teulu Brenhinol oedd yn bennaf gyfrifol am bennu'r dyddiad. Beth bynnag yw'r gwir am hyn, mae'n glir bod unigolion uchel yn y Llywodraeth yn gweld yr Arwisgo fel ffordd o dorri crib cenedlaetholdeb yng Nghymru, a rhoi Plaid Cymru yn arbennig mewn sefyllfa letchwith.

Wrth i'r drafodaeth fynd rhagddi, pwysodd Cledwyn Hughes

27

yn daer am gyfnod paratoadol i Charles cyn yr Arwisgiad, lle byddai'n cael sesiynau briffio rheolaidd ar faterion cyfoes yng Nghymru gan y Swyddfa Gymreig yn uniongyrchol. Yn fwy arwyddocaol, awgrymodd y dylai'r Tywysog fynychu tymor yn un o golegau Prifysgol Cymru i astudio hanes a thraddodiadau Cymru. Felly mae'n bur debyg mai erfyniadau parhaus Cledwyn Hughes a achosodd i'r Frenhines gytuno, yn anfoddog o bosib, ym mis Chwefror 1967 y dylid cynnal yr Arwisgiad cyn i'r Tywysog raddio o Gaergrawnt yn haf 1969, ac ar ben hynny y byddai'r Tywysog yn mynychu cwrs astudio dwys am wyth wythnos yng Ngholeg Prifysgol Cymru Aberystwyth, rhwng Ebrill a Mai yn nhymor yr haf y flwyddyn honno.

Yn draddodiadol roedd trefniadau Arwisgiadau yn nwylo'r sefydliad brenhinol. Ers 1483, Dugau Norfolk fu'n gyfrifol am drefnu seremonïau brenhinol. Roedd Bernard Marmaduke Fitzalan Howard, 16fed Dug Norfolk, wedi gwasanaethu fel prentis i'w dad yn angladd George V a Choroni George VI yn 1936 ac wedi cadeirio trefniadau angladd George VI yn 1952, coroni Elizabeth II yn 1953 ac angladd Winston Churchill yn 1965. Ar ôl i'r Goron bennu dyddiad ar gyfer y seremoni gyda'r Swyddfa Gymreig, gofynnodd y Frenhines i'r Dug gadeirio pwyllgor i gynllunio trefniadau'r Arwisgo ar gyfer ei mab. Roedd y Frenhines eisoes wedi penodi'r arbenigwr ar herodraeth a Chymro Cymraeg, Major Francis Jones, i fod yn ymgynghorydd Cymreig y seremoni. Yn wir cymerodd y teulu brenhinol ei hun ran fwy rhagweithiol wrth gynllunio seremoni a threfniadau 1969 nag a wnaeth yn 1911. Yn ganolog i hyn oedd gŵr y Dywysoges Margaret, Antony Armstrong-Jones. Roedd Armstrong-Jones yn ffotograffydd proffesiynol, wedi'i logi gan y Palas i dynnu portreadau swyddogol ac roedd ganddo gysylltiadau gyda byd ffasiwn Carnaby Street, Llundain, ac roedd yn ymgorfforiad o ddelwedd y 'Swinging Sixties'.

Pan sefydlwyd Pwyllgor yr Arwisgo yn 1967, ymysg yr aelodau yr oedd Dug Norfolk, Cledwyn Hughes, yr Arglwydd Snowdon, a'r gwas sifil Goronwy Daniel yn gwasanaethu fel ysgrifennydd y pwyllgor. Ymysg y cynrychiolwyr eraill yr oedd

'Cymry da' fel Albert Evans-Jones, sy'n fwy adnabyddus wrth ei enw barddol, Cynan; Syr Ifan ab Owen Edwards, sylfaenydd yr Urdd; yr Archdderwydd Gwyndaf; yr hanesydd Glanmor Williams; gwleidyddion Llafur amrywiol fel Eirene White, James Griffiths, Goronwy Roberts, a Maer Caernarfon, Ifor Bowen Griffith. Er gwaethaf ei gefndir sosialaidd gwerinol Cymraeg roedd I. B. Griffith, yn hynod frwd dros groesawu Charles i Gaernarfon. Yn ei golofn yn *Y Cymro* o dan lysenw 'John y Gŵr' datganodd ei falchder fod: '... aelod newydd o'r teulu yn dod i Gymru – yn dod yma i Gaernarfon. Cael mab newydd y byddwn ni, ac felly gadewch inni ddangos iddo ef a'i dad a'i fam beth all y teulu wneud.'

Ym mis Mai 1967, gwnaed y cyhoeddiad ffurfiol y byddai Arwisgiad Charles Windsor yn Dywysog Cymru yn cael ei gynnal yng Nghastell Caernarfon ar y 1af o Orffennaf 1969 – ond ni ddatgelwyd bryd hynny y byddai etifedd y Goron hefyd yn mynychu Coleg Prifysgol Aberystwyth. Gohiriwyd y cyhoeddiad hwnnw tan fis Tachwedd 1967. Wrth glywed am y bwriad, cyhoeddodd yr hanesydd A. J. P. Taylor ei ddicter am yr hyn a alwai yn 'sordid plot to exploit Prince Charles'. Gwneud cam â'r Tywysog oedd ei gymryd o Gaergrawnt i Aberystwyth 'just when his mind is maturing'. Ar ben hynny roedd Aberystwyth yn ddewis gwael: 'I can think of many universities where a year's residence might benefit the history student... Aberystwyth is not among them.'

Tawedog drwyddi draw fu gwrthwynebiad yn y Blaid Lafur ei hun i'r Arwisgiad. Eithriad oedd Emrys Hughes, Cymro o Donypandy ac Aelod Seneddol De Ayrshire yn yr Alban, a ddywedodd fod gwario miloedd ar sbloets o'r fath yn anghyfrifol a bod blaenoriaethau'r Llywodraeth yn anghywir.

Wrth ymateb i'r newyddion am yr Arwisgiad Brenhinol, dywedodd Gwynfor Evans nad oedd yn frwdfrydig o gwbl am y digwyddiad. Nid am y tro cyntaf yn y cyfnod hwn, roedd Gwynfor mewn lle anghyfforddus yn wleidyddol. Ar y naill law, pe bai'n cael ei weld yn cefnogi'r Arwisgiad byddai'n cael ei weld fel bradwr i'w egwyddorion personol ac i'r mudiad cenedlaethol, ond ar y llaw arall credai y byddai gwrthwynebu'r digwyddiad yn colli cefnogaeth etholiadol i'r Blaid. Yn fwy na dim, teimlai Gwynfor fod yr Arwisgo yn ymdrech benodol gan y Llywodraeth Lafur i lyffetheirio twf gwleidyddol Plaid Cymru.

Byddai'r trefniadau ar gyfer seremoni Caernarfon ei hun yng ngofal Pwyllgor yr Arwisgiad, o dan gadeiryddiaeth Dug Norfolk. Ail agwedd ar y trefniadau oedd paratoi ar gyfer dathliadau mwy lleol ar hyd a lled Cymru am dri mis yn ystod haf 1969 rhwng 26ain o Fai a'r 1af o Fedi. I'r perwyl hwnnw, gofynnodd y Swyddfa Gymreig i Fwrdd Croeso Cymru sefydlu Pwyllgor Cenedlaethol i hybu ymgyrch hyrwyddo 'Croeso '69'. Unwaith eto gwahoddwyd cynrychiolwyr mudiadau Cymreig amlwg fel R. E. Griffith, Cyfarwyddwr yr Urdd, i ymuno â'r Pwyllgor o dan gadeiryddiaeth D. J. Davies, gyda Lyn Howell yn ysgrifennydd iddo. Y bwriad, dywedwyd, oedd 'nodi Arwisgo'r Tywysog Charles drwy weithgareddau teilwng ac urddasol', a 'chyflwyno Cymru i'r byd ar ei gwisg gorau'.

# 4

# Dim croeso yn y Deml

AR 17 TACHWEDD 1967, cyhoeddwyd y byddai'r trefniadau ar gyfer yr Arwisgo yn cael eu trafod am y tro cyntaf yng nghynhadledd agoriadol Pwyllgor yr Arwisgo yn y Deml Heddwch ym Mharc Cathays, Caerdydd. Roedd nifer o genedlaetholwyr, gan gynnwys aelodau amlwg o Gymdeithas yr Iaith, yn bwriadu nodi'r achlysur hefyd drwy brotestio y tu allan i'r cyfarfod.

Yn ystod hydref 1967, penderfynodd John Jenkins, a oedd bellach yn Gyfarwyddwr Gweithredol MAC, ar bolisi o drefnu ffrwydrad bob tro y byddai aelod o'r teulu brenhinol, neu'r rhai oedd yn ymwneud â chynllunio'r Arwisgo yn dod i Gymru. Ym marn Jenkins, byddai hynny'n arwain yn anochel at orymateb ar ran yr awdurdodau, a fyddai'n arwain hefyd at gynyddu'r gefnogaeth i'r eithafwyr Cymreig. Roedd y penderfyniad i droi sylw MAC at wrthwynebu'r Arwisgo yn rhesymegol i Jenkins. Dathlu goresgyniad a choncwest oedd bwriad yr awdurdodau Prydeinig meddai:

> How the hell do you expect people to celebrate their own defeat? To celebrate the fact in the last seven hundred years we hadn't moved forward an inch and had moved back a couple of yards. To commemorate it is one thing but to celebrate it is another story. And this was a celebration, they made no bones about it. I can see the point of a commemoration, and would have been delighted to

take part in it were it to be coupled with things like the English celebration of the Battle of Hastings, or the French celebration of Waterloo which fell in exactly the same category as our situation.

I was ashamed of the people who decided to go to it, and support it. Particularly the editors who blatantly announced months before the Investiture that they would not allow their papers to publish anything which was in dissent to anything regarding the Investiture. So in other words there was no conventional way to stop these people, so I had to look for an unconventional way.

The only way to be heard is to kick up a fuss. And you've got to kick up a fuss that really threatens. That's why we had to make direct threats to Charles. They were never meant to be carried out of course. What would be the point of the political fallout from killing him?

Felly am bedwar o'r gloch y bore ar yr 17eg o Dachwedd, ysgwydwyd y Deml Heddwch i'w seiliau pan ffrwydrodd dyfais 15 pwys wrth fynedfa'r adeilad, gan achosi difrod helaeth. Hon oedd yr ergyd gyntaf i'w tharo gan MAC yn erbyn yr Arwisgiad.

Caewyd y ffyrdd allan o Gaerdydd, ac o fewn oriau cafodd cenedlaetholwyr adnabyddus ledled Cymru eu holi. Ar ôl i dîm fforensig yr heddlu archwilio'r difrod, gwnaed ymdrech fawr i baratoi'r adeilad ar gyfer cyfarfod y Pwyllgor am 11.30yb, gan nad oedd yr ystafell gynhadledd wedi cael ei difrodi. Cafodd y parti brenhinol ei hebrwng gan yr heddlu i fewn i'r Deml Heddwch, ac yn ystod y gynhadledd condemniwyd yr ymosodiad yn hallt gan yr Ysgrifennydd Gwladol, Cledwyn Hughes. Byddai'r difrod, meddai, i adeilad a gysegrwyd i achos heddwch a dealltwriaeth ryngwladol yn achos gofid mawr ledled Cymru.

Nid MAC yn unig oedd am darfu ar gyfarfod cyntaf y Pwyllgor. Oherwydd roedd Cymdeithas yr Iaith, er mai ei phrif bwrpas oedd ymgyrchu am hawliau i'r Gymraeg, hefyd wedi penderfynu y dylid mynegi gwrthwynebiad i'r Arwisgo. Ers ei sefydlu yn 1962 roedd twf sylweddol wedi bod yng ngweithgareddau protest y Gymdeithas, ac roedd yn naturiol rywsut y byddai'n chwarae rhan flaenllaw yn y gwrthwynebiad i'r Arwisgo. Yng Nghyfarfod Cyffredinol Blynyddol Hydref 1967, pasiwyd penderfyniad gan y Gymdeithas yn condemnio'r Arwisgo fel sarhad ar bobl a hanes Cymru, gan alw ar eu cydwladwyr i gymryd rhan mewn ymgyrch genedlaethol i'w wrthwynebu. Mewn erthygl yn rhifyn Hydref 1967 o *Dafod y Ddraig*, cylchgrawn y mudiad, dywedwyd:

> Pan fo'n llywodraethwyr yn fodlon afradu miliynau o
> bunnoedd ar hybu Prydeindod yn ein plith tra'n ymddwyn
> yn gribddeilgar a chrintachlyd tuag at yr Iaith Gymraeg,
> pa ddewis sydd inni ond gwrthdystio a gwrthryfela? Ac ar
> ben hyn oll, wrth gwrs, fe fyddai cydymddwyn yn dawel ag
> Arwisgo llanc estron yn Dywysog Cymru yn warth ar ein
> cenedligrwydd ac yn bwrw sen ac anfri ar frwydrau ac ar
> aberthau y gwŷr hynny yn ein hanes a chanddynt hawl i'r teitl
> hwn.

Penodwyd deg ar hugain o aelodau'r Gymdeithas i bwyllgor protest arbennig, a chyhoeddwyd cynlluniau i wrthdystio y tu allan i'r Deml Heddwch ym mis Tachwedd.

O ganlyniad, ar ddiwedd y gynhadledd, cafodd y cynadleddwyr brenhinol eu cyfarch gan tua 250 o brotestwyr yn chwifio placardiau yn cyhoeddi: 'Gweriniaeth, Nid Brenhiniaeth', 'Wales pays £2,500,000 for English Prince', a 'Dim Sais yn Dywysog Cymru'. Cafodd yr Arglwydd Snowdon a Cledwyn Hughes eu heclo wrth iddynt fynd trwy'r dorf i'w car swyddogol. Eisteddodd y protestwyr ar draws y fynedfa i'r Deml Heddwch, a symudwyd rhai ohonynt yn gorfforol gan y plismyn.

Yn y cyfamser archwiliodd yr Heddlu Neuadd y Ddinas yng Nghaerdydd, ar ôl derbyn galwad ffôn dienw, ond ni ddarganfuwyd unrhyw ddyfais ffrwydrol. Roedd Gareth Miles, Cadeirydd Cymdeithas yr Iaith yn y brotest:

Mi gawson ni rywbeth tebyg i *riot* barchus a dweud y gwir, gyda'r heddlu yn ein lluchio ni o gwmpas a'n harestio ni, ac mi ddaru ni ddifetha eu diwrnod nhw yn llwyr. A dyna'n union oeddan ni eisiau ei wneud.

Dyma ni'n cael ein lluchio gan yr heddlu i mewn i ryw Black Maria neu beth bynnag. Roeddwn i wedi dod lawr i Gaerdydd i gymryd rhan mewn rhaglen deledu ar HTV. Yn y bore roedd hyn rŵan, a dyma fi'n gofyn i'r plismyn a oes ots ganddoch chi taswn i'n mynd gyntaf er mwyn dod allan a chymryd rhan yn y rhaglen?

'Iawn oce,' meddan nhw, ac mi aethon nhw â fi ar wahân i'r gweddill. Ac roeddwn i'n sefyll y tu allan yn y coridor a dyma fi'n gofyn iddyn nhw 'Have you arrested me?' a'r ateb oedd:

'Just stay there!'

'You've got to tell me if I've been arrested. Can I go then?'

'Just stay there!'

A dyma nhw'n mynd â'r lleill heibio i'w harchwilio a'u cadw mewn cell a dwi'n cofio Huw Eic (Huw Llywelyn Davies) ymysg y rhai'n mynd heibio yn dweud ei fod o wedi gorfod tynnu ei felt rhag ofn iddo grogi ei hun. Dyma nhw i gyd [gweddill y protestwyr a arestiwyd] yn cael eu prosesu a minnau'n dal i gael dim ateb o gwbl ganddyn nhw. A dyma'r ffôn yn mynd yn rhywle a dyma yna ddegau o blismyn fatha'r Keystone Kops yn rhedag allan ac yn gweiddi 'The Town Hall has gone up! The City Hall has gone up!' Ac wrth iddyn nhw i gyd redeg allan, dyma fi'n gofyn eto: 'Look am I being arrested or not?' Trodd un ataf a dweud: 'Oh, bugger off!'

Felly dyma fi'n mynd wedyn at y Deml Heddwch, a gweld dipyn o adfeilion a ballu ac roedd y plismyn a'r wasg a'r cyfryngau allan a chan 'mod i'n arweinydd a chadeirydd un garfan o'r protestwyr dyma nhw'n gofyn i mi 'Be 'dach chi'n ei feddwl o hyn?' Ac mi ddywedais i, 'Well I'm very sorry this happened, but this is what you can expect if the Investiture goes ahead.'

Ac mi ges i gymryd rhan yn y rhaglen ar HTV gyda rhyw Gymro o Loegr a ddywedodd petai Cymru yn cael gwared o'r frenhiniaeth, 'We'd be a third rate nation. And Britain would be a third rate nation if we split up', ac mi atebais i, 'Well that's not good enough for me, I want to be a sixteenth rate nation!'

Arestiwyd un ar ddeg o ddynion a dwy ferch yn y brotest. Cyhuddwyd dau ohonynt, Phillip ap Siarl a Gethin ap Iestyn o ymosod ar y plismyn ac o ddefnyddio iaith anweddus. Y deg arall a gyhuddwyd o achosi rhwystr oedd: Llinos Eleri Jenkins, Dafydd Iwan, Huw Llywelyn Davies, Gwynn Jarvis, Dewi 'Pws' Morris, Colin Evans, Geraint Jones, Kenneth Pugh, Manon Rhys Davies a Tony Lewis. Ar ben hyn, cyhuddwyd Emyr Llywelyn o ddefnyddio iaith anweddus.

Roedd amgylchiadau arestio Emyr Llywelyn, fodd bynnag, yn codi cwestiynau am ymddygiad yr heddlu yn y brotest. Yn ôl Gareth Miles:

Yn ystod y brotest mi oedd yna blismyn yn eu dillad eu hunain a ditectifs a ballu. A dyma un plismon yn cydio yn Emyr Llew a dweud 'We're going to get you, you bastard'. A dyma Emyr yn troi atom a dweud 'Glywest ti be wedodd e? "We're going to get you, you bastard."'A dyma'r ditectif yn gafael ynddo a dweud 'Right, got you for using obscene language.'

Pan afaelodd y plismon ynddo a'i arestio am ddefnyddio iaith anweddus, roedd Emyr Llywelyn yn ei chael hi'n anodd dirnad yr hyn oedd wedi digwydd ond mae'n awgrymu ei fod wedi cael ei dargedu'n fwriadol gan yr heddlu, gan ei fod yn un o aelodau amlycaf y Gymdeithas: 'Roeddwn i ffaelu credu'r peth... ond roedden nhw'n gwybod pwy oeddwn i.' Wrth ei ymyl yr oedd gohebydd a chriw ffilmio y BBC yn recordio'r digwyddiadau ar gyfer rhaglen newyddion *Heddiw* ac am hynny roedd Emyr Llywelyn yn dawel ei feddwl y byddai tystiolaeth yn ei gael yn ddieuog:

> Roedd y peth yn swreal, ac roedd cael fy arestio am hynny yn brofiad diflas achos ro'n i'n athro bro ar y pryd ac mi allai beryglu fy swydd... ond y peth gwych oedd bod y cyfan ar ffilm.

Ond ni fyddai pethau mor syml â hynny pan ddeuai'r achos gerbron y llys.

\*\*\*\*\*

Pan dorrodd y newyddion am ffrwydrad y Deml Heddwch, cyhuddodd George Thomas, AS Llafur Gorllewin Caerdydd, y cenedlaetholwyr o greu anghenfil na allent ei reoli. Er gwaethaf difrod y bom ac ensyniadau Thomas bod aelodau'r blaid yn gysylltiedig â'r ffrwydrad, cynhaliodd Plaid Cymru ei Ffair Nadolig yn y Deml Heddwch y diwrnod canlynol. Fe ddisgrifiwyd y penderfyniad i fwrw ymlaen â'r Ffair gan yr Ysgrifennydd Cyffredinol Elwyn Roberts fel cadarnhad nad oedd gan y Blaid ddim oll i'w wneud â'r ymosodiad.

O ran y trefnwyr a charedigion yr Arwisgo roedd digwyddiadau'r Deml Heddwch a'r ymateb iddynt wedi tarfu'n fawr ar rai ohonynt. Wrth siarad â gohebydd y *Western Mail*, gofidiai I. B. Griffith am y rhwygiadau a achoswyd:

> Cannot somebody talk?.... We are a small nation – a family – and if we stop talking to each other we can only create this kind of explosive situation.
>
> I admit that I myself find it very difficult at times to get these young people to reason with me. Some of them are white with passion and have nothing to say except that we of the older generation have betrayed them.
>
> Perhaps there is some truth in that and they find it

difficult to understand that we too have our difficulties and frustrations.

I John Jenkins a MAC ar y llaw arall roedd y bom, y brotest ac ymateb yr awdurdodau wedi bod yn llwyddiant digamsyniol:

When we got the Temple of Peace in Cardiff they were shocked and *The Western Mail* said that all the public in Wales were horrified and so on, but they opened up a collection fund to replace the work done on the building and after six months they only had eight hundred quid in it! So it didn't look as if the people of Wales were terribly disgusted by it. On top of that the Temple of Peace was good in that it showed people what we were really up against. Up until then it had been a gentlemanly sort of scrap, with Cymdeithas on one side and the police on the other side, with Cymdeithas paint brushing a few signs and going to the police station and saying 'I'm giving myself up because I've been a naughty boy' – well that doesn't cut much ice with the people who make laws, so we had to change that. We had to make it look that we meant business, and we did mean business but not in the way they thought. We had to make threats against the Royal family because that was the only thing that would make the police and the authorities charge at us – and we needed charging at...

A lot of Cymdeithas boys were there, and their fathers and mothers were there watching. But things changed there and then – the police came out with these truncheons and they were beating the hell out of everybody. And the good ministers of religion who were there to see their sons upholding the true faith were amazed by all this and they couldn't believe it, but after that things became different, it became less of a gentlemanly affair. We deliberately incensed the police in that one. When they got there they had to get access by climbing in through the back window and that didn't go down too well with George Thomas and his friends, and especially as we got another pipeline up in north Wales a few days later.

# 5

# Celwydd ac iaith anweddus

PAN DDAETH PROTESTWYR y Deml Heddwch o flaen y llysoedd daeth yn amlwg fod yr heddlu wedi defnyddio ychydig o ddychymyg wrth gyflwyno eu tystiolaeth.

Llenwyd yr oriel gyhoeddus gyda thros 40 o gefnogwyr Cymdeithas yr Iaith, ac wrth bledio eu hachos dywedodd Gwilym Prys Davies (ymgeisydd anfuddugol y Blaid Lafur yn isetholiad Caerfyrddin 1966), a oedd yn amddiffyn y protestwyr, eu bod yn protestio ar egwyddor yn erbyn yr Arwisgiad.

Adroddwyd gan ohebydd Y Cymro bod Huw Llywelyn Davies wedi pledio'n euog i gyhuddiad o greu rhwystr ar hyd Ffordd y Coleg ar yr 17eg o Dachwedd a chafodd £1 o ddirwy. Ond cafodd ei alw wedyn fel tyst annisgwyl yn achos un arall o'r protestwyr, Kenneth Pugh, ar ôl i'r amddiffyniad ddadlau fod ganddo dystiolaeth arwyddocaol i'w chyflwyno. Dywedodd Huw Llywelyn Davies ei fod, tua phum munud cyn cael ei arestio, ymhlith criw o chwech oedd yn cael eu hatal gan yr heddlu rhag symud ymhellach ar hyd y ffordd. Gofynnodd i'r heddwas pam na allent fynd ymhellach. Ni wnaeth y plismon ei ateb ond yn hytrach fe boerodd ar ei goes. Gofynnodd y protestiwr iddo pam iddo wneud hynny, ond ni chafodd ateb. Cafodd Pugh hefyd ddirwy o £1 ar ôl pledio'n ddieuog. Gwadodd iddo ofyn i'r heddwas, 'A wnewch chi fy nghloi i lan os wna i boeri ar eich wyneb?'

Rhoddwyd dirwy o £1 yr un yn ogystal i Llinos Jenkins, Gwynn Jarvis, Dewi 'Pws' Morris, Colin Evans a Geraint Jones.

Gollyngwyd yr achosion yn erbyn Dafydd Iwan a Manon Rhys.

Mwy difrifol oedd yr achos yn erbyn Emyr Llywelyn a blediodd yn ddieuog i ddefnyddio iaith anweddus yng nghlyw'r Arolygydd Alexander Trigg.

Dywedodd Eifion Morgans, ar ran yr erlyniad, fod yr Arglwydd Snowdon yn ymweld â'r Deml Heddwch fel rhan o'r trefniadau ar gyfer Arwisgo'r Tywysog Charles yn Dywysog Cymru. Atgoffodd yr Ynadon fod bom wedi'i ffrwydro ger mynedfa'r Deml Heddwch ychydig cyn i'r Arglwydd Snowdon gyrraedd. Aeth Morgans ymlaen i ddadlau bod Emyr Llywelyn wedi cael ei weld y tu allan i'r Deml Heddwch gyda nifer o bobl ifanc eraill, a oedd, ym marn yr erlyniad, yn ymddwyn fel plant ysgol anaeddfed, yn arddangos placardiau ac yn eistedd ar y palmant. Pan gyhuddwyd ef o ddefyddio iaith anweddus, dywedwyd bod Emyr Llywelyn wedi ateb trwy ddweud nad oedd yn gwneud dim ond ailadrodd yr hyn a ddywedodd yr arolygydd heddlu wrtho. Ychwanegodd fod yr arolygydd wedi gafael yn dynn yn ei fraich a sibrwd geiriau anweddus. Nid oedd yn gwadu ei fod wedi defnyddio iaith anweddus ond mynnodd mai ailadrodd geiriau'r arolygydd a wnaeth: 'Ailadroddais yr hyn a ddywedodd wrth newyddiadurwr oedd yn sefyll tua throedfedd i ffwrdd. Nid oeddwn yn gweiddi', meddai.

Yn ystod yr achos, cyfaddefodd yr Arolygydd Trigg iddo ddefnyddio iaith anweddus ei hun wrth siarad ag Emyr Llywelyn. Defnyddiodd yr iaith anweddus i bwyslais, meddai, gan ychwanegu ei fod yn swyddog yn yr heddlu, ond ei fod hefyd yn ddynol; ac wrth edrych yn ôl roedd ganddo gywilydd iddo ddweud yr hyn a ddywedodd.

Er bod uned newyddion y BBC wedi ffilmio'r digwyddiad dadleuodd yr erlyniad na ddylid defnyddio'r ffilm fel tystiolaeth. Wrth roi tystiolaeth dywedodd Rhys Lewis, cynorthwyydd cynhyrchu ar raglen *Heddiw*, fod y ffilm wedi'i saethu y tu allan i'r Deml Heddwch adeg y brotest, a'i fod ef wedyn wedi goruchwylio golygu'r ffilm. Ar ôl dangos y ffilm yn y llys, gofynnodd Eifion Morgans iddo ble'r oedd y gweddill y ffilm a saethwyd ar y diwrnod. Atebodd Rhys Lewis fod rhannau a saethwyd yn y llyfrgell ffilm yng Nghaerdydd, a bod y gweddill wedi'i ddangos ar raglen newyddion *Heddiw*. Holodd Morgans pam fod y ffilm wedi'i golygu'n arbennig ar gyfer y llys hwn? Roedd yn dangos un digwyddiad yn unig, ac felly mewn geiriau eraill, roedd wedi cael ei sensro. Gwadu bod y ffilm wedi cael ei golygu neu ei thorri wnaeth Rhys Lewis, a'i fod yn dangos un digwyddiad penodol ar y diwrnod o'r dechrau i'r diwedd.

Mynnodd Eifion Morgans nad oedd yn foddhaol o gwbl bod corff cyhoeddus fel y BBC yn gweithredu fel sensor i'w ffilm ei hun, gan wybod y byddai'r ffilm yn cael ei defnyddio fel tystiolaeth mewn llys. Ar ôl trafod penderfynodd yr ynadon nad oedd y ffilm yn dderbyniol fel tystiolaeth. Wrth grynhoi, dywedodd Gwilym Prys Davies, 'Nid yn unig mae'n rhaid profi bod yr iaith yn anweddus, ond mae angen mynd ymhellach a phrofi ei fod wedi tarfu ar bobl. Yn fy marn i, nid yw'r erlyniad wedi profi hyn.'

Pan ddyfarnwyd bod Emyr Llywelyn yn euog cafwyd bonllef o brotest gan y deugain a mwy o aelodau Cymdeithas yr Iaith a oedd yn yr oriel gyhoeddus. Rhyddhawyd ef ar yr amod ei fod yn talu costau o 10 gini, ond penderfynwyd yn syth y dylid apelio yn erbyn y dyfarniad gan ei bod yn amlwg nad oedd yr Arolygydd Trigg wedi dweud y gwir am ddigwyddiadau'r arestio.

Roedd yr achos arbennig yma yn nodedig yn ogystal am fod Gwilym Prys Davies wedi amddiffyn y protestwyr yn gyfan gwbl drwy gyfrwng y Gymraeg gyda chyfieithydd wrth ei ochr – un o'r achosion llys cyntaf lle digwyddodd hynny. Yn y gorffennol o dro i dro cynhaliwyd achosion trwy'r Gymraeg mewn ardaloedd Cymraeg eu hiaith fel mater o gwrteisi, ond hwn mae'n debyg oedd y tro cyntaf i achos ddigwydd fel mater o hawl. Ni ofynnodd Gwilym Prys Davies am ganiatâd i gynnal yr achos yn Gymraeg, gan roi wythnos o rybudd o'i fwriad i wneud hynny. Ar ôl yr achos dywedodd y cyfreithiwr ei fod yn gobeithio y byddai pobl yn edrych ar y digwyddiad fel cynsail i achosion eraill yn y dyfodol. Teimlai fod y Cymry wedi esgeuluso'r Gymraeg ym myd y gyfraith, er bod yr iaith yn hynod o ystwyth ar gyfer trafod materion cyfreithiol cymhleth iawn. 'Mae'n bwysig defnyddio'r Gymraeg mewn celfyddyd ac mewn crefft', meddai.

I Emyr Llywelyn, roedd cael Gwilym Prys Davies wrth ei ochr yn ei amddiffyn yn gaffaeliad gwerthfawr mewn dyddiau anodd. Cred fod y cyfreithiwr dysgedig yn un o arwyr di-glod y genedl ac yn rhywun a wnaeth lawer iawn y tu ôl i'r llenni dros Gymru a'r Gymraeg. Meddai: 'Ro'n i'n gorfod troi at Gwilym sawl gwaith yn y cyfnod. Roeddwn i'n ffrindiau mawr gyda Gwilym, ac yn mynd draw i'w dŷ sawl gwaith i drafod pethe.'

Cafodd y gwrandawiad apêl i geisio clirio enw da Emyr Llywelyn ei glywed ar ddydd Llun, y 4ydd o Fawrth 1968 mewn sesiwn Llys *Nisi Prius* yng Nghaerdydd. Yn ôl gohebydd *Y Cymro*, yn bresennol fel tystion cymeriad yr oedd Gwilym ap Robert, E. D. Jones, y Llyfrgellydd Cenedlaethol, a'r Parch. Aled Jones, Henllan, ynghyd â thechnegwyr y BBC gyda ffilm i'w dangos, pe gelwid arnynt.

Galwyd ar brif dyst yr heddlu, yr Arolygydd Trigg, a gyfaddefodd iddo sibrwd geiriau anweddus yng nghlust Emyr Llywelyn ac mai eu hailadrodd a wnaeth y protestiwr cyn cael ei gymryd i'r ddalfa. Ar ddiwedd y dystiolaeth dywedodd Alun Talfan Davies, cyfreithiwr Emyr Llywelyn, y byddai'n gofyn caniatâd i gael dangos ffilm uned *Heddiw* o ddigwyddiadau'r brotest. Daeth yn amlwg yn yr achos fod yr heddlu'n barod i ildio ar y mater, er bod Alun Talfan ar un adeg wedi cynghori Emyr Llywelyn i beidio mynd â'r peth ymhellach.

Canlyniad yr achos oedd i'r llys ddatgan i Emyr Llywelyn ymddwyn yn hollol weddus ar fore'r brotest ger y Deml Heddwch, a bod ei gymeriad yn gwbl glir o'r ensyniad a grëwyd gan ddyfarniad yr ynadon. Ond fel nododd *Y Faner* roedd yr achos wedi codi nifer o gwestiynau pellach am y gyfundrefn cyfraith a threfn yng Nghymru:

> Sut yn y byd, yn wyneb y dystiolaeth, y bu i ynadon Caerdydd roi dyfarniad mor anghyfiawn? Onid gweinyddu cyfiawnder

yw gwaith ynadon, ac nid derbyn yn wasaidd honiadau'r
heddlu? Paham y gwrthodasant edrych ar ffilm uned
'Heddiw' a oedd yn gofnod sicrach a chywirach na chof y
craffaf o ddynion? Hawdd deall paham na fynnai'r heddlu
weld y ffilm. Yr oedd yr heddlu yn y Llys Apêl i dderbyn
gwarth eu camdystiolaeth. Oni ddylasai'r ynadon fod yno
hefyd i wrido gyda hwy? Os dyna gyfiawnder meinciau
ynadon y mae'n hen bryd ysgubo cyfundrefn gweinyddu
cyfraith gan amaturiaid o'r neilltu a chael llysoedd yng ngofal
gwŷr profiadol.

# 6

# 'Charles Windsor Shall Not Pass'

YN Y CYFAMSER, roedd yr FWA yn parhau i ddenu sylw yn y wasg a'r cyfryngau, ac yn denu sylw'r heddlu hefyd. Roedd hynny yn bennaf oherwydd personoliaethau'r ddau arweinydd, Cayo Evans a Dennis Coslett. Er gwaethaf ymddangosiadau theatrig Byddin Rhyddid Cymru, camgymeriad fyddai tybio nad oedd yna gydymdeimlad ar lawr gwlad i'r sioe filwriaethus, a'r hyn oedd yn arwyddocaol am yr FWA oedd bod amryw o'r aelodau yn dod o gefndir gwahanol iawn i aelodaeth arferol Cymdeithas yr Iaith a Phlaid Cymru. Fel dywedodd Lyn Ebenezer:

> Cafodd ef a'i ddilynwyr eu gwawdio gan rai, ond i eraill daeth Cayo a'i gymrawd agos, Dennis Coslett, yn destun chwedlau. Yr hyn a wnaeth Byddin Rhyddid Cymru oedd agor drws i lawer o Gymry di-Gymraeg cymoedd y De a deimlent fod drws Plaid Cymru wedi'i gau yn eu hwyneb.

Canolbarth a pherfeddwlad Ceredigion oedd cadarnle Cayo a'i ddilynwyr, gyda thafarndai fel y Llew Du ym Mhontrhydfendigaid a'r Stag and Pheasant ym Mhont-ar-Sais, yr Angel yn Aberystwyth a Glan yr Afon yn Nhalgarreg yn ganolfannau ar gyfer trafodaethau gwleidyddol a chymdeithasu brwd.

Magwraeth eithaf breintiedig gafodd Cayo yng Nglandenys,

43

plasty Gothig yn Silian ger Llanbedr Pont Steffan. Roedd ei dad yn academydd, a dreuliodd gyfnod fel Cyfarwyddwr Addysg yn India, cyn dychwelyd i Gymru i fod yn athro Mathemateg; ac addysgwyd Cayo mewn ysgolion bonedd, gan gynnwys Millfield yng Ngwlad yr Haf. Gallai fod yn wyllt ac yn fyrbwyll ei hwyliau, ond i'r rhai oedd yn ei adnabod yn dda roedd yn ysbrydoliaeth ac yn gyfaill triw. Un o'r rhain, ac un a fu ar gyrion yr FWA yn y blynyddoedd cynnar, oedd Lyn Ebenezer:

> Y tro cynta' gwrddes i â Cayo oedd cystadleuaeth siarad cyhoeddus Ffermwyr Ifainc yn Cross Inn, Llanon ac fel mae'n digwydd enillais i a'n narpar wraig y cwpan am siaradwyr iau. Ac aethon ni gyd, criw ohonon ni mewn i'r dafarn Rhos yr Hafod yn Cross Inn, a phwy oedd yna ond Cayo yn whare'r acordion. Ro'n i wedi clywed amdano fe, a bron iawn ro'n i'n ofni'r boi – oedd e'n cael ei gyfri yn ddyn mor galed a'r noson hynny ddechreuais i siarad ag e. A dwi'n dechre meddwl mai arna i mae'r bai am bopeth!
>
> Whare stwff Iwerddon oedd e drwy'r amser a finne wrth fy modd wrth gwrs. A dyma fi'n ei holi fe nawr – pam Iwerddon? Pam na fydde fe'n neud yr un peth am Gymru? A dwi ddim yn meddwl ei fod e wedi meddwl am y peth o gwbl tan hynny. Ond o hynny ymlaen ddes i'n ffrindiau mowr ag e. Ro'n i'n ei weld lawr lle oedd e'n byw yn Glandenys yn Silian ac aros nos 'da fe yn aml, mynd gyda fe lawr yn y lori i mart Llanybydder ac ro'n i'n edrych lan ar y dyn. Roedd e'n bopeth do'n i ddim – boi tal golygus, trwch o wallt du, tatŵs drosto fe o'i ben i'w draed (gyment ro'n i'n gallu ei weld beth bynnag!) a Chymro i'r carn, er bod e wedi bod ym myddin Prydain yn y South Wales Borderers.

Yn wahanol i lawer o'i gymrodyr yn yr FWA, asgell dde oedd daliadau gwleidyddol Cayo. Er gwaethaf ei barch tuag at weriniaethwyr Iwerddon, roedd yn edmygu'r Cadfridog Franco, a chred Lyn Ebenezer fod ei gyfnod ym Malaya gyda'r fyddin yn ymladd gwrthryfelwyr yr MNLA wedi cyfrannu at ei agweddau gwrth-Gomiwnyddol yn ogystal:

A'r fan 'ny (yn Malaya) dwi'n meddwl y cafodd e'r busnes yma o fod ar y Dde. Achos bois yr FWA bron yn ddieithriad – bois y Chwith o'n nhw yn enwedig rhai o'r De o ardal Merthyr a Pontypridd ffor 'na. Bois y Chwith oedden nhw, a dyna oedden i. Ges i 'nghodi gan y 'nhad i fod ar y Chwith. Stalin oedd arwr mowr fy nhad – dwi ddim yn gwbod faint o sosialydd oedd Stalin chwaith! Ond roedd Cayo – dim ond fe a Coslett weden i oedd ar y Dde ac yn casáu Comiwnyddiaeth. Roedd Cayo wrth gwrs wedi bod yn brwydro yn erbyn Comiwnyddiaeth yn Malaya ac oedd 'da fe atgofion am bethe drwg roedd rheiny wedi'u gwneud, a dyna pam roedd e gyment i'r Dde. Ond beth oedd yn rhyfedd oedd bod y bois eraill yma yn ffrindiau mawr gydag e 'run pryd. Dafydd y Dug (David Burns), a boi o'r enw 'Gun' o Ferthyr, ac am ryw reswm roedden nhw'n dod 'mlaen yn iawn 'da'i gilydd.

Roedd e'n foi caled iawn, ac yn gallu colli ei ben yn llwyr os oedd e'n mynd i ymladd. Ond roedd e'n ddyn doniol a dawn y cyfarwydd 'da fe i weud stori a plant wrth eu bodd o'i gwmpas e'n gweud y storis 'ma.

Weles i Cayo yn 'neud y pethe rhyfedda. Yn yr Angel yn Aberystwyth roedd 'na Saesnes, myfyriwr a sawl un ohonyn nhw 'da'i gilydd yn wfftio Cayo am fod e'n whare stwff cenedlaetholgar ar yr acordion. Ac aeth hi i sterics ac wrth adael dyma hi'n rhoi ei phen mewn drwy ffenest y car ac yn sgrechian arno fe. A dyma Cayo yn estyn o dan y dashbord a tynnu gwn mas .38 a dal e uwch ei phen hi a dyma'r ferch yn disgyn ar y palmant wedi cael gyment o ofan. A nath rhywun gario hi gatre. Ond ro'n i'n gweud wrth Cayo ar y ffordd adre yn y car: 'Duw, Duw Cayo lwcus bod dim bwlets yn y gwn 'na.' A dyma fe'n agor y ffenest a Bang!

Yr hyn a drodd Cayo fel sawl Cymro arall yn y cyfnod yn genedlaetholwyr Cymreig oedd boddi Capel Celyn. Yn wir, agoriad yr argae yn Hydref 1965 oedd ymddangosiad cyhoeddus cyntaf yr FWA dan arweiniad Cayo yn eu dillad milwrol gwyrdd.

Roedd cyd-gomandant Cayo ym Myddin Rhyddid Cymru, Dennis Coslett, yn gymeriad trawiadol a wisgai batshyn du dros ei lygad gwydr, ac fe'i gwelid yn aml yn arwain gorymdeithiau gyda'i gi alsasian Gelert, yn cario dryll, bandolîr a bathodyn enwog yr FWA oedd yn cynrychioli Eryr Gwyn Eryri. Treuliodd Coslett hefyd gyfnod yn y fyddin Brydeinig gyda'r Ffiwsilwyr Brenhinol Cymreig cyn mynd i weithio ar longau masnach ac yna dychwelyd i Gymru i weithio fel glöwr. Yn sgil rhwystredigaeth gydag agwedd Plaid Cymru adeg Tryweryn, ffurfiodd Coslett a chriw o gyfeillion y Welsh Republican Army, ac yn fuan wedi hynny ymunodd y fyddin fechan honno gyda Cayo a'i FWA.

Grŵp milwriaethus arall ynghanol y chwedegau oedd y Patriotic Front – yr oedd rhai o'i aelodau yn bresennol ym mhrotest y Deml Heddwch. Ar y cychwyn mudiad i genedlaetholwyr di-Gymraeg oedd y Patriotic Front. Fe'i sefydlwyd gan Tony Lewis, cyn-aelod o'r awyrlu a gweithiwr bysiau o Gwmbrân, a Gethin ap Iestyn, labrwr o Ben-y-bont ar Ogwr. Ar y cychwyn rhagwelwyd y byddai'n gweithredu fel adain wleidyddol mudiadau parafilwrol MAC a'r FWA, trwy gynhyrchu propaganda, cynnal ralïau a threfnu gwrthdaro â'r heddlu. Yn wahanol i Gymdeithas yr Iaith, Saesneg oedd iaith y rhan fwyaf o weithgareddau a deunydd propaganda'r Ffrynt.

Yn anorfod, roedd peth gorgyffwrdd rhwng yr FWA a'r Ffrynt Gwladgarol, gyda dynion fel Gethin ap Iestyn a Tony Lewis yn aelodau o'r ddau fudiad. Yn wir roedd gan Tony Lewis ddawn dylunio anghyffredin ac ef a fu'n gyfrifol am gynllunio lifrai milwrol y mudiad, a throi symbol Eryr Gwyn Eryri – a ddyfeisiwyd gan y bardd Harri Webb – yn fathodynnau ar gapiau'r aelodau. Ystyriai arweinwyr y Ffrynt eu hunain fel comandantiaid o'r FWA a byddai rhai ohonynt yn cymryd rhan mewn sesiynau hyfforddi. Yn eu tro, byddai Cayo a Dennis Coslett yn mynychu ralïau a digwyddiadau'r

Ffrynt yn gyson. Er gwaethaf y cysylltiadau hyn, roedd yna densiwn rhyngddynt serch hynny, ac erbyn Gorffennaf 1966, roeddent wedi pellhau'n gyhoeddus oddi wrth yr FWA, gan yn hytrach geisio creu grŵp pwysau gwleidyddol o fewn Plaid Cymru. Fodd bynnag, ni ddaeth dim o hynny a throdd y Ffrynt i weithredu yn annibynnol ar y Blaid.

Dywedir mai'r Ffrynt roddodd gychwyn ar yr ymgyrch wrth-Arwisgo gyntaf drwy ffurfio Cymdeithas Llywelyn ym Medi 1967. I'r perwyl hwnnw, cynhyrchwyd taflenni, posteri a bathodynnau a lluniwyd deiseb 'Charles Windsor Shall Not Pass' gan y mudiad. Ym mis Hydref 1967, bu aelodau Cymdeithas Llywelyn yn weithgar yng nghyfarfod blynyddol Cymdeithas yr Iaith, gan geisio annog y Gymdeithas i ddatgan ei gwrthwynebiad diamwys i'r Arwisgo. Yn yr un modd, yng nghyfarfod blynyddol Plaid Cymru ym mis Medi 1968, trefnodd y Patriotic Front brotestiadau a chynigion o'r llawr yn erbyn safbwynt niwtral y blaid ar seremoni Caernarfon. Ar ben hynny cynhaliodd y Ffrynt gyfres o brotestiadau a ralïau lle byddai'r FWA hefyd yn ymddangos, gan lwyddo hefyd i ennyn diddordeb y wasg. O dan nawdd Cymdeithas Llywelyn, cynhaliwyd y rali wrth-Arwisgo gyntaf ar y cyd â chyfarfod i gofio Llywelyn ap Gruffudd yng Nghilmeri ar yr 11eg o Ragfyr 1967. Dechreuodd gyda chyfarfod yn nhafarn y Prince Llewelyn Inn, cyn symud ymlaen i orymdaith gyda ffaglau i osod torch a llosgi Jac yr Undeb ger y maen coffa.

I ryw raddau roedd yr FWA a'r Ffrynt yn cystadlu gyda Chymdeithas yr Iaith fel gwir lais gweithredu uniongyrchol y mudiad cenedlaethol. Amserodd y Patriotic Front gyfarfod o'r Pwyllgor Ymgyrch Gwrth-Arwisgo yn Senedd-dy Owain Glyndŵr ym Machynlleth ar yr un adeg â chyfarfod cyffredinol blynyddol Cymdeithas yr Iaith yn Hydref 1968, ac yn dilyn hyn haerai'r Ffrynt mai nhw oedd yr unig 'Ymgyrch Gwrth-Arwisgo Unedig'. Er hynny, nid oedd y ralïau eithafol hyn yn fêl i gyd. Dirywiodd Rali Cilmeri ar Ragfyr 1968 i gecru a dadlau rhwng aelodau'r FWA a'r Ffrynt gan ddiweddu mewn gwrthdaro agored rhwng protestwyr a'r heddlu lleol.

47

Er nad oedd fawr o siâp milwrol ar yr FWA a'i chymheiriaid, roedd ganddynt ddawn i ddenu sylw a chael cyhoeddusrwydd iddynt eu hunain. Daeth yr FWA i sylw Prydeinig yn 1967 pan gyfwelwyd Coslett a Cayo gan David Frost ar ei raglen deledu. Cyff gwawd oeddynt i'r dychanwr o Sais serch hynny, a chyfeiriodd at Coslett fel Dai Dayan, oherwydd ei fod yn gwisgo patshyn dros ei lygad fel yr oedd Moshe Dayan, cadfridog enwog byddin Israel. Ond yn fwy na dim efallai, roedd yna gryn dipyn o *gamaraderie* a hwyl i'w cael yng nghwmni cymeriadau brith y mudiad, fel Dafydd 'y Dug' Burns, Dai Bonar, Glyn 'Lone Wolf' Rowlands a'u tebyg. Fel hyn y cofiodd Lyn Ebenezer un antur o'r fath yng nghwmni Cayo.

Ro'n i yn y pentre (Pontrhydfendigaid) ac ar fy ffordd i gael peint, a Cayo'n tynnu lan yn ei ddillad FWA a gweiddi arna i, 'Jump in!' Mewn â fi ond wnaeth e ddim stopo yn y pentref, aeth 'mlaen i Ystrad Meirug, a dyna lle'r oedd Raymond Osborne Jones, ffrind mawr i ni, ar y sgwâr.

'Jump in Osborne!'

Hwnna'n neidio mewn a lan â ni i'r Angel yn Aberystwyth lle welon ni Pete Goginan.

'Lle chi'n mynd bois?'

'Dwi ddim yn gwbod, mynd gyda Cayo i rywle. Ti'n dod 'da ni?'

'Oce.'

A'r diwrnod hynny mi wnaethon nhw benodi Peter yn bennaeth y wasg yr FWA. A Doctor Goebbels ro'n ni'n ei alw fe!

A beth ddigwyddodd oedd, ethon ni lan i'r gogledd a phwy oedd yn cwrdda ni fanno oedd Coslett a Dai Bonar. Doedd dal dim syniad gyda ni beth oedd yn digwydd. Mi wnaeth Dai Bonar araith fawr mewn tafarn a gweud pan fydde Cymru'n cael hunanlywodraeth bydde pawb yn byta *asparagus*. Pam *asparagus* dwi ddim yn gwybod! Aethon ni draw wedyn at le anghysbell yn y mynydde, a Cayo'n troi mewn i rywle ac roedd 'na foi ar waelod y lôn a reiffl gyda fe.

Agorodd Cayo'r ffenest.

'Where is the head of Llywelyn the Last?'

Dyna oedd y *password*. A dyma Pete Goginan yn deffro yn cefen a gweud:

'I haven't fucking got it!'

'Pass,' medde'r boi a 'mlaen â ni.

A beth oedd yna oedd tua ugain o fois yr FWA yn profi bom newydd. Roedd y bom wedi cael ei wneud mas o diwbyn Horlicks, ac roedd y boi oedd wedi gwneud y bom yn byw yn Llangollen, Marcus Gale oedd ei enw, ac fe gyflwynodd Cayo fe fel 'the Barnes Wallis of Wales, whose bomb is going to release us from the English yoke!'

Ro'n ni yn aros yn y gegin fach. Roedd y comanders yn y tŷ a'r milwyr cyffredin yn y gegin fach a'r bom ar y dreser. Wedyn mi fuodd 'na araith fawr cyn mynd i'r gwely, a Cayo'n gweud: 'Brother Davies will now release us in prayer.' Cododd Pete Goginan ar ben stôl, a fan 'ny glywes i gynta erioed ei stori fe am Foses yn mynd â'r genedl allan trwy'r Môr Coch ac ar yr ochr draw yn codi dau fys ac yn gweud 'Twll dy din di Ffaro!'

Y bore ar ôl hynny roedd rhaid profi'r bom. Roedden ni gyd tu ôl i un o'r welydd cerrig yma ar ochr y mynydd a Cayo a Coslett a ci Coslett, Gelert, yn mynd ar groes y cae gyda'r bom ar *tray brown ale*, ac yn ei wpo hi mewn i'r wal a'r ffiws yn stico mas. Ond doedd dim matshys gyda nhw. A dyma Cayo yn rhedeg ar draws y cae a cymryd sigâr Dai Bonar o'i geg a'i hiwsio hi i gynnau'r ffiws a rhedeg'n ôl. Ac ro'n ni i gyd tu ôl y wal nawr a dyma fi'n gweld y mwg yn mynd mewn i'r wal i'r bom, ac wedyn mewn ychydig eiliadau sŵn:

'Ffftt.'

Cwmwl o fwg a symudodd dim un carreg! Roedd defaid yn pori a chododd dim un o nhw'u penne. A dwi'n cofio'n iawn be wedodd Cayo:

'Fuck it boys, back to the drawing board!'

Yn anfwriadol neu beidio, canlyniad yr holl sylw a ddenodd campau a styntiau yr FWA a'r Patriotic Front oedd dargyfeirio sylw'r heddlu oddi wrth fomwyr go iawn Mudiad Amddiffyn Cymru. Er na wnaeth yr FWA unrhyw gyfraniad ymarferol i ymgyrch John Jenkins a chelloedd MAC, fe wnaeth protest yr FWA yn agoriad Tryweryn wneud i Jenkins sylweddoli beth ddylai nod y mudiad fod wrth ymosod ar yr Arwisgo. Nid rhwystro'r digwyddiad, byddai hynny o bosib yn wrthgynhyrchiol, ond drysu'r cynlluniau a chodi ymwybyddiaeth y Cymry:

> It was meant to be a joyful occasion, the Cofis would be dancing in the streets – but we saw what was involved in Tryweryn – because Tryweryn on the opening day was supposed to be a big joyful occasion, but a few blokes including the Free Wales Army, completely spontaneously jumped up and started running down and everyone else followed and the place became an absolute riot. And they did an absolute lovely job of that, so I realised – that's what it is – you don't have to actually stop it, all you have to do is to bugger it about.
>
> The object of the exercise becomes clear then, people say 'What's all this about then?' and it's a motivation for them to read or learn more about it otherwise they would never do that even.
>
> So we based our future policy on that, it wasn't to stop it – that would have meant death for a number of people including members of the Government – but we wouldn't have done it because it didn't suit our purpose. Our purpose was political not military.
>
> And so whatever we did had to be easily understood. We wouldn't have to write pamphlets explaining that this went back to 1282 and all the rest of it, it had to be self-explanatory and it had to be aimed at the State. We only touched as far as possible the State, such as tax offices and all that stuff – things that people are not all that keen on anyway. There was not a scream of anger when we blew up the tax office in Cardiff!

# 7

# Gwewyr Gwynfor

RHODDODD PENDERFYNIAD Y Palas a'r Llywodraeth Lafur i fwrw ymlaen â'r Arwisgo gur pen gwleidyddol go fawr i Blaid Cymru. Roedd arweinyddiaeth y blaid fwy neu lai yn unfryd fod y seremoni yn gyfystyr â chynllun i gryfhau Prydeindod ac i ddiogelu cefnogaeth y Blaid Lafur yng Nghymru yn wyneb twf cenedlaetholdeb yn gyffredinol, a bygythiad etholiadol penodol Plaid Cymru. Er hynny, nid oedd dim yn rhaglen neu ideoleg hanesyddol Plaid Cymru yn wrthwynebus i'r frenhiniaeth fel sefydliad. Ers ei sefydlu yn 1925 roedd y Blaid wedi dilyn llwybr cymedrol ac osgoi gwleidyddiaeth weriniaethol ar batrwm Gwyddelig. Yn hytrach na dilyn polisi o geisio annibyniaeth, roedd y Blaid wedi arddel hunanlywodraeth a statws Dominiwn o dan y Goron i Gymru.

Erbyn y chwedegau roedd y Blaid, mewn ymdrech i apelio'n fwy eang i'r etholwyr ac i ennill cefnogaeth yn ne Cymru, yn ceisio ail-lunio ei rhaglen bolisi ar sail rhoi pwyslais cynyddol ar dwf economaidd a datblygiad cenedlaethol, yn hytrach na materion diwylliannol ac atgyfnerthwyd y symudiad yma gan fuddugoliaeth Gwynfor Evans yng Nghaerfyrddin yn 1966. Yn y cyd-destun hwnnw, teimlai arweinyddiaeth y Blaid y byddai gwrthwynebu'r Arwisgo'n agored yn debygol o ddieithrio darpar bleidleiswyr.

Roedd Gwynfor Evans ei hun fel arweinydd ac unig Aelod Seneddol Plaid Cymru mewn sefyllfa anghyffordus a dweud y lleiaf. Roedd y wasg a'r cyfryngau yn awyddus iawn i wybod ei farn am yr Arwisgo, a'i ymateb cychwynnol ar ddiwrnod cyhoeddi'r seremoni oedd datgan nad oedd yn teimlo'n frwd dros yr achlysur. Agwedd swyddogol Plaid Cymru oedd anwybyddu'r digwyddiad yn gyhoeddus a'i weld fel rhywbeth amherthnasol i broblemau Cymru. Ym marn Edward Millward, Is-lywydd y Blaid, roedd ceisio deffro pobl Cymru i'w hawliau fel cenedl yn bwysicach nag ymboeni am yr Arwisgo. Er gwaethaf hyn, roedd y gwewyr meddwl ynghylch sut i ymateb yn gwneud i'r Blaid ymddangos yn ddryslyd. Fel datgelodd ei gofiannydd Rhys Evans, roedd ymateb Gwynfor ar adegau yn croes-ddweud ei hun ac yn syrthio rhwng dwy neu dair stôl. Ar un adeg gallai ddisgrifio'r seremoni fel anrhydedd fawr i Charles, dro arall dadleuai bod yr Arwisgo'n ffordd o gymathu'r genedl Gymreig yn rhan o'r wladwriaeth Saesnig, ond dro arall wedyn barnodd nad oedd yn ddim amgen na 'gimic twristaidd'. Ar achlysur arall, mynnodd Gwynfor y dylai'r seremoni fod yn fynegiant o gonsýrn gwirioneddol dros Gymru ac y dylai Charles uniaethu ei hun yn llwyr gyda bywyd y genedl. Er iddo osgoi beirniadaeth agored o'r Arwisgo, fe gafwyd cyfres o ymosodiadau geiriol gan Gwynfor yn erbyn y peth, yn enwedig mewn perthynas â'r bwriad i gael presenoldeb milwrol sylweddol yng Nghaernarfon ar y diwrnod. Gwrthododd Gwynfor y gwahoddiad a roddwyd i bob Aelod Seneddol Cymreig i fynychu'r achlysur, ond fe gytunodd i gyfarch y Tywysog yn bersonol yng Nghaerfyrddin yn rhinwedd ei swydd fel Aelod Seneddol yr ardal, yn ystod y daith frenhinol trwy Gymru yn y dyddiau ar ôl yr Arwisgo.

Cymylwyd pethau ymhellach i'r Blaid, pan gytunodd Edward Millward i fod yn diwtor i Charles yn ystod ei gyfnod yng Ngholeg Prifysgol Aberystwyth. Er iddo ymddiswyddo o'r Is-lywyddiaeth cyn cychwyn ar ei waith, roedd Millward, fel Gwynfor, o'r farn bod hyn yn rhoi cyfle euraid i Blaid Cymru ddylanwadu ar feddwl y Tywysog ifanc a throi'r Arwisgo yn rhywbeth y gallai'r Blaid fanteisio arno. Fel y gellid disgwyl, corddi'r dyfroedd ymysg gwrthwynebwyr yr Arwisgo wnaeth penderfyniad Millward i dderbyn y swydd, a chreu rhwyg pellach rhwng y Blaid a gweddill y mudiad cenedlaethol.

Cyn hynny, fodd bynnag, yng ngwanwyn 1967, yr hyn a roddai gur pen i Gwynfor oedd effaith eithafwyr Cymreig ar obeithion etholiadol y Blaid. Pasiwyd cynnig gan Blaid Cymru yr haf hwnnw i ddiarddel unrhyw aelod o'r Blaid a oedd hefyd yn aelod o'r FWA neu'r Patriotic Front – ac ymysg y cyntaf i gael ei ddiarddel oedd Owain Williams, un o dri Tryweryn. Ar ben hynny, ceisiodd Gwynfor bellhau'r Blaid oddi wrth Gymdeithas yr Iaith oherwydd ei bryder am bwyslais y Gymdeithas ar weithredu uniongyrchol. Yn gysgod dros lawer o benderfyniadau Gwynfor ac arweinyddiaeth y Blaid oedd y colli cyfle a ddigwyddodd ar ôl llosgi Penyberth yn 1936, a phenderfyniad y Blaid i wrthwynebu'r coroni yn 1937. Teimlai fod yr holl gynnydd a wnaed yn sgil ymgyrch yr Ysgol Fomio wedi'i golli yn sgil y penderfyniad annoeth hwnnw. Ffolineb ym marn Gwynfor fyddai ailadrodd y camgymeriad.

Yn 1968 cylchredwyd memorandwm ymysg aelodau Pwyllgor Gwaith y Blaid gan y bardd a'r cenedlatholwr Harri Webb. Yn y ddogfen mae Webb yn dadlau dros anwybyddu'r Arwisgo. Eironig iawn yw hyn, o gofio bod Webb yn agos iawn at rai o weithredwyr mwyaf milwriaethus y mudiad cenedlaethol, ac yn cydymdeimlo'n fawr â hwy. Ond mae'r ddogfen yn ddadlennol am y rheswm hwnnw, oherwydd ei bod yn rhoi darlun o'r ddilema a wynebai cenedlatholwyr y cyfnod:

From now (1968) until next July Plaid Cymru will sail
through choppy waters. The Investiture of Prince Charles at
Caernarfon has been a move kept in reserve ever since he was
proclaimed Prince of Wales at the Commonwealth Games
in Cardiff in 1958. The calculations behind the move are
obvious, not least among them the political embarrassment
of Plaid Cymru in the general election due for 1970 amid the
likelihood of creating an internal difference in the party. To

Plaid Cymru, the situation offers a challenge, and all shades of opinion must strive to meet it so that we weather the transient discomforts of the next two years and emerge in fighting trim to win the majority of Welsh seats in 1970.

It is against this deep current, moving inexorably towards Welsh freedom, that the English Establishment and their Welsh hirelings are now trying to erect the frail dam of a ceremonial musical-comedy, 'Principality', complete with flower-strewing chorus of loyal peasants and a Student Prince. But it will not arrest that current. All it will do is to throw up a certain amount of frothing surface eddies. We must be careful not to let them upset our navigation and throw us off course.

Drwy gydol y cyfnod yn arwain at Orffennaf 1969 roedd y Blaid yn ei chael hi'n anodd tu hwnt i ddelio gyda gwrthwynebiad ei haelodau ei hun i'r Arwisgo. Galwodd rhai cynghorwyr sir oedd yn gysylltiedig â'r Blaid am foicot o weithgareddau oedd yn ymwneud â'r Arwisgo. Ymysg y gwrthwynebwyr mwyaf llafar oedd Cadeirydd Mudiad Ieuenctid Plaid Cymru yn 1967-68, Dafydd Elis-Thomas.

Lansiodd y gangen ieuenctid ymgyrch sticeri ceir 'Senedd Nid Tywysog', ac o dan olygyddiaeth Heini Gruffudd roedd *I'r Gad*, cylchgrawn ieuenctid y Blaid, yn gyfan gwbl wrthwynebus i'r Arwisgo. Neilltuwyd y rhan fwyaf o rifyn 1968 o'r cylchgrawn i ddychan ac erthyglau gwrth-Arwisgo; a'r mwyaf diflewyn-ar-dafod o'r cyfranwyr oedd Dafydd Elis-Thomas. Ar ôl disgrifio Cledwyn Hughes, yr Ysgrifennydd Gwladol, fel 'camarweinydd cenedl' mewn erthygl ganddo yn dwyn y teitl 'PARLIAMENT-NOT A PRINCE', disgrifiodd I. B. Griffith a Cledwyn Hughes fel 'English imperialist tools', a hysbysir y Tywysog Charles nad oedd croeso iddo yn y Gymru fodern:

We don't want the medieval hangover of a prince, we don't want the meaningless, powerless symbol of a dying Empire. What we want is the real institution of a modern nation of a

Parliament. We want a Parliament, not a Prince; Senedd nid
Tywysog. And that is what we are determined to get.

If you don't want to make a fool of yourself in the greatest
farce of modern Welsh history, don't come to Caernarfon in
1969 – but go back to Cambridge, Charlie boy, Wales has her
own leaders and her own destiny now.

Yn ôl Gareth Miles, achosodd polisi Gwynfor a'r
arweinyddiaeth o bellhau'r Blaid oddi wrth y cenedlaetholwyr
oedd yn gwrthwynebu'r Arwisgo gryn densiwn rhyngddynt a
Chymdeithas yr Iaith.

Wel roedden ni'n gweld peidio gwrthwynebu'r Arwisgo fel
llwfrdra cynhenid Plaid Cymru a bod yn berffaith onest, a
doedden ni ddim yn disgwyl dim byd gwell ganddyn nhw.
Hynny ydi roedd Plaid Cymru wedi gwrthod gwneud safiad
dros Dryweryn, ac achosodd hynny chwerwder mawr a siom
dychrynllyd ymysg cenedlaetholwyr. Ac roedden ni'n gweld
yr Arwisgo fel sarhad pellach ar Gymru. Er bod rhai pobl fel
Dafydd Iwan a John Davies Bwlch-llan wedi aros yn Bleidwyr
drwy'r cwbl.

Dywedir mai un o'r ffactorau wnaeth atal y tensiwn rhag
troi'n ffrae fwy chwerw oedd y berthynas dda rhwng Gwynfor a
Dafydd Iwan, Cadeirydd Cymdeithas yr Iaith Gymraeg yn 1969.
Er bod Gwynfor o'r farn bod y Gymdeithas 'yn gwneud gwaith
godidog', roedd yn bryderus iawn pan welodd ymgyrchwyr y
mudiad iaith yn troi eu sylw at wrthwynebu'r Arwisgo.

Un o'r ymgyrchwyr ifanc hynny, a darpar fab yng nghyfraith
Gwynfor, oedd Ffred Ffransis, sy'n cofio trafod a ddylid
gwrthwynebu'r Arwisgo gydag un o arweinwyr amlwg y Blaid:

Dwi'n cofio cael sgwrs yn y Llew Du yn Aberystwyth gyda'r
diweddar Dr Phil Williams, oedd yn ddarlithydd yn yr Adran
Ffiseg yn y Coleg, a dwi'n cofio fo'n dweud:
'Pam 'dach chi'n cael eich tynnu i mewn i'r trap yma?

55

'Da ni i gyd yn gwybod mai trap gan Harold Wilson yw hwn. Mae'r ffaith bod cenedlaetholdeb ar gynnydd yn creu problem, felly mae wedi gosod abwyd i genedlaetholwyr wrthwynebu'r Arwisgo, wedyn bod y PR yn mynd i'w waith yn portreadu Charles fel yr hogyn bach annwyl yma roedd pawb yn gas efo fo, a cheisio tanseilio'r mudiad cenedlaethol mae e.'

Ond ein dadl ni wrth rhai fel Dr Phil Williams oedd wnawn ni ddim ennill ar y pryd, ond mae'n bwysig wrth edrych yn ôl. A bod pobl Cymru'n gallu dweud – 'Mi oedd yna wrthwynebiad. Mae Cymru wedi newid. Fydd o ddim fel 1911, ac mi fydd yn llawer anoddach i rywbeth fel hyn ddigwydd eto.'

# 8

# Gelyniaeth George
# a *Thafod y Ddraig*

YM MIS EBRILL 1968, symudwyd Cledwyn Hughes i'r Weinyddiaeth Amaeth a phenodwyd George Thomas yn ei le fel Ysgrifennydd Gwladol Cymru. Roedd George Thomas yn frenhinwr brwd, yn ymylu ar y sycoffantig, ond yn fwy na dim roedd yn agored wrth-Gymraeg; ac roedd penderfyniad y Prif Weinidog Harold Wilson i benodi rhywun oedd mor chwyrn yn erbyn cenedlaetholdeb Cymreig ar adeg mor arwyddocaol yn arwydd o agwedd lawer mwy ymosodol ar ran y llywodraeth Lafur tuag at genedlaetholwyr Cymru.

Yn ôl Martin Shipton, cofiannydd Geroge Thomas, mae'n debygol fod ei gasineb tuag at y Gymraeg wedi tarddu o ymddygiad gwael ei dad, oedd yn siaradwr Cymraeg, tuag at ei fam. Wrth ysgrifennu am deulu ei dad, dywed Thomas:

> They were thoroughly Welsh, worshipping at the Welsh Congregational Church in Penygraig and speaking only in Welsh to each other. If only he had known it my father could have saved me considerable difficulties in my later political life when the militants in Wales were forever criticising my spoken Welsh.

Er i'w fam ofyn iddo siarad Cymraeg â'r plant, gwrthod wnaeth ei dad. Datgela Shipton bod Zachariah Thomas yn yfwr trwm, ac fel plentyn ar yr aelwyd bu George Thomas yn dyst i dymer wyllt ei dad yn ei ddiod. Gadawodd y tad y cartref adeg y Rhyfel Mawr, pan ddaeth ei fam i wybod bod gan Zachariah wraig arall yng Nghaint. Arweiniodd hynny at gyni ariannol ar aelwyd y teulu yn y Rhondda a bu'n rhaid i fam George fynd i dribiwnlys i brofi ei bod yn wraig i Zachariah cyn iddi dderbyn lwfans gwraig. Ar ôl hynny ni welodd George a'i fam ei dad byth eto.

Fel Ysgrifennydd Gwladol cymerodd Thomas awenau Pwyllgor yr Arwisgo, gan ddatgan yn blwmp ac yn blaen ei agwedd tuag at y defnydd o'r Gymraeg:

> There had been one uneasy meeting of the committee at
> St. James's Palace before I took over. A Welsh minister of
> religion had insisted on speaking in Welsh, and Cledwyn
> acted as interpreter. I let it be known that if anyone wished to
> speak in Welsh while I was there, they would be quite free to
> do so. but there would be no translations. In the event, that
> crisis never occurred again.

Fel sylwodd Shipton, ym meddwl Thomas roedd yna wahaniaeth mawr rhwng y bobl drafferthus a fynnai siarad Cymraeg a rhai fel Dug Norfolk a ddaeth i gadeirio cyfarfodydd Pwyllgor yr Arwisgo yn rhinwedd ei gyfrifoldeb am y seremoni yng Nghaernarfon, ac roedd Thomas yn hanner addoli'r Dug. Ar anterth y cynnwrf yn 1969 roedd Thomas yn derbyn bygythiadau bob wythnos, ac roedd yn destun gwawd a chasineb ymysg y protestwyr a'r gweithredwyr gwrth-Arwisgo. Chwerwi Thomas ymhellach wnaeth y profiad. Ysgrifennodd wedyn:

> The Welsh-speaking press was both bitter and malicious.
> Even the so so-called religious papers became political, and
> included regular personal attacks on me. There was a period
> when Mam was included in the tirades, which I thought was
> reaching the lowest level of poltical activity.

Cynrychiolai George Thomas bopeth yr oedd rhywun fel John Jenkins yn ei ddirmygu yn y Cymry hynny a drodd eu cefnau ar eu gwlad er mwyn hunan-les:

We hated George Thomas, because he was such a hypocrite. He was the worst of them all. They were doing well for themselves, but what were they doing for Wales? There will always be those Welshmen who will hurry to their Union Jack. They know which side their bread is buttered. You can't blame them, they're human beings – but I don't like them.

Oherwydd agweddau gelyniaethus George Thomas tuag at y Gymraeg nid yw'n syndod iddo ddod yn *bête noire* i Gymdeithas yr Iaith, ac roedd ei amlygrwydd yn nhrefniadau'r dathliadau brenhinol arfaethedig yn olew ar y fflamau.

Roedd Cymdeithas yr Iaith eisoes wedi rhoi ei throed yn y dŵr o ran gwrthsefyll yr Arwisgo ym mhrotest dorfol y Deml Heddwch yn 1967, ac am y tair blynedd nesaf y Gymdeithas fyddai'n arwain y gwrthwynebiad torfol i'r digwyddiad. Bu cyfarfod cyffredinol blynyddol y Gymdeithas ym mis Hydref 1968 yn drobwynt yn ei hanes, gan ddynodi symudiad at weithredu mwy uniongyrchol wrth iddi lansio ei hymgyrch paentio arwyddion ffyrdd ac ailddatgan ei gwrthwynebiad i'r Arwisgiad. Yn un o'i areithiau olaf fel Cadeirydd atgoffwyd y cyfarfod gan Gareth Miles 'nad mudiad protest yw Cymdeithas yr Iaith ond mudiad chwyldro' a bod y Gymdeithas yn credu fod rhaid newid y gyfundrefn yn llwyr ac na wnâi newidiadau bach y tro. Er bod amheuon gan rai o'r arweinwyr ynghylch priodoldeb ymgyrchu ar bwnc nad oedd yn ymwneud yn uniongyrchol â'r iaith, teimlai'r rhan fwyaf o'r aelodau na ddylai'r Gymdeithas anwybyddu rhywbeth mor arwyddocaol yn hanes Cymru.

Cyflwynwyd y cynnig gan Neil ap Siencyn, oedd yn nodi:

Bod y Gymdeithas yn ailddatgan ei gwrthwynebiad i'r Arwisgo, ac yn trefnu achlysur cyhoeddus gwrth-Arwisgo yn fuan; yn annog ei haelodau i fanteisio ar bob cyfle i wrthwynebu a llesteirio dathliadau lleol a chenedlaethol 'Croeso '69', ac yn galw ar bob mudiad, corff a sefydliad sy'n deyrngar i'r iaith a'r genedl i wrthdystio yn gyhoeddus yn erbyn sarhad yr Arwisgo.

Ar ôl llawer o ddadlau fe'i derbyniwyd yn ddiwrthwynebiad. Etholwyd Dafydd Iwan yn Gadeirydd a chyhoeddwyd datganiad yn amlinellu ymgyrch wrth-Arwisgo'r mudiad. Yn ôl Gareth Miles, roedd y penderfyniad yn eithaf unfrydol:

Mi gawson ni weithgor ac mi benderfynon ni ein bod ni'n gwrthwynebu'r Arwisgo, ac roeddwn i'n brif ladmerydd hynny ac roedd pawb yn gefnogol iawn i hynny. Dyna oedd ysbryd y Gymdeithas. Yn eironig a diddorol iawn un o'r rhai wnaeth siarad yn erbyn protestio oedd Dafydd Iwan, a dwi'n meddwl efallai bod Dafydd yn dilyn lein Gwynfor Evans yn fanna. Ond y safbwynt a gariwyd oedd ein bod ni'n gwrthwynebu trwy ddulliau di-drais.

A'r rheswm dros wrthwynebu'r Arwisgo oedd gwrth-Brydeindod, a'r syniad o Frenhiniaeth. Dwi'n meddwl bod cenedlaetholwyr at ei gilydd yn wrth-frenhinol ond bod nhw'n rhy dawedog i ddweud hynny. Beth roedden ni'n ei wneud oedd rhoi mynegiant i agwedd a safbwynt o wrth-Brydeindod.

Mae'n rhyfedd meddwl, o gofio'r rhan amlwg a chwaraeodd yn nigwyddiadau 1969, a'r erlid a'r gwawd a ddioddefodd yn sgil hynny, mai un o'r rhai oedd fwyaf amheus o benderfyniad y Gymdeithas i wrthwynebu'r Arwisgo oedd Dafydd Iwan:

Mi wnes i ddadlau'n frwd iawn iawn, mai nid ein busnes ni yng Nghymdeithas yr Iaith oedd ymgyrchu yn erbyn yr Arwisgo. Roeddwn yn erbyn rhoi gormod o sylw iddo fo, ac ro'n i'n teimlo'n gryf iawn am y peth, ac yn dweud mai ein job ni oedd yr iaith Gymraeg, a'r ymgyrch fawr ar hyn o bryd yw'r ymgyrch arwyddion ffyrdd, mae'n rhaid i ni ennill hon, ac wrth gwrs mi ddaeth yr Arwisgo ar draws ym mhob ystyr. Ro'n i'n gwbod bod rhaid i ni wrthwynebu, fedren ni ddim ei anwybyddu, ond roeddwn wedi gobeithio y byddem wedi gallu gwneud ambell i brotest ac ambell i rali a symud yn ôl at yr arwyddion ond wrth gwrs roedd y propaganda o blaid yr Arwisgo yn chwipio teimladau i fyny mor uchel roedden ni wedyn yn cael ein dal i fyny yn y chwyrligwgan ac roedden ni wedyn yn cael ein gweld fel y gelynion gwirion, diwerth yma oedd yn meiddio beirniadu'r hogyn bach diniwed yma. Felly ar ein gwaetha ni, mi wnaeth yr ymgyrch Arwisgo ddod yn beth mawr. Ond ro'n i'n ysu i gael mynd yn ôl at yr ymgyrch dros arwyddion i ddechrau a thros sianel deledu wedyn.

Un arall oedd ar Bwyllgor Canolog y mudiad oedd Ffred Ffransis, ac roedd ef hefyd yn awyddus i weld protestio yn erbyn seremoni Caernarfon, ond nid ar draul ymgyrchoedd pwysicach. Yn ei farn ef, roedd y penderfyniad i gynnal dwy rali dorfol o bwys yn gyfaddawd rhwng yr angen i wrthwynebu arwisgo Charles a'r angen i barhau â gwir ddiben y Gymdeithas o ymgyrchu dros y Gymraeg :

Mi wnaeth Cymdeithas yr Iaith benderfynu nad oedden
ni am gael ein tynnu fewn i frwydr fawr i wrthwynebu'r
Arwisgo a bod ganddon ni bethau pwysicach i'w gwneud, fel
yr ymgyrch arwyddion – be wnawn ni ei wneud yw trefnu
dwy rali yn unig. Un rali yng Nghaernarfon ei hun, ac un rali
yng Nghilmeri. Gan fod neb arall yng Nghymru i wneud, mi
wnawn ni. A dyna a wnaed.

I rywun fel Ieuan Bryn, un o weithredwyr mwyaf gweithgar Cymdeithas yr Iaith yn y cyfnod, roedd yn hanfodol bod y mudiad wedi dod allan yn gryf yn erbyn yr Arwisgo. Iddo ef roedd y rhesymeg yn eglur:

Sefydliad o'r oes o'r blaen sydd bellach yn hollol amherthnasol ydi teulu brenhinol Lloegr, ac mae arian anhygoel yn cael ei wastraffu ar gynnal y teulu hwn mewn cyfnod lle mae yna gymaint o dlodi. Mecanwaith gwleidyddol i gynnal ymdeimlad o Brydeindod drwy'r Deyrnas Gyfunol ydi teulu brenhinol Lloegr. Does gan dywysog sy'n perthyn i un genedl mo'r hawl foesol i'w osod ei hun yn dywysog ar genedl arall. Cymhelliad gwleidyddol pur oedd y tu ôl i'r arwisgiad, sef cryfhau'r undod gwleidyddol a gwladwriaethol rhwng Cymru a gweddill 'Prydain'. Ystryw wleidyddol i atal y twf yn ymwybyddiaeth genedlaethol y Cymry, yn dilyn boddi Capel Celyn, oedd yr arwisgiad.

Gan gydredeg gydag ymgyrch paentio arwyddion ffyrdd y Gymdeithas, bu'r gweithredwyr yn paentio sloganau gwrth-Arwisgo, paentio dros arwyddion swyddogol a thynnu fflagiau a baneri Prydeinllyd. Daeth *Tafod y Ddraig*, cylchgrawn y mudiad, yn llais gwrth-Arwisgo croyw ac anogwyd yr aelodau i amharu ar ymgyrch hyrwyddo Croeso '69 trwy gynnig digwyddiadau 'dychanol' i bwyllgorau cenedlaethol a lleol.

Yn ôl yr hyn a gofia Gareth Miles, mi gafodd y Gymdeithas wahoddiad gan bwyllgor a sefydlwyd gan Gyngor Sir Gaernarfon i ymuno yn y dathliadau:

> … ac anfonwyd neges at fudiadau i'w hannog nhw i ymuno yn yr hwyl a'r miri. Ac anfonwyd un at Gymdeithas yr Iaith. Mi wnaethon ni ateb drwy ddeud y bydden ni wrth ein bodd yn cymryd rhan a bod ganddon ni raglen o weithgareddau. Ac mi atebodd Cadeirydd y Pwyllgor gan ddweud bod hyn yn newydd da iawn, a dwi'n cofio ni'n ateb eto drwy ddweud 'dwi ddim yn meddwl bod beth sy ganddon ni mewn golwg yn mynd i blesio.'

Er hynny llwyddodd aelodau'r Gymdeithas i dwyllo Pwyllgor Croeso '69 Caernarfon a sicrhau bod digwyddiadau dychanol y mudiad yn cael eu derbyn fel rhai dilys. Ar y rhestr swyddogol o ddigwyddiadau arfaethedig Sir Gaernarfon i'w hystyried yn y cyfarfod yr oedd tair eitem gan Gymdeithas yr Iaith. Pasiant o'r enw 'Coroni ein Tywysog', cyfarfod 'Er Cof am Llywelyn Ein Llyw olaf' a chyhoeddiad yn dwyn y teitl 'Teyrnged i'r Tywysog'.

Yn y cyfarfod holodd y Parch. Arfon Evans, o'r Felinheli, 'Pe bai cynrychiolydd yn bresennol, hoffwn ofyn a yw eu bwriad yn anrhydeddus ai peidio?' Atebodd Cadeirydd Cyngor Sir Caernarfon, Alwyn Morris, a oedd yn llywyddu ei fod yn tybio bod popeth sy'n ymddangos ar y rhestr yn ddigwyddiad dilys. Dywedodd Mr D. Rhys-Jones o Fwrdd Croeso Cymru ei fod ef hefyd yn credu bod y digwyddiadau'n rhai dilys. Ond pan holwyd ef gan y wasg ynghylch bwriadau'r Gymdeithas, ateb Gareth Miles oedd dweud:

> Byddan nhw'n cochi wrth sylweddoli beth rydym yn ei wneud. Ysgrifennodd Pwyllgor trefnu swyddogol Cyngor Sir Gaernarfon lythyr agored i'r papurau newydd Cymraeg yn gwahodd pob sefydliad i drefnu digwyddiadau fel rhan o'r dathliadau. Ein bwriad yw llwyfannu ychydig o ddigwyddiadau arbennig iawn i ddangos yr hyn rydym yn ei feddwl am gael Sais yn Dywysog Cymru.

Yng nghyfarfod dilynol y Pwyllgor cynrychiolwyd y Gymdeithas gan Gwyneth William a daeth yn amlwg i'r cynrychiolwyr wrth iddi siarad fod gweithgareddau'r Gymdeithas o natur dipyn gwahanol i'r gweddill. Teimlad Cymdeithas yr Iaith, meddai, oedd y dylai'r Tywysog gael cyfle i gyfarfod pobl ifanc Cymru, ac felly bwriad y Gymdeithas oedd 'trefnu gweithgareddau banerog ble bynnag y byddai ef, fel y caiff y Tywysog gyfle i wybod sut y mae pobl ieuanc Cymru yn teimlo'. Ychwanegodd mai 'gweithgareddau di-drais fydd y rhain yn unol â pholisi Cymdeithas yr Iaith Gymraeg'.

Gwyneth William oedd y cyntaf i siarad Cymraeg yn y gynhadledd. Pan gyfeiriodd fel yr oedd pawb cyn hynny wedi siarad yn Saesneg, dywedodd y Cadeirydd Alwyn Morris nad oedd unrhyw fwriad i'r cyfarfod fod yn un Saesneg yn unig, ac o hynny ymlaen cynhaliwyd y rhan fwyaf o'r drafodaeth yn Gymraeg.

Ymhellach yn y cyfarfod dywedodd Lyn Howell o'r Bwrdd Croeso mai'r bwriad oedd trefnu rhyw weithgarwch neu'i gilydd yn genedlaethol neu'n lleol bob wythnos am dri mis yng ngwanwyn a haf 1969. Roedd disgwyl y byddai'r Eisteddfod Genedlaethol, Eisteddfod yr Urdd, Eisteddfod Ryngwladol Llangollen a'r Sioe Frenhinol i gyd yn gwneud eu rhan mewn rhyw ffordd neu'i gilydd i gyfrannu at ddathliadau'r Arwisgo. Nododd ar ben hynny fod penderfyniad bwriadol wedi'i wneud o'r cychwyn gan y trefnwyr i alw'r 'tri mis o ddathlu mawr' yn 'Croeso Chwe Deg Naw' yn hytrach na 'Croeso Sixty Nine'.

Er gwaethaf agwedd gadarnhaol y Bwrdd Croeso, digon tila oedd brwdfrydedd pobl ar lawr gwlad yn 1968. Daeth llai na'r disgwyl i glyweliadau Côr yr Arwisgo, a'r un oedd y stori o ran pasiant dewis 'croesawferch Cymru', a bu'n rhaid symud y dyddiad cau ar gyfer y gystadleuaeth deledu oherwydd prinder ymgeiswyr. Yn y diwedd, dim ond hanner y nifer disgwyliedig o ymgeiswyr gymerodd ran yn y gystadleuaeth. Yn y diwedd dewiswyd Stella Mair Thomas fel 'Miss Croeso '69'.

Carreg goffa Cilmeri, Hydref 2018.

Cayo Evans, arweinydd yr FWA, ac Eirwyn Pontshan yn y brotest yn erbyn agor argae Tryweryn 1965.

(Geoff Charles, trwy ganiatâd Llyfrgell Genedlaethol Cymru)

John Jenkins, prif drefnydd MAC.
(Robat Gruffudd)

Y Comandant Dennis Coslett.

Dennis Coslett a Gelert y ci, yn arwain gorymdaith yr FWA ym Machynlleth.

Cartŵn 'Lunatic Fringe', *Tafod y Ddraig*, Tachwedd 1967.

(Tegwyn Jones)

Owain Williams gyda chefnogwyr ar ôl ei ryddhau o Lys y Goron Caernarfon, 1968. Ar y chwith iddo y mae Cayo Evans.

Clawr blaen *I'r Gad*, cylchgrawn cangen
ieuenctid Plaid Cymru 1968.

UNE AFFICHE GALLOISE « ANTI-CHARLES »
« *Pourquoi ne le gardent-ils pas chez eux?* »

### Le prince-étudiant

■ Entre le 26 avril, date à laquelle le prince Charles
d'Angleterre commencera un cycle de six semaines d'étu-
des à l'université galloise d'Aberystwyth, et le 1er juil-
let, date de son investiture officielle au titre de prince
de Galles, il devrait être, d'après le mouvement sépara-
tiste gallois, « Free Wales », assassiné. Tout le monde
le sait ; néanmoins la fête aura lieu.

Le jour de l'investiture, quelque 10 000 policiers seront
là pour le protéger, et une police personnelle devra éviter
attentivement qu'il ne soit giflé par un « enragé », et qu'il
ne tombe trop visiblement en admiration devant une
petite Galloise.

De plus, d'étranges étudiants s'inscrivent chaque jour
à l'université d'Aberystwyth, et des cuisiniers, des pho-
tographes, des reporters, des touristes, des étrangers,
à la carrure plutôt développée, envahissent les rues de
la ville.

Les Gallois, qui, jusqu'à ce jour, ne se sont montrés
ni enthousiastes ni reconnaissants des festivités qui
leur sont offertes, paraissent chaque jour plus nerveux :
ce prince, que l'Angleterre aime tant, pourquoi donc ne
le garde-t-elle pas ? D'autant que, comme l'a signalé
le député travailliste Emrys Hughes, la petite cérémonie
d'investiture coûtera 200 000 livres sterling et aura lieu
dans une région qui a un besoin urgent de routes, d'in-
dustries, d'écoles et d'équipements sanitaires.

'Le prince-étudiant' – erthygl mewn
cylchgrawn Ffrengig am y cynnwrf ynghylch
arhosiad Charles yn Aberystwyth.

'Duw gadwo'r Tywysog... yn Lloegr',
clawr cefn *I'r Gad*.

(Elwyn Ioan)

Emyr Llywelyn yn cael ei arestio ar risiau'r Deml Heddwch, Tachwedd 1967.

Gwenllian Wynne-Jeffries ar glawr cylchgrawn lliw yr *Observer*, Mehefin 1968. Cafodd Gwenllian a'i gŵr eu harestio am daflu bom mwg at y Tywysog.

Dafydd Iwan, yng nghylchgrawn lliw yr *Observer*, Mehefin 1968.

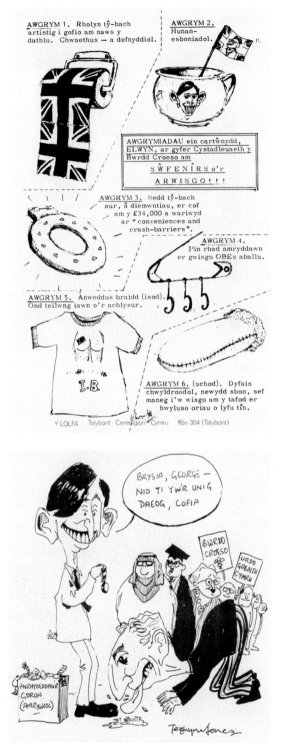

Cartŵn 'Swfenirs yr Arwisgo',
*Tafod y Ddraig,* Awst 1968.

(Elwyn Ioan)

Cartŵn 'Brysia George...',
*Tafod y Ddraig,* Awst 1968.

(Tegwyn Jones)

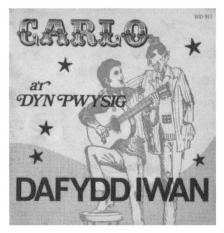

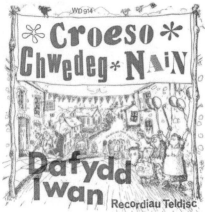

Clawr record *Carlo* Dafydd Iwan, dyluniwyd gan Elwyn Ioan. Gwerthwyd mwy na 13,000 copi o'r record a bu ar frig siart *Y Cymro* am wythnosau lawer.

Clawr record *Croeso 69* Dafydd Iwan, dyluniwyd gan Elwyn Ioan.

Cartŵn – Calendr y Dadwisgo (i).
(Arthur Morus)

Cartŵn – Calendr y Dadwisgo (ii).
(Arthur Morus)

Gareth Miles yn annerch rali yng Nghastell Dolbadarn, Dydd Gŵyl Dewi 1969.
(Geoff Charles, trwy ganiatâd Llyfrgell Genedlaethol Cymru)

Peter Hughes Griffiths yn areithio ar y Cei Llechi, Dydd Gŵyl Dewi 1969.
(Geoff Charles, trwy ganiatâd Llyfrgell Genedlaethol Cymru)

Ymprydwyr yn yr Hen Goleg, Aberystwyth. O'r chwith i'r dde: Ieuan Bryn, Euryn ap Robert, Rhodri Morgan a Ffred Ffransis.

(Ron Davies)

Merched ar ôl eu hympryd y tu allan i'r Hen Goleg, Aberystwyth. O'r chwith i'r dde: Nia Griffith, Manon Rhys, Sioned Bebb, Siân Wyn Siencyn a Lowri Morgan.

(Ron Davies)

Poster 'St George'.
(Elwyn Ioan)

Llythyr dienw at Eryl Owain.

Charles yn Aberystwyth, y tu ôl iddo y mae'r heddwas Haydn Davies, Cymro Cymraeg o Bontarddulais oedd yn gyfrifol am ddiogelwch y Tywysog.

(Raymond Daniel)

Y brotest ym mhafiliwn Eisteddfod yr Urdd, Mai 1969.

(Raymond Daniel)

Y Ditectif Brif Arolygydd, Jock Wilson,
arweinydd Uned Amwythig.

Cadeirio Gerallt Lloyd Owen
yn Eisteddfod yr Urdd, Mai 1969.
(Geoff Charles, trwy ganiatâd Llyfrgell Genedlaethol Cymru)

Waldo Williams yn gosod blodau ar garreg Llywelyn yng Nghilmeri. Yn y llun hefyd y mae D. J.
Williams a Dafydd Iwan.
(Raymond Daniel)

Y dorf yng Nghilmeri, Mehefin 1969.
(J. I. Daniel)

Emyr Llywelyn yn areithio yng Nghilmeri, Mehefin 1969.
(J. I. Daniel)

Alwyn Jones a George Taylor, y ddau a laddwyd yn ffrwydrad Abergele.

Y difrod wedi bom Abergele.

(PA)

Dai Bonar, Dafydd y Dug a Glyn Rowlands ar ddiwedd achos yr FWA.
(Raymond Daniel)

Vernon Griffiths a Tony Lewis yn gadael Llys y Goron Abertawe, gyda Lyn Ebenezer yn y cefndir ar y chwith.
(Raymond Daniel)

Llun *Y Cymro* o wersyll dros dro y fyddin yn y Faenol, ger Bangor.

Llun *Y Cymro* o wersyll dros dro y fyddin yn Llandwrog.

Plismyn yn ymgasglu cyn y seremoni yn Ysgol Maesincla, Caernarfon.
(PA)

Cartŵn 'Wylit, wylit, Lywelyn...',
*Tafod y Ddraig*, Mehefin 1969.
(Tegwyn Jones)

James Callaghan, yr Ysgrifennydd Cartref
ac I. B. Griffith, Maer Caernarfon, cyn y seremoni.
(Geoff Charles, trwy ganiatâd Llyfrgell Genedlaethol Cymru)

Yr Aelodau Seneddol Llafur, Elystan Morgan a Cledwyn Hughes, ger y castell.

(Geoff Charles, trwy ganiatâd Llyfrgell Genedlaethol Cymru)

Cynrychioli'r Orsedd yn y seremoni – Cynan a William Morris, gyda'r Archdderwydd Gwyndaf yn y cefndir.

(Geoff Charles, trwy ganiatâd Llyfrgell Genedlaethol Cymru)

'Eu Ffusto Nhw, Gwyndaf bach...'
*Tafod y Ddraig*, Gorffennaf 1969.

Poster 'Mae'n Drosedd Bod yn Gymro'.

# 9

# 'Phil MacBryde' ar ffo

ROEDD YMOSODIADAU MAC yn parhau, a chynyddodd
gweithgaredd yr heddlu mewn ymateb i hynny, wrth iddynt
ddod o dan bwysau cynyddol i ddal y bomwyr, a sicrhau
bod trefniadau diogelwch yn ddigon tynn i'r awdurdodau
allu gwarantu cynnal y seremoni yng Nghaernarfon ymhen
y flwyddyn. I'r perwyl hwn, dechreuodd yr heddlu gadw
golwg a dilyn cenedlaetholwyr amlwg. Un o'r rhai ddaeth dan
amheuaeth fawr oedd Owain Williams, un o sylfaenwyr MAC
a garcharwyd am flwyddyn yn dilyn ei ran yn yr ymosodiadau
ar drosglwyddydd trydan ar safle Tryweryn a pheilon oedd
yn cyflenwi'r safle. Ers hynny bu Williams yn weithgar gyda'r
Patriotic Front, er na thorrodd bob cysylltiad gyda MAC
chwaith:

> Roeddwn i'n llywydd y National Patriotic Front a oedd dan
> wyliadwriaeth gyson gan Wasanaethau Cudd Prydain, ac
> roedd rhai plismyn o'r farn mai adain wleidyddol MAC oedd
> y Ffrynt! Oherwydd fy hanes cynharach fel gweithredwr,
> ro'n i wedi bod yn darged i'r 'cyfeillion' hyn ers peth amser.
> Cafodd fy ffôn ei dapio, bygiwyd a gosodwyd dyfais tracio
> ar fy nghar. Roeddwn yn cael fy ngwylio'n gyson a chael fy
> nilyn gan ddieithriaid llechwraidd a oedd fel arfer yn gwisgo
> hetiau, neu gotiau dyffl gyda'r cwfl wedi'i dynnu dros eu
> pennau.

65

Ar y 5ed o Ionawr 1968, ffrwydrodd bom yn y Snowdonia Country Club ym Mhenisarwaun, ger Caernarfon, gan achosi twll pedair troedfedd mewn wal drwchus. Mae'n debyg bod perchennog y clwb, a symudodd i'r ardal o Fanceinion, wedi tynnu nyth cacwn i'w ben yn lleol drwy ddechrau gwerthu llathenni sgwâr o dir yn Eryri i brynwyr, yn bennaf o Loegr, gyda gweithredoedd perchnogaeth ffug. Yn fuan wedi'r ffrwydrad arestiwyd pedwar dyn – John Gwilym Jones, Arfon Jones, Robert Griffith Jones ac Edward Wilkinson mewn cysylltiad â'r digwyddiad, a maes o law rhoddwyd dedfryd o flwyddyn o garchar ohiriedig i Robert Griffith Jones ac Edward Wilkinson am eu rhan dybiedig yn y digwyddiad.

Y pumed dyn i gael ei arestio ar ôl ffrwydrad Penisarwaun oedd Owain Williams. Roedd Williams yn Llundain yn prynu car pan glywodd fod yr heddlu am ei holi. Ar ôl dychwelyd adref i fferm y teulu yng Ngwynus ger Nefyn, naw diwrnod ar ôl y ffrwydrad, penderfynodd mai'r peth doethaf i'w wneud oedd mynd draw i orsaf yr heddlu yng Nghaernarfon i wynebu'r plismyn a chael ei holi:

Gyrrais drwy glwyd y fferm, i gyfeiriad Caernarfon. Beth fyddai yn fy nisgwyl yno? Ni fyddai'n rhaid i mi ddisgwyl yn hir. Mi wnes i barcio fy Volvo ar faes parcio'r cei, a cherdded tuag at yr orsaf heddlu, a oedd yn hollol dywyll, heblaw am un golau gwan mewn ystafell i fyny'r grisiau. Gan gymryd anadl ddofn a phesychiad nerfus, camais i mewn. Doedd dim golwg o'r un enaid byw. A fu rhyw gamgymeriad? A oedden nhw i gyd wedi mynd adref a'i gadael hi tan y bore? Galwais allan: 'Oes 'na rywun adra?' Yn sydyn, daeth y goleuadau ymlaen ym mhob rhan o'r adeilad. Cefais fy nallu am eiliad gan y golau llachar, ac yna clywais sŵn traed yn brasgamu i fyny'r grisiau i'r dderbynfa. Rhuthrodd o leiaf wyth aelod o heddlu mewn dillad plaen i mewn, yn cael eu harwain gan John Hughes a golwg sarrug ar eu hwynebau.

Wrth gael ei holi dywedwyd wrth Owain Williams bod olion

nitroglyserin wedi'u canfod ar rannau o Vauxhall Cresta ei dad, a barciwyd gan Williams y tu allan i orsaf rheilffordd y Rhyl cyn dal y trên i Lundain. Er iddo fynnu bod y dystiolaeth hon wedi cael ei phlannu yn ystod ei absenoldeb, fe'i cyhuddwyd o fod â ffrwydron yn ei feddiant, gwrthodwyd mechnïaeth iddo ac fe'i cadwyd yn y ddalfa a'i drosglwyddo i ganolfan gadw yn Lloegr. Cyn diwedd yr wythnos honno, cafodd Williams ymweliad gan ei gyfreithiwr a chael gwybod bod dau o'r tri arall a gyhuddwyd wedi cael mechnïaeth. Roedd y trydydd, John Gwilym Jones, fodd bynnag wedi cytuno i roi *Queen's Evidence* a bod yn dyst ar ran yr erlyniad, oedd yn golygu y byddai'n cael ei gyhuddo o drosedd lai difrifol o dderbyn ffrwydron a'u hanfon ymlaen i Owain Williams, ac yn osgoi dedfryd drom. I Williams roedd hynny'n gadarnhad fod Jones yn gweithio i'r gwasanaethau diogelwch, ac roedd yn ymwybodol hefyd y gellid dwyn pwysau ar Robert Griffith Jones ac Edward Wilkinson i roi tystiolaeth yn ei erbyn.

Mewn protest yn erbyn y penderfyniad i beidio caniatáu mechnïaeth iddo aeth Owain Williams ar ympryd. Er gwaethaf ymdrechion yr awdurdodau i dorri ei ysbryd mi lwyddodd i ddal ati:

> Bob tro byddwn yn gadael yr hambwrdd bwyd heb ei gyffwrdd. Ar y cychwyn roedd y poenau chwant bwyd yn reit ddrwg, gan fy nghadw'n effro yn y nos. Am y ddau neu dri diwrnod cyntaf, roeddwn hefyd yn dioddef cur pen difrifol. Ond wrth i fy nghorff ddod i arfer efo'r sefyllfa, roedd y poenau'n cilio ac mi wnes i ddysgu fy hun i ganolbwyntio fy meddwl ar bopeth heblaw bwyd! Gan fy mod mewn lle cyfyng doedd gen i fawr o le i gael ymarfer corff, ac ro'n i'n cerdded i fyny ac i lawr fy nghell gannoedd o weithiau bob dydd. Erbyn diwedd y chweched dydd, roeddwn yn teimlo'n reit wan. Y bore wedyn cefais fy neffro am hanner awr wedi pump y bore i baratoi ar gyfer y daith hir i Gaernarfon.

Yn groes i'r disgwyl, ac er mawr siom a rhwystredigaeth

i'r heddlu, a'r Arolygydd John Hughes yn arbennig, a oedd wedi gwneud arestio a dedfrydu Williams yn ychydig o grwsâd personol, ar yr 8fed o Chwefror cytunodd Ynadon Caernarfon i roi mechnïaeth i Williams.

Ond yn hytrach nag ateb y fechnïaeth ar y 6ed o Fawrth, penderfynodd Williams mai'r peth doethaf iddo ei wneud dan yr amgylchiadau oedd ffoi o Gymru. I Iwerddon yr aeth Williams, lle'r oedd ganddo gysylltiadau yn y mudiad gweriniaethol yno, ac er bod yr heddlu yn amau mai i'r Ynys Werdd yr oedd wedi dianc buont yn chwilio mewn sawl lle arall gan gynnwys Canada a hyd yn oed Colombia yn Ne America, lle cafwyd sibrydion ei fod yn cuddio ar *ranch* wartheg Hywel Hughes, y miliwnydd ecsentrig a'r cenedlaetholwr o Gymro. Mewn llythyr at *Y Cymro*, fodd bynnag, gwadodd Hughes fod Williams yn westai iddo. Nid oedd erioed wedi clywed am y dyn, ond ychwanegodd y byddai croeso mawr yn ei aros pe bai Mr Williams yn digwydd galw heibio. Treuliodd Owain Williams lawer o'i amser mewn pabell ar y traeth yn ardal Kinsale, Swydd Cork. Roedd wedi tyfu barf, meithrin acen Cork, ac yn dweud wrth bobl leol mai ei enw oedd 'Phil McBryde' a'i fod o dras Wyddelig. Ni chiliodd o'r llwyfan ymgyrchu yn ystod ei alltudiaeth chwaith, gan lwyddo i recordio neges ar dâp i'w chwarae yn rali wrth-Arwisgo y Patriotic Front ym Machynlleth. Llwyddodd hyd yn oed i ddychwelyd i Gymru yn bersonol ddwy neu dair gwaith gan gynnwys un achlysur wedi'i wisgo fel menyw.

Diben dod yn ôl oedd trafod ei achos, a bu'n ddigon ffodus i gael cymorth ymarferol Trefor Morgan, dyn busnes llwyddiannus a chenedlaetholwr diwyro. Yn gymwynaswr y Gymraeg, bu Morgan yn wrthwynebydd cydwybodol ar sail ei genedlaetholdeb yn yr Ail Ryfel Byd, ac roedd yn berchennog cwmni yswiriant Undeb gan fuddsoddi unrhyw elw i hybu economi Cymru ac addysg Gymraeg, gan gynnwys sefydlu Ysgol Glyndŵr ger Pen-y-bont ar Ogwr. Ar ben hynny bu Morgan hefyd yn gefn i lawer o genedlaetholwyr milwriaethus yn ymarferol ac mewn achosion llys. Felly gyda Trefor Morgan wedi cytuno i dalu ei gostau, penderfynodd

Williams ddychwelyd i Gymru, wynebu'r awdurdodau a sefyll ei brawf.

Arestiwyd Owain Williams wedi iddo hedfan yn ôl i Brydain ym Maes Awyr Birmingham, ac ni fu'n hir cyn iddo wynebu'r Ditectif Uwch-arolygydd John Hughes, pennaeth CID Gwynedd, unwaith yn rhagor:

Eisteddai y tu ôl i fwrdd pren, a doedd dim modd i mi fethu ei wyneb fflamgoch a'i wallt byr gwyn fel yr eira. Roedd yn gwisgo siwt pin streip drwsiadus ac roedd yr olwg sarrug arferol ar ei wyneb wedi newid i fod yn un hunanfoddhaus. 'A, Owain bach, croeso'n ôl ata ni fachgan! Lle wyt ti wedi bod mor hir? Mi wnest ti'n harwain ni i bobman a gwastraffu llawar o amser yr heddlu... Wel, paid â phoeni, mae'n siŵr dy fod ti ar lwgu rŵan felly 'dan ni wedi paratoi cinio braf i ti. Mi fetia i ti na wnaeth y plismyn Susnag yn Birmingham ddim dy fwydo di?'

Agorodd achos Owain Williams yn Llys y Goron Caernarfon ar y 5ed o Dachwedd 1968, pan blediodd yn ddieuog i fod ym meddiant jeligneit mewn amgylchiadau amheus. Alun Talfan Davies QC oedd yn arwain yr erlyniad gyda Geoff Thomas ac Andrew Rankin QC yn ei amddiffyn. Canolbwynt yr erlyniad oedd yr ymosodiad ar y Snowdonia Country Club, gydag Alun Talfan Davies yn honni bod Williams wedi derbyn pecyn o ffrwydron mewn maes parcio tafarn fis cyn y ffrwydrad. Cafodd y ffrwydron eu pasio ymlaen i sawl unigolyn cyn cael eu cyflwyno i Owain Williams gan aelod o'r FWA, sef John Gwilym Jones. Dau o'r rhai a fu'n trin y ffrwydron cyn hynny oedd Edward Wilkinson a Robert Griffith Jones, a oedd eisoes wedi cael dedfryd ohiriedig am y drosedd. Y darn hollbwysig arall o dystiolaeth yr erlyniad oedd yr olion o nitroglyserin a ganfuwyd yng nghar Williams, wedi'i barcio y tu allan i orsaf y Rhyl; olion yr oedd Williams yn honni a gafodd eu plannu yn ystod ei absenoldeb yn Llundain.

Roedd llawer o'r dystiolaeth yn anghyson, wedi'i seilio'n

bennaf ar sgyrsiau rhwng Williams ac eraill, gan gynnwys honiad o gynllunio cyrch ar Farics Saighton yng Nghaer i gael arfau ar gyfer gwrthryfel yng Nghaernarfon i gyd-fynd â'r Arwisgo.

Soniwyd hefyd am gynllun i feddiannu Castell Caernarfon bum niwrnod cyn y seremoni, ac awgrymodd y byddai saethwr y tu ôl i greigiau ger cartref Cledwyn Hughes ar Ynys Môn yn saethu bwled trwy ffenestr ei gar swyddogol. Cyflwynwyd ffotograff o Bont Hafren wedi'i farcio ag X fel tystiolaeth yn erbyn Owain Williams, ac ar ben hynny honnwyd ei fod wedi dal cyllell wrth wddf John Gwilym Jones adeg tyngu llw o deyrngarwch i'r FWA.

Ond chwalwyd achos yr erlyniad pan alwodd Andrew Rankin ar ran yr amddiffyniad ar Robert Griffith Jones, un o'r ddau a gafwyd yn euog o gael ffrwydron yn eu meddiant. Haerai'r erlyniad fod Robert Griffith Jones wedi pasio'r ffrwydron ymlaen i John Gwilym Jones, a wnaeth wedyn drosglwyddo'r pecyn ymlaen i Williams mewn maes parcio tafarn. Wrth gael ei holi dywedodd Griffith Jones nad jeligneit oedd yn y pecyn ond dryll. Syfrdanwyd Alun Talfan Davies gan y datgeliad a'r cyfan oedd yn weddill i fargyfreithiwr Owain Williams ei wneud oedd atgoffa'r rheithgor nad oedd ei gleient yn cael ei gyhuddo o fod yn genedlaetholwr Cymreig nac arddel safbwynt gwleidyddol arbennig, ond yn hytrach meddai, roedd yr achos yn sefyll neu'n syrthio ar y cwestiwn allweddol, 'A dderbyniodd Owain Williams becyn o ffrwydron?' Ar ôl trafod am awr a hanner, daeth y rheithgor i'r casgliad fod y diffinnydd yn ddieuog.

Felly, er mawr syndod i lawer, ar ôl achos wnaeth barhau am lai nag wythnos, ac wedi misoedd o chwarae mig gyda'r awdurdodau, roedd Owain Williams yn ddyn rhydd:

Y darlun sy'n sefyll allan yn fy meddwl yw'r olwg ar wyneb y Ditectif Uwch-arolygydd John Hughes, a'r ffordd yr oedd yn rhythu arna i wrth i'n llygaid gyfarfod ar draws y llys.

Yn ddiweddarach eglurodd Owain Williams pam y bu

tystiolaeth yr heddlu, a oedd mor hanfodol i'r erlyniad, mor ddiffygiol. Drwy gydol ei gyfnod ar ffo, roedd Williams yn hyderus bod yr heddlu wedi gweithredu'n anghyfreithlon wrth gael samplau nitroglyserin o Volvo ei dad. Honiad Williams yw bod uwch-arolygydd o'r heddlu, ar ôl clywed nad oedd y sampl cyntaf a gymerwyd o'r car yn dangos tystiolaeth o ffrwydron, wedi gorchymyn cymryd samplau pellach hyd nes y cafwyd y darlleniad a ddymunid. Yn yr achos haerodd amddiffyniad Williams fod swyddogion – gan ddefnyddio cadach wedi'i socian mewn olion nitroglyserin – wedi mynd ati i daenu'r deunydd ar ddrws, ffenestri, a llyw y car. Fodd bynnag, ar wahân i'r ffaith fod y prawf am ffrwydron yn amheus, ni chanfuwyd unrhyw olion ar y brêc llaw na'r *indicator*. Bu'r amheuon hynny a thystiolaeth Robert Griffiths Jones yn ddigon i ryddhau Owain Williams.

Dangosodd yr achos un peth yn glir. Roedd yr heddlu dan bwysau aruthrol o gyfeiriad gwleidyddion a'r awdurdodau brenhinol i ddal y bomwyr cyn yr Arwisgo; ac roedd rhai ohonynt yn benderfynol o lwyddo hyd yn oed os oedd hynny'n golygu defnyddio dulliau 'creadigol' i ganfod tystiolaeth.

# 10

# 'Fe Godwn Ni Eto'

TRI DIWRNOD AR ôl arestio Owain Williams yn wythnosau cyntaf 1968, mynychodd rhyw hanner cant o aelodau'r FWA wersyll hyfforddi ger Abergwesyn yn y canolbarth. Fe'i trefnwyd ar y cyd gan Gethin ap Iestyn a Cayo Evans, gyda'r bwriad o dynnu'r gwirfoddolwyr at ei gilydd a sicrhau y byddai o leiaf un fintai o'r fyddin yn barod i weithredu er mwyn ceisio tarfu a chreu anhrefn adeg seremoni Caernarfon yn ystod yr haf y flwyddyn ddilynol. Dywed Wyn Thomas, hanesydd mudiadau eithafol y cyfnod, fod Gethin ap Iestyn wedi methu â mynychu'r gwersyll, gan roi'r bai am hynny ar ddull Cayo o gyhoeddi'r bwriad i gynnal yr hyfforddiant milwrol i'r byd a'r betws. Canlyniad hynny oedd presenoldeb heddlu sylweddol yn yr ardal, rhywbeth a sylweddolodd ap Iestyn yn fuan pan gafodd lifft wrth fodio ei ffordd i Abergwesyn gan ddau ddyn a oedd yn amlwg yn heddweision cudd.

Os oedd yr awdurdodau wedi goddef yr FWA fel mudiad aneffeithiol ar yr ymylon cyn 1968, roedd y ffaith bod aelodau MAC yn dal i weithredu'n gyson a'r Arwisgo yn prysur agosáu wedi cymell newid agwedd sylfaenol. Er hynny, lleiafrif bach o fewn y rhengoedd oedd yn sylweddoli bod pethau'n poethi a bod Byddin Rhyddid Cymru a rhai fel Cayo a Coslett mewn perygl mawr o gloddio twll go ddwfn i'w hunain. Ffactor arall a effeithiodd ar bresenoldeb a morâl yr FWA oedd y dybiaeth gyffredinol ymysg yr aelodau fod y gwasanaethau diogelwch wedi treiddio i'w rhengoedd. Arweiniodd hyn yn anorfod at baranoia gyda phawb yn amau ei gilydd o fod yn llawiach gyda'r heddlu. Disgrifiwyd gwersyll hyfforddi Abergwesyn fel ffars lwyr gan Dafydd y Dug, a phenderfynodd Glyn Rowlands, Corris, hefyd mai doethach oedd ymbellhau o'r sioe. Un arall a wrthododd y gwahoddiad i fynychu oedd Lyn Ebenezer, a deimlai mai 'dim ond mater o amser' oedd hi cyn i ffigyrau blaenllaw'r FWA gael eu harestio:

Ond fel oedd pethe'n mynd yn ddyfnach ac yn ddyfnach, ro'n i'n gweld bod yna adwaith yn mynd i ddod gyda'r awdurdodau ac wrth i'r Arwisgo ddod a phopeth, roedd rhyw glampdown yn siŵr Dduw o ddigwydd. Ro'n i fod i briodi ar Ddydd Gŵyl Dewi 1969, ac ychydig fisoedd cyn hynny mi benderfynes i gadw'n glir achos roedden nhw'n siŵr o gael eu harestio. A 'na lle ro'n i'n gwneud rhyw bethe, oedd i fi yn wirion, fel cael manwfers yn y coed uwchben Ystrad Fflur a Mynydd Tregaron a thynnu sylw at eu hunain.

Mewn erthygl yn atodiad nodwedd y *Sunday Telegraph*, o'r enw 'Time Bomb Ticking in Wales', a ysgrifennwyd gan y gohebydd John Summers, darluniwyd yr FWA yn ceisio adeiladu bomiau a chyhoeddi bygythiadau ymffrostgar ysgubol. Rhybuddiodd Dennis Coslett y byddai'r gwleidyddion hynny oedd â'u bryd ar 'ladd Cymru' yn cael eu 'llofruddio' (*'assassinated'*). O ran yr Arwisgo, hysbyswyd gohebydd y *Sunday Telegraph* bod gan yr FWA gynlluniau a fyddai'n 'gwneud i'r byd cyfan ddal ei wynt'. Er ni allai Coslett, a oedd mae'n siŵr yn gweld gwiriondeb yr holl sefyllfa, wrthod y demtasiwn i ychwanegu nodyn doniol i'r cyfweliad drwy alw ar y Prif Weinidog Harold Wilson 'i gynnal trafodaethau heddwch ar fwrdd cwrwgl ar yr afon Teifi'.

Er gwaethaf geiriau heriol y Comandant o Lanelli, y peth mwyaf a gyflawnwyd yn y gwersyll oedd chwyddo ffeiliau tystiolaeth yr heddlu yn erbyn y fyddin Gymreig. Oherwydd yn ddiarwybod i'r FWA, bu tîm o heddlu cudd yn tynnu lluniau o'r gwersyll hyfforddi, a fyddai maes o law yn cael eu defnyddio fel cofnod ffotograffig cynhwysfawr o ddigwyddiadau'r penwythnos, ac yn rhan o dystiolaeth yr erlyniad yn yr achos a ddygwyd yn erbyn ffigyrau amlycaf y mudiad.

Mae modd dadlau i styntiau cyhoeddus Byddin Rhyddid Cymru ddargyfeirio sylw'r awdurdodau oddi wrth weithgareddau cudd MAC, fel dywed Lyn Ebenezer:

> Beth oedd yn digwydd wrth gwrs oedd bod MAC yn
> gweithredu – a'r FWA yn cael sylw poblogaidd ac wrth
> gwrs yr FWA oedd yn cael y bai. A doedd neb yn gwbod am
> fodolaeth MAC yn iawn bryd 'ny. Felly ro'n nhw'n gwneud
> gwaith da cyn belled ag oedd MAC yn y cwestiwn.

Er bod ganddo gysylltiadau gydag unigolion yn y Ffrynt Wladgarol a'r FWA fel Dafydd y Dug ac Owain Williams, amwys oedd barn John Jenkins am y mudiadau eu hunain. Dywed nad oedd yr FWA yn ystyriaeth o gwbl ganddo wrth drefnu ei ymosodiadau, a'i fod, wrth recriwtio, wedi cadw draw o'r hyn a alwodd yn 'wladgarwyr nos Sadwrn', gan eu gweld yn gymeriadau annibynadwy ac annisgybledig i fudiad tanddaearol:

> I didn't think much about them (FWA). I admired their first
> job. The only job they pulled off, and that was spontaneous,
> and that was the day they opened Tryweryn. It was the one
> thing they did which got the crowd in, got headlines and
> achieved what they wanted to achieve. Nothing else they did
> got anywhere near it.
>
> They weren't a bad lot, but some of them were what we
> regard as 'Saturday Night Patriots'. I remember in the early
> days when I was still at the recruiting stage, I went to one of
> these 'Saturday Night Patriot' things when I was still unused
> to these things. And a bloke said to me,
>
> 'Why don't you come down and address us? And tell us
> about your plans for the future.'
>
> 'Righto,' I said, 'what time?'

He replied 'Not too far from Swansea, so what about nine
o'clock in the morning? That's the only time the boys can get
together.'

So I got up at three in morning and travelled down
from Wrexham where I was, and I got down to where I was
meeting these people by nine o'clock. And there was no-one
there. Only me. And I waited around about an hour, and I
gave up and went home. And I thought, well, they're well-
intentioned and their intention the other night was to turn
up, but they haven't come and they had no response, they
didn't say sorry about it. Nothing. And I thought that these
were not the sort of blokes you could rely on. Nice blokes.
Well-intentioned, but not the kind to do the right thing at the
right time.

The other thing that struck us was, at the time, everyone
in the IRA knew everything. A bloke would do a job, they'd
catch him put the thumbscrews on him or whatever they did,
and then in a few days about twenty more would be arrested.
Because everybody knew everybody. And a lot ended up
inside because of that. So it was clear we needed good
security. An assessment of character was essential before you
could even think of it.

Ym marn Jenkins roedd Cymdeithas yr Iaith yn fudiad
politicaidd mwy pwrpasol, ac er bod yna wahaniaethu
mawr ar sawl cyfrif o ran dulliau, crebwyll a thacteg gydag
arweinyddiaeth MAC, i John Jenkins roedd y mudiad iaith yn
llawer mwy defnyddiol i'r achos cenedlaethol na'r FWA, yn
enwedig o ran diogelwch:

Cymdeithas was a handy body in many respects. One or two
of their lads were co-operative, and they weren't all fools.
The trouble with Cymdeithas was they had brains down to
their knees and no bloody sense! And that was true in many
cases. One thing which made Cymdeithas useful was that
you couldn't break into their ranks. These London policemen
were coming down trying to show us how to catch people,

but they couldn't get away with anything. They couldn't get away with going to a Saturday night concert, because the Cymdeithas members were so friendly with each other and knew each other well, and known each other for years. You couldn't break into that. They were useful in some respects and they showed us what good security is.

Yn wir mewn gwrthgyferbyniad llwyr â'r FWA a'r Patriotic Front, diogelwch a threfn fewnol MAC oedd y pethau allweddol i Jenkins. Dyna oedd y prif reswm na chafodd yr heddlu unrhyw lwyddiant cynnar wrth geisio dal y bomwyr – hynny a'r ffaith nad oedd hyd yn oed cyd-genedlaetholwyr a rhai o'r awdurdodau yn gallu credu bod Cymry'n abl i drefnu ymgyrch gudd fel hon:

That was the one thing that kept us alive and kept us going. Security. And we knew that. We went to unheard of lengths to ensure security. I recall going 200 miles just to post a letter just in the interests of security. Anything else would have been something of an opener and we couldn't risk it. I don't know how many jobs we let go by, because there was a slight edge that we weren't quite sure about, so we let it go. That's why we did so well for so long because we didn't take any chances. And we knew people said: 'Oh the Taffies, they can't organise, and even when they do they get caught.' But we stopped all that. We did do it. And we did it right, did it properly, and got the right results.

# 11

# 'Hymn of hate'
# a gohebiaeth o'r Palas

ROEDD YN ANORFOD y byddai yna ddwyster yn y brotest yn erbyn yr Arwisgo, gyda'r seremoni a'i hatgof symbolaidd o goncwest dreisiol Edward I yn rhwbio halen yn y briwiau a agorwyd gyda boddi Tryweryn ac a ddangosodd pa mor ddiamddiffyn a gwan mewn gwirionedd oedd Cymru.

Ond dywedir mai un o arfau mwyaf effeithiol y gwan a'r di-rym yn erbyn y pwerus yw dychan, ac yn sicr fe ddefnyddiwyd yr arf honno'n effeithiol gan wrthwynebwyr yr Arwisgo. Dewisodd amryw o aelodau ifanc Cymdeithas yr Iaith yn arbennig wawdio a dychanu'r awdurdodau Prydeinig a thynnu sylw at abswrdiaeth y syniad o gynnal seremoni ffug-ganoloesol i goroni bachgen ifanc o Sais.

Yn flaenllaw yn hyn i gyd yr oedd Robat Gruffudd, perchennog gwasg Y Lolfa a chyhoeddwr cylchgrawn dychanol *Lol*, a fu'n weithgar eithriadol yn cynhyrchu posteri a chardiau cyfarch yn dychanu'r 'Prins of Wêls'. Cafwyd cerdyn Nadolig gyda llun Charles yn anfon ei gyfarchion tymhorol: 'Dy-munav i chwi Nadolig Thlawen a Blwithin Newith Tha'. Os oedd gan y 'Chwyldro' Cymraeg ffatri bropaganda, yna'r Lolfa oedd honno. Roedd Robat Gruffudd a'i wraig Enid newydd sefydlu'r wasg rai blynyddoedd ynghynt, a dal i gael ei draed dano oedd y busnes, ac er eu sêl dros yr achos, roedd cyhoeddi'r deunydd chwyldroadol a rhedeg busnes llwyddiannus yn mynd law yn llaw. Felly roedd y cymhellion dros gynhyrchu'r deunyddiau cenedlaetholgar yn ddeublyg:

Ro'n i'n neud am bod ni'n mwynhau ei wneud e. A gwneud e er mwyn dychanu. Ac yn rhyfedd iawn be sy'n ddiddorol yw bod llyfre cenedlaetholgar yn aml iawn yn llyfre masnachol iawn. Yn aml iawn roedd y gwerth masnachol a gwleidyddol yn mynd gyda'i gilydd. Doeddwn i ddim yn gweld gwahaniaeth rhwng y ddau beth mewn gwirionedd, ro'n i'n cario 'mlaen o ddydd i ddydd ac yn gwneud er enghraifft y posteri i gyd ar gyfer protestiadau yn erbyn Carlo am ddim.

Cyfrannodd yr erthyglau dychanol yn *Lol* a'r gwawdluniau crafog, gan gartwnyddion dawnus fel Elwyn Ioan a'i frawd Tegwyn Jones, yn fawr at yr ysbryd o godi dau fys ar y sefydliad Prydeinig. Wrth chwerthin ar eu pennau a'u gweld fel cymeriadau absŵrd rhoddwyd pin yn swigen awdurdod ffigyrau blaenllaw'r 'Sefydliad' fel George Thomas, Cynan, Cledwyn Hughes a Carlo ei hun.

Y Lolfa oedd yn argraffu cylchgrawn *Tafod y Ddraig* yn ogystal, ond er i'r wasg godi tâl ar y Gymdeithas am ei gynhyrchu, cyhoeddwyd y posteri a'r cardiau cyfarch dychanol heb feddwl am yr ochr ariannol. Ymysg y nwyddau a gynhyrchwyd gan y wasg yr oedd sticer car 'Duw Gadwo'r Prins o Gymru', 'Calendr y Dadwisgo' o luniau lliwgar dychanol gan Arthur Tomos, crys-t a ddyluniwyd gan Meri Wells gyda llun plu'r Tywysog a'r slogan 'Twll Dien' (yn lle 'Ich Dien' arwyddair Almaeneg Tywysog Cymru), a phoster coeglyd Elwyn Ioan 'Carlo, Arwr, Sant'. Ond nid oedd pawb yn gweld y jôc, oherwydd ychydig ar ôl gosod y poster yn ffenestr swyddfa'r wasg taflwyd carreg ati a malu'r cwarel yn deilchion. Prawf os oedd angen, bod yr Arwisgo yn creu rhaniadau a drwgdeimlad ar hyd a lled Cymru:

Mae'n rhwydd anghofio, shwd beth oedd e i fyw mewn pentre fel Talybont, ac roedd 'na gasineb personol yn dod i'r wyneb bob hyn a hyn. Nath rhyw foi rhoi tywod yn y tanc petrol, cafodd ffenest ei malu. Ti yn teimlo pa mor bwerus yw peiriant propaganda Llywodraeth Prydain, a ti yn synnu shwd oedd pawb yn cael eu llyncu. Ac ar y pryd, roedd hynny yn yffach o sioc, ond wrth gwrs roedden ni yn cael hwyl ac wrth edrych yn ôl arno fe fyddet ti ddim eisiau colli hynny chwaith.

Propaganda effeithiol ychydig yn fwy difrifol oedd dau o bosteri enwocaf y Lolfa, y naill yn Saesneg a'r llall yn Gymraeg, sef 'Mae'n Drosedd bod yn Gymro' ac 'If you're Welsh you're Watched.' Cynhyrchwyd y posteri mewn ymateb i'r cynnydd aruthrol yng ngweithgarwch yr heddlu cudd yn 1968 a 1969, dan arweiniad yr heddweision Jock Wilson a John Dixon. Yn ôl y poster Cymraeg; 'Mae unrhyw un sy'n beiddio dangos ei fod yn Gymro, yn awr mewn perygl cael ei gipio gan heddlu cudd Dixon, o Amwythig. A'r trosedd? Digon hawdd ffeindio un.' Ac yn Saesneg rhybuddiwyd y Cymry i fod yn ofalus: 'Dixon's secret police, based in Shrewsbury, are now watching, filing, following all Welsh persons suspected of holding patriotic views. When they want to, they make arrests; and sometimes even frame the charges.'

Dixon hefyd oedd gwrthrych un o ganeuon dychanol mwyaf cofiadwy'r cyfnod, sef 'Dicsi'r Glust', a ysgrifennwyd gan Gruff Meils a'i pherfformio gan y Dyniadon Ynfyd Hirfelyn Tesog. Defnyddiwyd alaw enwog 'Die Moritat von Mackie Messer' (neu 'Mac y Gyllell') gan Kurt Weil i rybuddio'r Cymry i fod yn ofalus gan fod yr heddlu cudd yn gwrando ar eu sgyrsiau:

Os digon gennyt dy dipyn rhyddid,
Cadwa'n dawel yn dy dŷ,
Paid gwneud twrw yn dy gwrw,
Mae gan Dicsi glust fel ci.

Felly Gymro, bydd yn effro
I dy weithredoedd yma i gyd.
Y dyn bach tawel yn y gornel,
Dyna'i enw, Dicsi'r Glust.

Un o'r eitemau dychanol rheolaidd a ymddangosai yn *Nhafod y Ddraig* oedd 'Llythyr y Cwîn'. Bob mis byddai'r Frenhines yn anfon llythyr o Balas Buckingham i'w thaeogion ffyddlon yng Nghymru trwy gyfrwng cylchgrawn Cymdeithas yr Iaith. Awdur y 'Llythyr' oedd Gareth Miles:

Roedd hynny'n rhan o'r arfogaeth – i wawdio a dirmygu. Mae'n hunanfynegiant i raddau ond mae'n helpu i greu meddylfryd sy'n tanseilio awdurdod – mae'n wrth-awdurdodol ac roedd hynny'n bwysig iawn, dwi'n meddwl. Mi ddaeth syniad o Lythyr y Cwîn o wahanol lefydd mae'n debyg. Mi roedd gan *Private Eye* eitem 'Mrs Wilson's Diary' ac efallai bod hynny'n elfen, ond dwi'n meddwl bod yr arddull yn debyg i'r un y byddai gan Mam yn ysgrifennu llythyrau ata i!

Ymddangosodd llythyr y Cwîn cyntaf yn rhifyn Tachwedd 1967 ac ymddangosodd yn rheolaidd wedyn tan ar ôl yr Arwisgo.

Palas Buckingham,
Llundain.
Tachwedd 10fed 1967.

Annwyl Ffrindia,
Mae'n siŵr eich bod chi i gyd wedi'ch synnu wrth rhyw bwt o lythyr oddi wrtha' i yn annisgwyl fel hyn, felly mae'n well i mi rhyw drio esbonio pam rydw i'n sgwennu atach cyn mynd dim pellach.
Wel wedi bod yn poeni rydan ni – y fi a'r tipyn gŵr 'ma sgin i – am ddyfodol y mab hyna', rhogyn Charles 'cw. Mi

geuthon glwad rwsnos ddiwetha ei fod o wedi cael ei dderbyn
i Goleg Aberystwyth, yr 'University' felly. (A balch oeddan ni
i gyd, ar ôl bod ar biga'r drain am fisoedd!) Ac ar ben hynny,
mae o newydd gael gwybod y bydd yn rhaid iddo fo ymweld
â Chymru'n weddol gyson efo'i job o hyn ymlaen – o leia
unwaith bob pum mlynadd, heb sôn am y Cyfarfod Sefydlu
yng Nghaernarfon blwyddyn i'r Haf nesa! (Cofiwch chi
ddŵad i gyd, rŵan!)

Wel, 'to cut a long story short' chwedl y Sais teimlo
roedd y gŵr 'ma a fi mae ryw chydig iawn rydach chi yng
Nghymru'n gwybod am yr hogyn ac amdanom ni fel teulu,
ac y galla hynny fod yn gryn anfantais iddo fo efo'i waith. Ac
mi fuon ni'n pendroni uwch ben y broblam, yn trio meddwl
sut i'w datrys hi, am oria, heb ddŵad dim mymryn nes i'r lan.
Ond wedyn mi gath y gŵr 'ma 'brain-wave'.

'Sgwenna lythyr atyn nhw, 'r hen chwaer,' medda fo wrtha
i pnawn Sul dwytha, ar ôl te.

'Y!? At pwy?' medda finna, a'n meddwl i'n bell i ffwrdd. (I
ddeud y gwir, roeddwn i'n teimlo'n reit gysglyd ar ôl bod yn
ista o flaen tan yn sbïo ar teli trwy pnawn.)

'Wel at y Cymry siŵr iawn' medda fynta. 'At bw' ti'n
feddwl? At Mao Tse Twng a'i fêts?' (Mae o'n medru bod reit
sarcastic ar brydia.)

'Mlodyn tatws i,' medda finna 'fedri ddim disgwl i mi
sgwennu at y bobol yna i gyd! Mae 'na tua tri miliwn ohonan
nhw! Mi fasa'n llaw bach i'n syrthio...

Wel, mi ffoniodd y gŵr Mr Wilson y munud hwnnw a
trw lwc roedd o yn y tŷ. Roedd ynta'n meddwl fod syniad y
gŵr yn fendigedig hefyd, a mi ddeudodd wrtho fo. Ond rodd
o'n meddwl y basa'n beth da tasa ni'n holi ei ysgrifennydd
Cymraeg o, Mr Hughes, ynglŷn â pa bapur fasa'n fwyaf addas
ar gyfar beth oedd gynnon ni mewn golwg. Wel, a dyn bach
neis ydi Mr Hughes. Mi ddoth o drosodd i'n gweld ni ar ei
feic gynted ag y cafodd o dincl gan y gŵr yma. A doedd dim
byd yn ormod o drafferth iddo fo.

Ein cynghori ni yn erbyn sgwennu at olygydd *Y Goleuad*
wnaeth o. Roedd hwnnw, meddai Mr Hughes, yn bapur

rhagorol iawn, ym mhob ffordd, fel y gwyddem ni, ond roedd y to ifanc yn tueddu i'w ystyriad o'n 'hen ffash' braidd – a nhw, yn anad neb roeddan ni am gyrradd, mae'n debyg. 'Peidiwch â meddwl mai am fod fy llun i'n ymddangos ynddo fo mor amal yr ydw i'n deud hyn', medda Mr Hughes, 'ond rydw i'n credu'n bendant mai *Tafod y Ddraig* ydi'r cyhoeddiad sydd fwya tebyg o atab eich gofynion chi. Mae o'n gylchgrawn lliwgar a deniadol – mae o 'with it' chwedl y Sais, ac mae ieuenctid fwyaf deallus y genedl yn ei ddarllen o ac mae ei gylchrediad o'n aruthrol – tua pum can mil, dw i'n meddwl.'

Wel mi drefnodd Mr Hughes bopeth. Cyn pen deuddydd mi gyrhaeddodd yna lythyr o Aberystwyth y tŷ 'ma, oddi wrth Mr Jarvis, golygydd *Tafod y Ddraig*, yn fy ngwahodd i'n galonnog i anfon gair rhywbryd fynnwn i. Roeddan ni'n dau wedi gwirioni, credwch chi fi!

Cafwyd dychan yng nghylchgronau myfyrwyr Cymraeg Colegau Prifysgol Aberystwyth a Bangor yn ogystal. Aeth Ieuan Bryn ac Euryn ap Robert draw yn unswydd i Gastell Caernarfon yng ngwanwyn 1969 ar ran *Bronco*, cylchgrawn rag Cymraeg Bangor, a thynnu llun 'Ffug Arwisgiad' yn y fan lle'r oedd Charles i'w urddo. Yn ôl Ieuan Bryn:

Rai misoedd cyn yr arwisgiad, penderfynodd Euryn, golygydd *Bronco*, papur rag Cymraeg Bangor, a minnau gynnal ffug-seremoni arwisgo yn y castell. Aed i mewn i'r castell a choroni'r 'tywysog' mewn pyjamas, nid â choron ond â phot paent symbolaidd, gwag. Cyrhaeddodd heddlu mewn dillad plaen o rywle, a chymryd y pot paent oddi arnom, gan gredu mai ein bwriad oedd paentio sloganau ar waliau'r castell. Ond roedden nhw'n anghywir ac yn rhy hwyr; roedd y ffug-seremoni wedi'i chynnal o dan eu trwynau, a hynny ar yr union lwyfan ble byddai Siarl yn annerch y dyrfa ar ôl iddo gael ei arwisgo. Cafwyd llun o'r seremoni, ac fe'i cyhoeddwyd ar dudalen flaen y papur rag!

Ond y darn o ddychan mwyaf cofiadwy ac effeithiol, a'r un a gododd y nyth cacwn mwyaf o ddigon, oedd cân Dafydd Iwan i'r Tywysog, 'Carlo'. Go brin fod unrhyw gân cynt neu wedyn wedi creu cymaint o stŵr ac wedi tarfu gymaint ar gynheiliaid y drefn yng Nghymru. Fel Cadeirydd Cymdeithas yr Iaith yn 1969 ac awdur 'Carlo', Dafydd Iwan i bob pwrpas oedd wyneb cyhoeddus y gwrthsafiad i'r Arwisgo, ac ef yn fwy na neb arall o'r ymgyrchwyr wynebodd ddicter a llid, mileinig iawn ar brydiau, teyrngarwyr brenhinol Cymru.

Ym mis Ionawr 1969 recordiwyd y gân a'i rhyddhau yn fuan wedyn ar label Welsh Teldisc. Ar yr wyneb, mae'n ddychan diniwed, yn adrodd hanes 'ffrind bach' y canwr o'r enw 'Carlo Windsor' sy'n byw ym Muckingham Palas. Yn y gân dychmygir bod 'Carlo' yn wladgarwr Cymreig penboeth, yn cyfrannu i *Dafod y Ddraig*, yn aelod o'r Urdd ac yn 'wersyllwr ers cyn co'.

Bob wythnos mae e'n darllen *Y Cymro* a'r *Faner*,
Yn darllen Dafydd ap Gwilym yn ei wely bob nos,
Mae dyfodol y wlad a'r iaith yn agos at ei galon fach ef,
Y mae'n fwy o genedlaetholwr na'r FWA...

O, Carlo, Carlo,
Carlo'n whare polo heddi, heddi.
Carlo, Carlo,
Carlo'n whare polo gyda Dadi, Dadi.
Ymunwch yn y gân, drigolion fawr a mân,
O'r diwedd mae gyda ni Brins yng ngwlad y gân.

Dichon bod cartŵn Elwyn Ioan ar y clawr oedd yn portreadu 'Carlo' fel drychiolaeth salw danheddog wedi cyfrannu rhywfaint at adwaith ffyrnig y brenhinwyr hefyd.

Oherwydd y cynnwys dadleuol gwrthododd y BBC ddarlledu 'Carlo' ac achoswyd cynnwrf yn y wasg Gymreig, gyda nifer o frenhinwyr pybyr wedi cael styrbans go fawr.

Y papur newydd mwyaf ffyrnig (ac obsesiynol) ei ymosodiadau ar y gân oedd *Yr Herald Cymraeg*, dan olygyddiaeth John Eilian. Ychydig wythnosau yn unig ar ôl ei rhyddhau, cyhoeddodd colofnydd pop y papur newydd y siart ddiweddaraf a'i ddyfarniad ar 'Carlo':

DEG UCHAF Y DREF
(Trwy garedigrwydd tair o siopau recordiau yng Nghaernarfon)
1. Carlo – Dafydd Iwan – Record na ddylai neb ei phrynu
2. Please Don't Go – Donald Peers
3. Half as Nice – Amen Corner
4. Dancing in the Street – Martha and the Vandellas
5. Where Do You Go To – Peter Starstedt
6. Blackberry Way – Move
7. Albatross – Fleetwood Mac
8. Tylluanod – Hogia'r Wyddfa
9. You Got Soul – Johnny Nash
10.The Way It Used To Be – Engelbert Humperdinck

Gyda chywilydd mawr, mae'n rhaid imi gyhoeddi bod Dafydd Iwan wedi cymryd trosodd safle un yn siart Caernarfon. Cywilydd sydd gennyf o'r gân. Cân ddychan ydyw, meddir wrthym, ond nid oes gronyn o ddychan yn perthyn iddi. Dyma gân sydd wedi'i seilio'n hollol ar gasineb, ac ni welaf ddim yn ddigrif ynddi. Gyda thafod miniog y mae Dafydd Iwan yn canu, ac nid gyda'i dafod yn ei foch.

Nid peth i ymfalch'io ynddo yw casineb, ond peth hollol wrthun. Gellir gweld y casineb yn ymdreiglo i'r wyneb bob tro y cenir 'Carlo' gan Dafydd Iwan. Credaf fod amryw sydd wedi prynu'r record hon yn hollol anymwybodol o'r casineb hwn pan oeddent yn ei phrynu.

Yn sicr, dyma record na fu ac na fydd ar fy rhestr prynu.

Arch-frenhinwr a Cheidwadwr mawr a'i wreiddiau yn Ynys Môn oedd John Eilian. Er yn ddyn diwylliedig roedd ei ddaliadau ymhell ar y dde yn wleidyddol, ac ni allai oddef barn groes am y teulu brenhinol, a gwrthododd gyhoeddi unrhyw lythyr neu golofn oedd yn wrthwynebus i'r Arwisgo ym mhapurau'r *Herald*.

I gael blas o John Eilian ar gefn ei geffyl teyrngarol dyma erthygl olygyddol o'r *Caernarvon and Denbigh Herald*:

Boorish song
There is a young Welsh pop-singer by the name of Dafydd Iwan. His songs, like all Welsh pop-songs, are copies of the English, but Dafydd Iwan has been slanting some of them for political purposes (nationalist) though he does his cause no good by it.

He has certainly done himself great harm by his latest record – a series of insulting verses about the Prince – very poor stuff and in very bad taste. What surprises us most is the irresponsibility shown by a Welsh firm in issuing it and by the BBC and ITV in Wales in supporting the singer even when he utters things like this.

Note: he sings even this 'hymn of hate' in his usual tones – those of the love agonies of a sick seal – which shows that he has no versatility as a singer. But though we have to put up with a lot of things in the name of 'pop', we should not have to put up with boorish manners, and with a mock patriotism which is a road to regular profit.

Mae geiriau blin a chwerw fel y rhain yn siŵr o gael effaith, ac fe gorddwyd teimladau pobl yn erbyn y dychanwr. Crëwyd casineb gwirioneddol tuag at Dafydd Iwan, ac mae'n cofio sut y daeth yn elyn pennaf brenhinwyr Cymru:

Roedd lot o'r llythyron ro'n i'n eu cael yn fy mygwth i:
'Os ddoi di'n agos i Gaernarfon, mi gei di weld. Chei di ddim mynd o 'ma'n fyw...' y math yna o beth. Ond o fewn ychydig o amser – ac ro'n i'n byw yn yr ardal ac yn canu yng Nghaernarfon, a bob tro ro'n i'n canu yn y Morgan Lloyd neu lle bynnag ro'n i'n gofyn 'Be da chi eisiau i mi ganu?' a'r ateb o hyd oedd 'Carlo'!

Ro'n i'n gwneud rhyw raglen yn y castell rhyw ddiwrnod ac ro'n i'n eistedd ar y set yma a dyma ferch yn eistedd wrth fy ymyl i a dweud heb sbio arna i :

'Ro'n i'n eich casáu chi â chas berffaith pan ro'n i'n hogan fach.'

'Duw, pam hynny?'

'Wel, roedd fy nhad yn gweithio yn y castell ac roedd gynno fo swydd reit bwysig yn edrych ar ôl y lle adeg yr Arwisgo, ac roedd o'n argyhoeddedig eich bod chi'n ddyn drwg a pheryglus, felly roedd Dafydd Iwan i mi yn sefyll dros rywbeth ofnadwy, ond mae'n rhaid imi ddeud 'mod i wedi newid fy meddwl!'

Wedyn Stephen Owen, yr arlunydd, oedd yn byw yng Nghaernarfon a'i dad o'n aelod o'r Blaid ac yn gynghorydd tre – mi wnaeth o luniau o'i atgofion am y cyfnod. Ac mi oedd yna un llun reit drawiadol o wal efo graffiti gyda rhyw eiriau tebyg i 'I'r diawl â Dafydd Iwan' neu 'Lladdwch Dafydd Iwan', achos dyna oedd y cof oedd ganddo, sef bod hogia dre yn fy nghasáu i am gyfnod am 'mod i yn sbwylio eu sbort nhw.

A tase yna ddim cefnogaeth mi fuasai hi'n anodd iawn iawn. Be mae rhywun yn ei wneud yw ei roi e mewn cyd-destun a trio ei ddeall. A'i roi mewn persbectif. A tra bod yna ddigon o bobl naill ai'n gefnogol neu'n deall yna doedd dim ots am y gwrthwynebiad. A dweud y gwir mi allech ddadlau os nad ydych chi ar ryw bwynt yn cael rhywun yn cega arnoch chi neu yn eich casáu yna dydych chi ddim wedi achosi dim byd o werth.

Nid pawb oedd o'r un farn â phapurau'r *Herald*, serch hynny. Ochri'n bendant gyda'r canwr wnaeth *Y Clorianydd*, papur wythnosol Ynys Môn, gydag un colofnydd yn datgan mai pobl Cymru roddodd 'Carlo' ar frig y siart, 'am fod Dafydd Iwan wedi lleisio teimladau cenhedlaeth gyfan o wir Gymry. Mae'r gân yn glasur.'

Tebyg oedd barn *Y Cymro*, gan ddweud bod Dafydd Iwan wedi taro'r hoelen ar ei phen, er nad ymosodiad personol ar y teulu brenhinol oedd y gân o gwbl:

Gan fod Cymry yn derbyn y frenhiniaeth fel sefydliad na ddylid byth ei ddychanu a'i ddifrïo 'roedd Dafydd Iwan yn pechu'r anfaddeuol wrth ganu mor ddychanol. Aeth yn frwydr rhwng Charles a Dafydd, peth na fwriadwyd i'r gân fod erioed – y 'ffrind bach' yn erbyn y canwr.

O safbwynt masnachol roedd 'Carlo' yn llwyddiant ysgubol, gan werthu dros dair mil ar ddeg o gopïau. Ym mis Mehefin cyhoeddwyd ei bod wedi torri'r record am y gân i fod ar frig siart *Y Cymro* am y nifer mwyaf o wythnosau yn olynol. Mae Ioan Roberts, oedd yn ohebydd gyda'r *Cymro* yn 1969 yn cofio gofalu am siart Deg Uchaf y papur:

> Cyn i mi ddechrau gweithio ar *Y Cymro* roedd rhagflaenydd Gwyn Griffiths wedi dechrau y dudalen bop, ac wedi dechrau Deg Ucha'r Cymro. A'r ffordd oedd o'n gweithio, doedd o ddim yn hollol wyddonol. Roedd siopau recordiau gwahanol yng Nghymru yn gyrru ffigyrau o faint oeddan nhw wedi'i werthu, mi oedd yna rhyw ddeg ohonyn nhw, ac mi oedd Gwyn a wedyn Wiliam Owen wnaeth gymryd y dudalen bop drosodd yn gweithio allan pa recordiau oedd yn gwerthu mwyaf. Ac wrth gwrs mi oedd Carlo ar y brig am wythnosau ac mi oedd yna un gwerthwr recordiau rhywle yn y de oedd yn dipyn o frenhinwr, ac mi dreuliodd ei wyliau, fo a'i wraig, yn mynd rownd Cymru ac yn galw ym mhob un siop oedd yn cyfrannu i siart *Y Cymro* er mwyn profi, roedd o'n gobeithio, ein bod wedi twyllo'r ffigyrau. Wedyn dwi'n cofio ar un adeg roedd Carlo yn gwerthu mwy na'r un record arall hyd yn oed yng Nghroesoswallt yn Lloegr gan werthu mwy na'r Beatles a'r Rolling Stones a phawb.

Yn ddiweddarach yn 1969 cyhoeddodd Dafydd Iwan ddilyniant i 'Carlo', sef 'Croeso Chwe Deg Nain', gyda neges yr un mor ddychanol, ond yn chwerthin am ben y dathliadau brenhinol yn fwy na'r teulu brenhinol eu hunain y tro hyn. Bu 'Croeso Chwe Deg Nain' hefyd yn llwyddiannus gan dreulio wythnosau lawer ar frig siart *Y Cymro*. Darlun o hurtrwydd hysteria'r dathlu mewn un teulu traddodiadol Cymraeg yw'r gân:

Croeso chwe deg Nain, croeso chwe deg Nain,
Mae Nain yn naw deg yn dweud ei bod yn chwe deg,
A dannedd gosod Taid ym mŷg y Prins.
Mae Mam wedi dysgu'r plant bach drwg sy' wedi mynd oddi
ar y rêls,
I ganu mewn falsetto 'God Bless The Prince of Wales',
Mae'r ffŷs wedi hala Wili'n od – mae'n siarad hefo fe'i hun,
A Matilda yn y toilet yn dysgu 'God Save The Queen'.

Cred Dafydd Iwan fod ysgrifennu caneuon 'ysgafn, tafod yn
y boch' wedi golygu i'w neges fod yn llawer mwy effeithiol ac
wedi treiddio ymhellach na phe bai wedi ysgrifennu caneuon
'deud-hi-fel-y-mae-hi ac ymgyrchol' ar bwnc yr Arwisgo.

Dyna oedd y ffordd ro'n i'n teimlo 'mod i'n medru taro adre
orau. Achos darllen John Eilian oedd yn trio dweud yn *Yr
Herald* bod y caneuon yn cael eu sbarduno gan gasineb ond
roedd o'n colli'r pwynt yn lân, achos doedd casineb ddim yn
dod i mewn iddi. Alli di ddim casáu person dwyt ti ddim yn
ei nabod, ond mi alli di gasáu trefn ac roedd gwrthwynebiad
gwaelodol i'r drefn frenhinol, ond faswn i ddim yn galw
hwnnw'n gasineb chwaith. Roedd beth oedden nhw'n trio'i
ddweud, sef 'mod i'n teimlo rhyw gasineb tuag at yr hogyn
bach diniwed yma ddim yn wir o gwbl.

Ond roedden nhw'n ganeuon oedd yn mynd lawr yn
dda, ac roedden ni'n cael lot o hwyl, ac roeddwn i'n teimlo
bod honno'n ffordd haws i drin yr holl beth na phregethu a
tharanu. Fasa fo ddim wedi gweithio taswn i wedi sgwennu
cân 'Charles y Tywysog Estron' hynny yw nid dyna yw'n steil
i. Ac rwy'n credu bod dychan a chael hwyl am ben rhyw
sefydliad yn aml iawn yn gallu bod yn fwy effeithiol ac wrth
gwrs mae'r gân yn gallu parhau yn hirach. Mae'n parhau fel
ychydig o adloniant.

Elfen arall wnaeth gyfrannu at boblogrwydd a bwrlwm y
flwyddyn honno oedd y nosweithiau llawen a gynhelid ar hyd
a lled Cymru. Byddai Dafydd Iwan yn berfformiwr cyson yn y

digwyddiadau, a does dim dwywaith eu bod yn ffordd o ddod ag ymgyrchwyr iaith a phrotestwyr gwrth-Arwsigo at ei gilydd.
Un o arweinwyr rheolaidd y nosweithiau llawen hyn oedd Peter Hughes Griffiths, ac wrth feddwl yn ôl mae'n cofio awyrgylch wefreiddiol, oedd yn gymysgedd o gyffro ac asbri:

Roeddwn i'n arwain Nosweithiau Llawen a Chyngherddau yr adeg honno ar hyd a lled Cymru. Dyma'r cyfnod pan oedd y neuaddau yn llawn dop a Dafydd Iwan ar ei orau ac yn canu ei ganeuon 'tywysogaidd'. Rwy'n siŵr i'r neuaddau fod dan eu sang a phawb yn dod i glywed Dafydd ac i fod yn rhan o'r 'cyffro' gwrth-Arwisgo – ac am gyfnod hir wedyn hefyd. Sawl tro ymlaen llaw fe'm rhybuddiwyd i dros y ffôn a gan y trefnwyr eu bod yn ofni y byddai gwrthdaro pan fyddai Dafydd Iwan wrthi. Roedd hyd yn oed Dafydd yn fy rhybuddio ei fod wedi clywed efallai y byddai twrw. Ond NI ddigwyddodd hynny o gwbl – dim ond Dafydd yn sgubo'r lle yn ddieithriad. Credaf bod y nosweithiau hyn yn fodd i'r bobl a oedd yn llwyr yn erbyn yr Arwisgo i gael cyfle i fynegi eu teimladau a chael gwared ar eu rhwystredigaethau trwy ymuno yn y gwrthwynebu yng nghwmni gwrthwynebwyr eraill. Byddai'r awyrgylch yn drydanol yn gyson.

# 12

# 'Heddlu Gwleidyddol'

PAN BENODWYD GEORGE Thomas i swydd Ysgrifennydd Gwladol Cymru ar ddechrau Ebrill 1968, cyhoeddodd yn hyderus fod y cyfnod o drais wedi dod i ben, er bod MAC wedi bomio'r Swyddfa Dreth yn Llanisien, Caerdydd brin wythnos cyn ei benodiad. Roedd Thomas yn siarad ar ei gyfer, ac yn dipyn yn rhy gynnar oherwydd y flwyddyn honno gwelwyd cyfnod mwyaf ymosodol yr eithafwyr gyda bomiau'n ffrwydro'n fwy cyson nag erioed. Mewn her uniongyrchol i haeriad Thomas, camodd tri aelod o Fudiad Amddiffyn Cymru o'r cysgodion ar yr 2il o Fai i gynnal cynhadledd i'r wasg gyda'r newyddiadurwyr Ian Skidmore, Harold Pendlebury ac Emyr Jones. Gan wisgo mygydau dros eu hwynebau amlinellodd y tri, dan arweiniad John Jenkins, bolisi MAC trwy ei ymosodiadau i sbarduno pobl Cymry i fynnu mwy o reolaeth dros fywyd y genedl.

Ym meddwl Jenkins diben y gynhadledd i'r wasg oedd cymell yr awdurdodau i feddwl pe bai'r Arwisgo yn mynd yn ei flaen na fyddai modd gwarantu diogelwch Charles. Dywed John Jenkins nad oedd unrhyw fwriad i weithredu'r bygythiad, gan y byddai hynny'n hollol wrthgynhyrchiol yn wleidyddol. Yn hytrach, y syniad oedd anfon neges i'r awdurdodau drwy'r newyddiadurwyr – bod bygythiad gwirioneddol i einioes y Tywysog. Er hynny cyfaddefa Jenkins, nad peth hawdd oedd cadw disgyblaeth ei gyd-aelodau:

MAC motives were a mixture of nationalist, republican and socialist. The ones I had most trouble with were the socialists – they couldn't understand why we couldn't go right in there – but we had a political objective. We could crack a rifle shot against the head of George Thomas but where would that get us? That's what we had to consider – what would the action we took result in? The trouble is some people don't think like that. They think it would be nice to go in there and smash it all up, but it wouldn't achieve what we want.

They were impatient and hadn't thought it through. Sometimes you attack, then you retreat and after that you attack. But it's all a matter of policy and you don't decide policy, I don't decide policy – we do. And that's the way it was done. And they appreciated that. But that was the main trick – holding them in check. Because at that time they were very angry.

Geiriau mawr John Jenkins oedd disgyblaeth a diogelwch – heb y ddwy elfen hynny ni fyddai MAC wedi parhau i weithredu gyhyd ag y gwnaeth. I'r diben hwnnw, roedd gafael Jenkins yn haearnaidd ar y mudiad:

I was a bit of an autocrat, and I'm the first to admit it, because it's the only way to achieve security. Once you start off with committee meetings, and motions and stuff then you're finished. So we had to be autocratic – it was the only way to run the thing. I was sorry about that, but I collected as much thoughts as I could on my rounds and endeavoured as much as possible to put them into practice, but I couldn't guarantee it. Because if push came to shove between one thing and another I always put politics first.

If you're not prepared to sacrifice you might as well give up. I was prepared to say to people 'If you join us there are two objectives – one is death, the other is imprisonment, and that's all that's open to you. There's nothing else. There's no publicity in it, we don't go on the stage like the FWA.'

We could have killed a Cabinet Minister or two and so on

and that really would have really raised our front line. But we were dead against that, because it wouldn't have achieved our main objective, because as I kept explaining to the boys all the time – we were not a military organisation, but we use some military means to realise our political objective. And whatever we do has to have this political objective in mind. And we had to turn a number of lovely jobs down because of this. That was our law – security and not to lose sight of the political objective, and we kept that up. But they (authorities) hated it, because they wanted us to go around killing people, so they could then whip up hatred and accuse us of copying the IRA. But we weren't copying the IRA, we had nothing at all to do with the IRA. And they all said after our first job in Llanrhaeadr-ym-Mochnant that it's a one-off and they'll be caught in a couple of days. But no it was a couple of years. We wanted to show that we could take all they could give and still come back fighting, and I think we did prove that.

Digwyddodd yr ymosodiad nesaf ar y 25ain o Fai, pan wnaed difrod gan fom i adeilad y Swyddfa Gymreig ym Mharc Cathays. Cododd y weithred bryder ymysg yr awdurdodau yng Nghymru ac yn ôl adroddiad yn *Y Cymro*, daeth 'rhai o brif bobl y Llywodraeth' i amau'r 'priodoldeb o gynnal yr Arwisgo yn wyneb maint y bygythiad'. Mynnodd George Thomas y byddai'r sioe yn mynd yn ei blaen, a manteisiodd ar ei gyfle i bardduo cenedlaetholwyr cymedrol. Yn Nhŷ'r Cyffredin, ddau ddiwrnod ar ôl y ffrwydrad yn y Swyddfa Gymreig, dychwelodd at un o'i hoff ddelweddau a chyhuddo Plaid Cymru unwaith eto o greu bwystfil na fedrai ei reoli.

Fis yn ddiweddarach ar y 27ain o Fehefin gwnaed difrod sylweddol gan ffrwydrad i bibell ar draphont Hapsford oedd yn cludo dŵr o Gymru i Gorfforaeth Lerpwl, a phibell oedd yn rhan o'r rhwydwaith a adeiladwyd ar gyfer boddi Tryweryn. Arllwysodd pum miliwn galwyn o ddŵr o'r bibell, gan greu llifogydd ar y ffordd fawr a gwanio seiliau arglawdd rheilffordd y lein o Warrington i Gaer.

Y diwrnod dilynol yn ôl yng Nghymru roedd y Tywysog Charles a'i dad Dug Caeredin yng Nghaerdydd ar gyfer ei ymweliad brenhinol swyddogol cyntaf â Chymru. I'r ymgyrchwyr gwrth-Arwisgo roedd y cyfle i brotestio yn un rhy dda i'w golli. Wrth i Charles a'i dad adael y Swyddfa Gymreig, fe'i cyfarchwyd gan dorf o dri chant yn bloeddio eu gwrthwynebiad ac yn chwifio placardiau gwrth-frenhinol. Gan adael ei ddynion diogelwch am eiliad aeth y Tywysog draw at rai o'r protestwyr ac wrth weld baner yn cofio marwolaeth Llywelyn ap Gruffudd holodd am arwyddocâd y poster. Cafodd wybod gan yr ymgyrchydd, Murray Jenkins, fod y geiriau ar y poster yn annog y Cymry i gofio eu gwir Dywysog olaf a gafodd ei ladd gan y Saeson yn 1282. Ar ôl ateb na wyddai ddim am hynny, gan nad oedd yn gwybod llawer am hanes Cymru, dywedodd Jenkins wrtho y byddai'n bodloni ar yr ateb hwnnw gan nad oedd y Tywysog yn 'very brilliant'.

Ymunodd George Thomas yn y sgwrs gan achub cam ei Dywysog, gan ddatgan nad oedd hynny'n wir gan fod y Tywysog yn mynychu Prifysgol Caergrawnt. 'Yes,' meddai Jenkins, 'He got in on two poor A levels'. Digon gwir oedd yr haeriad yma, gan nad oedd canlyniadau Safon Uwch Charles yn ddisglair a dweud y lleiaf, a chafwyd cyhuddiadau gan undeb myfyrwyr yr NUS mai ar sail ei dras frenhinol yn unig y cafodd ei dderbyn i Gaergrawnt. Ond dwyn gwarth ac anfri ar y Cymry wnaeth agwedd Murray Jenkins, ym marn George Thomas: 'Never have I felt more ashamed of someone with a Welsh accent, for having spoken so regretfully to a young man who politely approached him.' Daeth y cyfarfyddiad swreal i ben yn sydyn pan ffrwydrodd dau fom mwg gerllaw, ac wrth i sgarmes gychwyn rhwng protestwyr a chefnogwyr y Tywysog. Ymysg y rhai a arestiwyd am daflu'r bomiau mwg yr oedd Gethin ap Iestyn, a haerodd iddo gael ei guro'n ddrwg gan ddegau o blismyn; Phil Jeffries, ymgyrchydd pybyr a'i wraig Gwenllian Wynne-Jeffries, oedd hefyd yn bresenoldeb trawiadol yng ngwrthdystiadau'r Patriotic Front a'r FWA. Roedd Gwenllian

yn ferch i R O. F. Wynne, y tirfeddiannwr o Garthewin a fu'n
un o gynorthwywyr agos Saunders Lewis wrth baratoi ar gyfer
llosgi'r Ysgol Fomio yn 1936.

Ynghanol y cynnwrf hyn i gyd cynhaliwyd isetholiad yn
etholaeth Seneddol Caerffili ym mis Gorffennaf 1968. Unwaith
eto rhedodd Plaid Cymru ymgyrch effeithiol, gyda Phil Williams
yn ymgeisydd egnïol a brwd. Yn y diwedd boddi wrth ymyl y
lan wnaeth y Blaid, yn debyg iawn i'r hyn a ddigwyddodd yn
isetholiad Gorllewin y Rhondda flwyddyn ynghynt. Er hynny,
unwaith eto roedd y Blaid wedi llwyddo i roi dipyn o ysgytwad
i'r Blaid Lafur yn un o'i chadarnleoedd yn y de-ddwyrain, trwy
ddod o fewn 1,875 o bleidleisiau i gipio'r sedd.

I rai fel Gareth Miles, roedd modd gweld cynnydd etholiadol
Plaid Cymru, gweithgareddau MAC a gwrthdystiadau
Cymdeithas yr Iaith i gyd yn rhan o'r un symudiad cenedlaethol
a oedd yn gyffredin i wledydd a goloneiddiwyd ac yn ymladd
am eu rhyddid:

> Yn bersonol roeddwn i'n gweld sefyllfa yn datblygu yng
> Nghymru yn debyg i'r hyn roeddech chi'n ei weld mewn
> trefedigaethau eraill. Sef bod ganddoch chi dair carfan a
> dweud y gwir, y blaid gyfansoddiadol, y mudiad a'r fyddin
> danddaearol a myfyrwyr yn protestio. A bod yna gyd-
> ddealltwriaeth rhyngddyn nhw. Roedd y bomiau i gyd at ei
> gilydd yn gysylltiedig â Thryweryn a boddi cymoedd Cymru,
> ac roedd hynny'n bwysig. Roedden ni'n ei gweld yn bwysig
> bod y Gymdeithas yn parhau'n ddi-drais ac yn peidio dweud
> pethau gwyllt. Dyna'r gwahaniaeth rhyngddon ni a'r Free
> Wales Army a rhyw bobl felly. Hynny ydi beth oedd y pwynt
> deud rhyw bethau ymfflamychol ac yn y blaen?

Erbyn Awst 1968 yr oedd anesmwythyd mawr yn y
Llywodraeth ynghylch y sefyllfa yng Nghymru. Ysgrifennodd
Harold Wilson at James Callaghan, yr Ysgrifennydd Cartref,
yn mynegi ei bryder ynghylch y methiant i ddal y bomwyr a
diogelwch y Tywysog:

I am troubled by the persistence of the more extreme forms of Welsh nationalism; and, with one eye on the Investiture of the Prince of Wales which is now less than a year away, I am concerned that we should do all we can both to identify the terrorists, their supporters, their sources of finance, etc. and to ensure that the intelligence and security organization in Wales is tightened up to the point of maximum efficiency. I should be glad if you could let me have a note on both these points; and perhaps we might then discuss the matter in September with the Secretary of State for Wales (whom you will no doubt consult in the preparation of the note in so far as you think it necessary).

Un o'r problemau mwyaf oedd yn wynebu'r gwasanaethau diogelwch yn eu hymdrechion i ddal y bomwyr oedd amharodrwydd ymddangosiadol heddluoedd yng Nghymru i rannu gwybodaeth gyda'i gilydd a chydag asiantaethau allanol. Ymddengys bod rhywfaint o genfigen broffesiynol wrth wraidd hyn, ond roedd hefyd amheuaeth fawr yn y Swyddfa Gartref bod rhai swyddogion heddlu yng Nghymru yn cydymdeimlo â'r achos cenedlaethol; a hyd yn oed yn mynd mor bell â rhoi gwybodaeth i eithafwyr MAC a'r FWA. Mae stori fel un Lyn Ebenezer yma yn tueddu i ategu hynny:

Un diwrnod dyma Cayo'n dod lan o Lambed a phresant mewn parsel i fi am 'mod i'n ffrind da iddo fe. Agorais i'r parsel a beth oedd e oedd pistol .38 a dwsin o fwledi. Wedi'u cael nhw gan rywun oedd wedi bod yn y fyddin oedd e medde fe. (Ges i wn arall ganddo fe cyn 'ny, rhyw wn o Ryfel Cartref Sbaen ond doedd hwnna ddim yn tanio.) Daeth dau dditectif i'n tŷ ni ar ôl bom Clywedog a whilo drwy'r tŷ ac roedd y ddau wn 'ma gyda fi. Yr un oedd yn tanio mewn drôr a'r llall mewn cwpwrdd ar ochr y gwely.

Nawr oedd y dyn 'nath edrych yn y cwpwrdd – roedd y gwn o'i flaen e o fewn dwy droedfedd, a gaeodd e'r drws. A gofynnodd y llall iddo fe: 'Oes rhywbeth fan 'ny?'

'Na dim byd,' atebodd e.

Ac roedd y plismon arall wrth ymyl y drôr, a wedes i 'G'rand'wch dwi eisiau eich gwared chi cyn gynted â galla i, felly man a man i fi'ch helpu chi. A be wnes i oedd arllwys cynnwys y drôr ar y gwely. Roedd y gwn nawr ar waelod y domen, ac wrth whalu'r stwff ar hyd y gwely nes i stwffio'r gwn dan y dillad.

Ond mi nethon nhw ffeindio'r bwledi a ges i fynd i fyny i gael fy holi, ond ddaeth dim byd ohono fe. Ond hyd yn oed os oedd y gwn ddim yn gweithio, roedd y ffaith bod e gen i wedi golygu y bysen i wedi cael jâl. Ond des i'n ffrindiau mawr wedyn gyda'r plismon – wnaeth ddringo i safle eithaf uchel – ond wnaeth e na fi byth sôn am y digwyddiad. Ond dwi'n gwbod ei fod e wedi gweld y gwn, ac roedd hynny'n dangos i fi bod yna rywrai o fewn yr heddlu oedd yn cydymdeimlo. Fel arall bydden i wedi cael dwy neu dair blynedd o garchar 'sen i'n feddwl.

Ro'n i'n nabod y plismyn lleol yn iawn, a does gyda fi ddim byd yn erbyn rheiny. Roedd y plismyn lleol roedd rownd Aberystwyth at ei gilydd yn hynod ffein. Pan ges i'n holi tan 6 y bore aeth un ohonyn nhw â fi adre, ac ro'n i'n byw yn Bont pryd hynny oedd bymtheg milltir i ffwrdd, whare teg iddo fe.

Hanesyn arall, yn ôl Lyn Ebenezer, sy'n dangos cydymdeimlad heddlu Cymraeg eu hiaith gyda'r eithafwyr brith, oedd ymateb y plismon hwn, a oedd erbyn hynny wedi dringo i safle uchel yn Heddlu Dyfed Powys, i farwolaeth Dennis Coslett flynyddoedd wedi'r Arwisgo:

Yr union blismon wnaeth gau ei lygaid pan oedd gen i wn yn y cwpwrdd – fi wnaeth ei ffonio fe pan fuodd Coslett farw a mi dorrodd y plismon uchel yna lawr ar y ffôn. 'Mae'n ddrwg 'da fi, mae'n ddrwg 'da fi', meddai. 'Pe bawn i mewn rhyfel Coslett fydden i moyn wrth f'ysgwydd.' Roedd hwnna'n beth mawr i ddyn oedd yn blismon oedd wedi gorfod bod yn rhan o'r ymgyrch i'w garcharu fe. Roedd yna barch i'r bois yma.

Gyda'r Arwisgo ar eu gwarthau, roedd yn hanfodol yn ymarferol a gwleidyddol i'r awdurdodau wneud rhywbeth. Y 'rhywbeth' hwnnw oedd sefydlu Uned Amwythig, dan arweiniad y Ditectif Brif Arolygydd Jock Wilson, un o swyddogion mwyaf profiadol Cangen Arbennig Scotland Yard. Bu'r cynllun ar y gweill ers rhai misoedd ac roedd Frank Williamson, Arolygydd Heddlu Ei Mawrhydi, eisoes wedi cyflwyno adroddiad i'r Llywodraeth yn dadlau mai'r unig ffordd o drechu'r eithafwyr Cymreig oedd drwy sefydlu uned gyda'i phencadlys gweithredol dros y ffin yn Lloegr. Dylai'r uned gael ei harwain, meddai Williamson, gan swyddogion o Heddlu'r Metropolitan oedd yn arbenigo mewn gwrthderfysgaeth. Cylch gorchwyl yr Uned fyddai gweithredu fel canolfan ganolog, lle gellid casglu, cywain, ystyried a chroesgyfeirio gwybodaeth a chudd-wybodaeth ynghylch yr eithafwyr. Er hynny, diben penodol Uned Amwythig fyddai sicrhau llwyddiant yr Arwisgo a diogelwch y teulu brenhinol.

Ar yr 8fed o Awst, 1968, ysgrifennodd y Swyddfa Gartref at bob Prif Gwnstabl yng Nghymru yn eu hysbysu am y bwriad i greu uned heddlu newydd a fyddai'n cael ei harwain gan ddau uwch swyddog o Heddlu'r Metropolitan. Nododd y llythyr:

The Home Secretary thinks it necessary to adopt exceptional means of keeping himself informed about the criminal activities of extremists in Wales and the action being taken to deal with them... Officers from Scotland Yard will have the particular assistance of an intelligence unit which will be created from (and detached from) the regional crime squad.

Roedd y penderfyniad i sefydlu'r uned yn Lloegr, y tu hwnt i awdurdodaeth prif gwnstabliaid Cymru, yn gydnabyddiaeth agored bod ymdrechion heddluoedd Cymru i ddal y bomwyr wedi methu. Er hynny, gweld y symudiad yn gam i'r cyfeiriad anghywir oedd rhai o blismyn Cymru. Roedd hyd yn oed erlidiwr Owain Williams, Pennaeth CID Heddlu Gwynedd, John Hughes, yn gresynu at y penderfyniad. Wrth gael ei holi gan Alwyn Gruffydd am ei yrfa lewyrchus fel plismon cyfeiriodd at y cyfrifoldebau newydd y bu'n rhaid iddo ymgymryd â hwy dros y misoedd yn arwain at yr Arwisgo, gan ddweud bod natur plismona wedi newid yn y cyfnod. Yn 1968, meddai, y trodd yr heddlu yng Nghymru i fod yn 'heddlu gwleidyddol.'

Ceisiodd Callaghan dawelu ofnau'r Prif Weinidog ynglŷn â'r trefniadau newydd:

> The Shrewsbury Unit is undoubtedly of value. What was lacking before was a central intelligence organization which could bring together and assess the value of information from a number of sources. Penetration of Welsh nationalist organizations is very difficult but at least there is now effective machinery for exploiting any break.

Gyda sefydlu Uned Amwythig, rhoddwyd ymgyrch enfawr ar waith o gadw golwg a monitro symudiadau cenedlaetholwyr yng Nghymru. Bellach nid dim ond eithafwyr fel Cayo a'r FWA fyddai dan chwyddwydr asiantaethau cudd y wladwriaeth, ond cenedlaetholwyr iaith fel aelodau Cymdeithas yr Iaith, a hyd yn oed aelodau cymedrol Plaid Cymru.

Canlyniad methiant ymdrechion yr heddlu hyd yma i ddal y bomwyr oedd dechrau codi cwestiynau ynghylch pwy a allai fod yn gyfrifol am y ffrwydradau. Yn San Steffan dywedodd Gwynfor Evans na ddylid diystyru'r posibilrwydd, waeth pa mor anhygoel oedd hynny, mai'r gwasanaethau diogelwch eu hunain oedd y tu ôl i'r ymosodiadau terfysgol, gyda'r diben o bardduo'r mudiad cenedlaethol. Mae'n anodd mesur a oedd Gwynfor yn credu hyn mewn gwirionedd neu'n ei weld fel ffordd o bellhau Plaid Cymru oddi wrth y terfysgwyr a phlannu amheuon am weithgareddau cudd y wladwriaeth oedd yn sicr ar gynnydd yng Nghymru. Nid yn annisgwyl, gwrthod yr awgrym yn blwmp ac yn blaen wnaeth George Thomas. Er hynny, roedd yna gred ar led ymysg cenedlatholwyr ar lawr gwlad, nad oedd yn deillio'n llwyr o baranoia gwleidyddol, bod yr awdurdodau'n barod i sicrhau llwyddiant yr Arwisgo trwy dwyll neu trwy deg. Hyd yn oed os oedd hynny'n golygu pardduo ymgyrchwyr yn y wasg, neu blannu tystiolaeth droseddol.

# 13

# Ymprydwyr

AR DDECHRAU 1969, gyda chwta fisoedd tan y seremoni, roedd Harold Wilson yn dal yn boenus ynghylch diogelwch Charles. Rhoddwyd olew ar fflamau ei amheuon gan y bom a ffrwydrodd ym mhencadlys heddlu Caerdydd, a rhoddwyd ystyriaeth ddifrifol gan y Prif Weinidog i ganslo cynlluniau'r Tywysog, a oedd yn dal yn fyfyriwr yng Nghaergrawnt, i dreulio tymor yn Aberystwyth cyn y seremoni. Ysgrifennodd eto at Callaghan gan ofyn: 'Would the Home Secretary please reconsider in the light of the latest outrage in the police headquarters in Cardiff. Might we be wiser to cancel Aberystwyth?' Sicrhawyd ef gan Callaghan ac uchel swyddogion yr heddlu bod popeth posib wedi'i wneud i warantu diogelwch Charles, ac nad oedd rheswm i beidio bwrw ymlaen â'r arhosiad yn y Coleg ger y Lli.

Dim ond am dymor y bwriadwyd i Charles aros yn Aberystwyth, sef y tymor ar ôl y Pasg hyd at ganol mis Mehefin 1969, a diben yr arhosiad fyddai astudio ychydig o hanes Cymru a'r Gymraeg. Cyfnod byr neu beidio roedd y penderfyniad i'w anfon yno wedi codi gwrychyn cenedlaetholwyr a myfyrwyr Cymraeg Aber, ac yn wir holl golegau Prifysgol Cymru. Roedd yn hollol amlwg iddynt fod Prifysgol Cymru yn cael ei defnyddio fel arf propaganda o blaid Prydeindod ac i lesteirio twf y mudiad cenedlaethol. Syniad Cledwyn Hughes i raddau helaeth oedd mynnu bod y Tywysog yn treulio cyfnod yn Aberystwyth, ac nid oedd ei olynydd fel Ysgrifennydd Gwladol Cymru mor bleidiol i'r syniad. Credai George Thomas mai peth nawddoglyd oedd ei anfon i goleg yng Nghymru i ddysgu ychydig o Gymraeg, ac ar ben hynny gwelai'r arhosiad fel rhywbeth a allai gorddi'r dyfroedd yn ddiangen, roedd yn 'unnecessarily provocative' meddai. Un a oedd yn rhannu amheuon Harold Wilson am ddiogelwch Charles oedd Prifathro Aberystwyth, Thomas Parry. Ychydig cyn dechrau'r tymor, anfonodd Parry lythyr at George Thomas, yn mynegi ofnau mawr am yr awyrgylch yn Aberystwyth, ac yn nodi na allai dderbyn cyfrifoldeb am ddiogelwch y Tywysog.

Yn ei ieuenctid bu Thomas Parry yn aelod o Blaid Cymru, ond enynnodd y Prifathro ddicter a llid llawer o fyfyrwyr am gytuno i dderbyn yr efrydydd brenhinol. Dadleua ei gofiannydd Derec Llwyd Morgan, fodd bynnag, nad oedd dewis ganddo ond cytuno i'r syniad o groesawu Charles. Roedd wedi'i ddal yn y canol rhwng y Sefydliad ar y naill law a'r myfyrwyr protestgar ar y llaw arall, beth bynnag oedd ei ddaliadau personol. Fel sylwa Morgan, 'pennaeth o Gymro ar sefydliad Cymreig hanfodol ac ymarferol Brydeinig ydoedd'. Nid bod Parry yn gwbl anfoddog wrth gydweithredu â'r cynlluniau. Pan wyntyllwyd yr holl syniad i gychwyn yn ôl yn Hydref 1967, gohebodd gyda Cledwyn Hughes gan gyfaddef ei fod yn gweld manteision o ran codi proffil ac enw da'r Coleg: 'Pe deuai'r bwriad i ben fe fyddai'r Coleg yn ennill prestige aruthrol yng ngolwg rhai pobl,' meddai. Er hynny roedd yn bryderus am ymateb yr hyn a alwodd yn 'ymylon lloerig y mudiad cenedlaethol' a'r posibilrwydd y gallai'r eithafwyr hyn darfu'n fawr ar fywyd 'llanc o fyfyriwr'.

Does dim dwywaith bod penderfyniad y Coleg i gydweithredu, a phenderfyniad darlithwyr fel Edward Millward a Bobi Jones i fod yn diwtoriaid i'r Tywysog, wedi siomi a chwerwi'r berthynas rhwng y myfyrwyr Cymraeg a'r academyddion. Fel dywed Nest Tudur, oedd yn fyfyriwr yn Aberystwyth ar y pryd:

Roeddan ni'n mynd yn amheus o gymhellion pobl roeddan ni
â pharch iddyn nhw. Roedd yn anghrediniol i ni brotestwyr
sut allai pobl fod mor *naive* â llyncu'r celwydd y gallai Carlo
wneud gwahaniaeth i Gymru.

Noda Derec Llwyd Morgan rwystredigaeth Thomas Parry
ynghylch cyndynrwydd yr awdurdodau i drafod yr arhosiad
brenhinol gyda'r Prifathro. Adrodda Morgan na chafodd y
Prifathro gyfarfod gyda swyddog personol, neu 'equerry' y
Tywysog, David Checketts tan y gwanwyn 1968, ac yn yr un
cyfnod cyfarfu gyda Richard Thistlethwaite, swyddog o'r
gwasanaethau cudd, a oedd yn awyddus i MI5 osod swyddogion
yn y Coleg. Roedd yr holl drefniadau yn ymddangos yn ddi-
drefn i Parry, cymaint felly nes iddo ddechrau amau a oedd y
Palas neu'r Llywodraeth yn cael traed oer. Er gwaethaf yr ofnau
a'r amheuon, mae'n anodd credu nad oedd yr awdurdodau yn
benderfynol o fynd ymlaen â'u cynlluniau. Byddai tynnu'n ôl
wedi golygu colli gwyneb sylweddol, ac yn fuddugoliaeth i'r
eithafwyr. Felly cyflymodd paratoadau o hydref 1968 ymlaen
at wanwyn 1969, gyda Checketts a J. R. Jones, Prif Gwnstabl
Heddlu Dyfed-Powys yn flaenllaw yn y trefniadau.

Os oedd trefniadau awdurdodau'r Coleg a'r Palas yn mynd
rhagddynt, roedd trefniadau'r myfyrwyr Cymraeg i roi croeso
tanllyd i Charles hefyd yn magu stêm. Un o'r myfyrwyr hynny, a
rhywun oedd ynghanol yr ymdrechion i baratoi'r protestiadau
oedd Ffred Ffransis:

> Mi es i goleg Aberystwyth yn Hydref 1966, ac ym Mehefin
> '69 roeddwn i'n cymryd fy arholiadau gradd. Roedden ni'n
> ymwybodol hyd y cofia i ers Hydref '68 bod y Tywysog yn
> cael ei ddanfon i Goleg Aberystwyth. Yn ôl yn y cyfnod yna,
> yr hyn sy'n hynod iawn yw hyd at ganol mis Mai roedd yna
> wrthwynebiad sylweddol yng Nghymru i'r Arwisgo. Roedd
> arolygon barn yn y *Western Mail* yn dangos bod 25%, sy'n
> lleiafrif sylweddol, yn bendant yn erbyn, y mwyafrif o blaid
> a'r mwyafrif helaeth heb unrhyw farn o gwbl.

Roedd rhaid i ni fel myfyrwyr Aberystwyth benderfynu ar ein hymateb ni i hyn. Ar wahân i fater yr Arwisgo ei hun er ei fod yn gysylltiedig â hynny. Ein dadl ni oedd mai gweithred wleidyddol oedd hyn ac roedd yn hawdd i ni ddangos hynny mewn gwirionedd, achos dod i Goleg Aberystwyth am gyfnod o 6 wythnos oedd e. Yn ystod y cyfnod yna o 6 wythnos y bwriad oedd iddo ddysgu'r iaith Gymraeg, dysgu popeth am hanes Cymru ac am ddiwylliant Cymru mewn cyfnod o 6 wythnos. Ac mi dreuliodd beth o'r 6 wythnos yna yn mynd yn ôl i Brifysgol Caergrawnt pan oedd yna gêm polo bwysig, ac at ddiwedd y cyfnod roedd o ond yn paratoi fel parot yn y labordy iaith dan gyfarwyddyd Tedi Millward ar gyfer ei araith yn Steddfod yr Urdd. Felly, rhwng popeth doedd hynny ddim yn gadael llawer o amser iddo feistroli'r Gymraeg a dysgu am hanes a diwylliant Cymru – felly roedd yn amlwg mai nonsens oedd y byddai'n mynd i gyflawni hynny mewn ychydig dros fis o amser.

Roedd hynny'n amlwg felly beth oedd y rheswm go iawn pam fod o'n digwydd? Y rheswm go iawn oedd bod Prifysgol Cymru yn cael ei defnyddio yn wleidyddol i baratoi Cymru ar gyfer ei dderbyn e fel Tywysog Cymru, o ystyried ar y pryd fod yna gryn wrthwynebiad. Ac fe lwyddon nhw yn y nod gwleidyddol yna.

Mi oedd yna glymblaid ddiddorol iawn o genedlaetholwyr o blith y myfyrwyr, a myfyrwyr radicalaidd – llawer ohonyn nhw o Loegr – oedd yn meddwl bod y peth yn wael i annibyniaeth y Brifysgol. Bod y Brifysgol yn cael ei defnyddio at bwrpas gwleidyddol. Mi oedd yna ddadl bob nos Lun yn Undeb y Myfyrwyr ar lun delw yr *Oxford Union Debates*, ac un o'r dadleuon oedd a ddylai hynny ddigwydd neu beidio. A dwi'n cofio un o'r dadleuon yma, a be ddigwyddodd oedd i ni gael dadl ar y cyd gyda'r Undeb Myfyrwyr yng Nghaergrawnt, lle'r oedd Carlo hefyd yn fyfyriwr. Y pwnc oedd 'Bod y tŷ hwn yn gwrthwynebu bod y Tywysog Charles yn dod i Goleg Prifysgol Aberystwyth'. Roedd dau ohonon ni – fi ac un o Gaergrawnt yn dadlau o blaid y pwnc, a dau arall – un o Aberystwyth ac un o Gaergrawnt yn erbyn. Sut bynnag, trwy gyfuniad o genedlaetholwyr, pobl oedd yn credu mewn annibyniaeth Prifysgol, gweriniaethwyr (ac ychydig o ferched oedd yn addoli Charles ac yn meddwl ei bod yn gas ei roi o trwy sefyllfa fel 'na!) fe enillon ni'r ddadl yna. A pwynt mawr y cyfryngau, oedd wrth gwrs o blaid y Sefydliad Prydeinig, oedd mai dim ond deg y cant o fyfyrwyr y Coleg oedd yno. Roedd tua 3,500 o fyfyrwyr yn Aber, felly roedd yna tua 350 yno sef un o'r niferoedd mwyaf i fod mewn dadl yn yr Undeb erioed.

Ond fel myfyrwyr Cymraeg mi aethon ni un gam ymhellach.

O ganlyniad ar yr 20fed o Ionawr 1969, meddiannwyd rhai o ystafelloedd darlithio'r Coleg gan drigain o fyfyrwyr oedd yn gwrthwynebu arhosiad y Tywysog, ac yn gresynu at ran y Brifysgol wrth ganiatáu'r peth. Gwawdiwyd y Prifathro mewn rhigwm ar alaw werin 'Crwtyn y Gwartheg':

Tom-Parry-Tom-Parry-Tom-Tom-Tom,
Tom-Parry-Tom-Parry-Tom-Tom-Tom
Tom-Parry-Tom-Parry-Tom-Tom-Tom
Yn llyfu tin y Saeson!

Cyhoeddwyd taflen ddwyieithog gan y gwrthdystwyr yn datgan eu rhesymau dros brotestio, gan feirniadu'r Coleg yn hallt am gydsynio i dderbyn Charles yn fyfyriwr am dymor i Aberystwyth:

Pe na bai 'Tywysog Cymru' ond teitl, mi allem ni fforddio
ei anwybyddu fel rhwysg y wasg, ond bwriada Llywodraeth
Loegr fanteisio arno'n wleidyddol trwy drefnu sioe Arwisgo
eleni. Bwriadant ecsploetio Charles i'r eithaf fel symbol o
ddarostyngiad Cymru i Loegr... Chwerthinllyd hollol yw'r
cynllun; nid oes ystyr nac arwyddocâd iddo ond fel dyfais
wleidyddol, a synnwn fod awdurdodau'r Coleg yn caniatáu i
Brifysgol Cymru gael ei defnyddio fel offeryn gwleidyddol.

Fel rhan o'r brotest hon meddiannwyd un ystafell ddarlithio gan bedwar myfyriwr – Ffred Ffransis a Rhodri Morgan o Aberystwyth, ac Euryn ap Robert a Ieuan Bryn o Goleg Prifysgol Bangor. Bwriad y pedwar oedd aros yn yr ystafell am rai dyddiau a chynnal streic newyn yno. Roedd Ffred yn awyddus i gael dau fyfyriwr o Aberystwyth a dau fyfyriwr o Fangor i gymryd rhan yn yr ympryd er mwyn ei gwneud hi'n brotest ryng-golegol. Yn ôl Ffred:

Mi drefnon ni ympryd pedwar diwrnod. Mi wnaethon ni feddiannu ystafell ddarlithio yn yr Hen Goleg, a blocio ein hunain i mewn am bedwar diwrnod. Mi oedd pobl yn gofyn sut fydda fo'n ymarferol? Sut oeddech chi'n mynd i'r tŷ bach? O ran pasio dŵr roedd ganddon ni boteli pwrpasol. Roedd dau ohonyn ni o Aberystwyth: finne a Rhodri Morgan, oedd yn dod o deulu o genedlaetholwyr a gweriniaethwyr, a dau o Goleg Bangor: Ieuan Bryn ac Euryn ap Robert.

Aethon ni ar ympryd – a phenderfynu ein bod ni'n cymryd dŵr yn unig ac os dwi'n cofio'n iawn – o bosib ond dwi ddim yn saff – ein bod ni wedi penderfynu cymryd tabledi glwcos. A dyna lle fuon ni am bedwar diwrnod. Ac fel digwyddodd gyda phob ympryd, am ddiwrnod a hanner roeddech chi angen bwyd, a wedyn y stumog yn crebachu a dim chwant bwyd a jesd teimlo'n llesg ac yn flinedig drwy'r amser a dechrau cysgu lot o'r diwrnod.

Wedyn dwi'n cofio mi wnaethon ni adael ar ôl pedwar diwrnod a dwi'n cofio ni'n mynd dros y ffordd i Eglwys Santes Fair a chynnig gweddi a diolch am ein cadw ni, a wedyn mynd o gwmpas ein ffyrdd. A dwi'n cofio'r Prifathro Thomas Parry eisiau'n gweld ni, a dwi'n cofio pobl eraill yn amlygu iddo fo bod yna gryn gefnogaeth ac y byddai'n well peidio gwneud unrhyw beth disgyblu, a hyd y cofia i gethon ni ddim ein disgyblu.

Ysgrifennodd Gwyneth Morgan, mam un o'r ymprydwyr at Thomas Parry i ddatgan ei chefnogaeth lwyr i'w mab Rhodri, ac i erfyn ar y Coleg i atal ymweliad y Tywysog. Dywed un arall o'r ymprydwyr, Ieuan Bryn, i'r streic newyn greu rhwyg chwerw ymysg myfyrwyr Cymraeg Bangor. Roedd rhai'n gwrthwynebu'r dull o brotestio drwy feddiannu rhan o adeilad, baricedio eu hunain mewn, ac atal darlithoedd rhag cael eu cynnal ac yn ei alw'n drais. Roedd y rhan fwyaf yn flin, serch hynny, am nad oedd y ddau wedi trafod y brotest ymlaen llaw efo Cymdeithas Gymraeg myfyrwyr Bangor, sef Cymdeithas y Cymric. Ond dywed Ieuan Bryn nad oedd trafod y brotest ymlaen llaw yn ymarferol rhag ofn i awdurdodau'r Coleg ddod i wybod amdani a'i rhwystro:

> Felly, siom fawr i ni oedd ymateb ein cyd-fyfyrwyr ym Mangor pan wnaethon ni ddychwelyd i Fangor. Doedd yna fawr o neb yn mynegi cefnogaeth i ni, amryw'n gwrthod siarad efo ni, eraill yn dadlau'n danbaid yn erbyn ein protest. Ac ar y cychwyn ymateb negyddol a gafwyd gyda fawr o neb yn cefnogi, gyda'r darlithydd a'r dramodydd John Gwilym Jones, a oedd yn gyfaill i Thomas Parry, fel amryw o'r 'sefydliad Cymraeg', yn credu ei fod yn syniad rhagorol bod Charles yn dod i Aber i ddysgu Cymraeg er mwyn rhoi statws i'r iaith.

Cynhyrfwyd y dyfroedd ymhellach gan eitem ddychanol a ymddangosodd yn rhifyn Chwefror o *Llais y Lli*, papur myfyrwyr Cymraeg y Coleg. O dan y pennawd 'Almanac Llais y Lli' proffwydwyd rhai o ddigwyddiadau y flwyddyn i ddod yng Nghymru a'r Coleg, gan gynnwys darogan datblygiadau gwleidyddol syfrdanol, gwaeledd difrifol i'r Tywysog a dyweddïad brenhinol annisgwyl a sawl parti yn nhref Aberystwyth:

> Chwefror
> John Eilian yn ailymuno â'r Blaid. Parti yn Tŷ Madog. Carlo'n sâl.

Mawrth
Gwynfor Evans yn cefnogi safiad Enoch Powell. Mam George
Thomas yn cael PhD anrhydeddus Prifysgol Cymru. Parti yn
y Coleg Diwinyddol. Carlo'n waeth.

Ebrill
Etholiad Cyffredinol Plaid Cymru 36 sedd. Parti yn D.B.
Carlo'n marw.

Mai
Datganiad o gastell Aberystwyth 'Her Majesty the Queen
wishes to announce the engagement of her daughter Anne to
the Right Hon. Ff.S. Francis'. Parti yn Buckingham Palace.

Chwyrn iawn oedd ymateb y *Courier*, papur newydd
Saesneg myfyrwyr y Coleg, ac yn ei rifyn nesaf cyhoeddodd
mewn pennawd bras a dramatig ar y dudalen flaen:

LLAIS SAY 'CHARLES DEAD BY APRIL'

Cwynodd ei chwaer bapur yn enbyd am safon *Llais y Lli*,
gan hawlio y byddai'r erthyglau dychanol yn debygol o gael
'grave repurcussions on the English-Welsh relationships at the
College'. Roedd y papur Cymraeg, meddai, wedi dwyn gwarth
ac anfri ar Undeb y Myfrywyr: 'This is no Voice of the People
but a blatant scar on the good name of the Union'.

O ran cyhoeddusrwydd bu'r ffraeo, protestio ac
ymprydio yn llwyddiant, gan sicrhau sylw yn y wasg ac ar y
cyfryngau Prydeinig. Wrth i'r wythnosau fynd heibio, roedd
y gwrthwynebiad i'r Arwisgo ymysg myfyrwyr Cymraeg
Bangor hefyd yn cynyddu, ac yn ôl Ieuan Bryn roedd hyd
yn oed Cymdeithas Farcsaidd y Coleg yn rhoi cefnogaeth i
brotestiadau'r Cymry ym Mangor. Er mwyn cadw momentwm
a chan fod y Coleg yn dal i wrthod newid ei benderfyniad
i dderbyn Charles yn fyfyriwr, cynhaliwyd cyfres arall
o streiciau newyn ar yr 8fed o Fawrth – ond y tro yma, y

bwriad oedd cynnal sawl streic newyn ar yr un pryd. Yr un oedd patrwm y weithred â'r un gynharach, sef meddiannu rhai ystafelloedd ac ymprydio am wythnos. Trefnwyd bod myfyrwyr yng Nghaerdydd, Abertawe a Bangor hefyd yn meddiannu ystafelloedd darlithio. Cyhoeddwyd pamffled arall i gyd-fynd â'r brotest ac i esbonio amcanion y weithred, gan ddweud mai'r bwriad oedd:

> Trwy drefnu streic newyn ar raddfa fwy nag o'r blaen, gobeithiwn argyhoeddi pobl Cymru fod egwyddor bwysig yn y fantol, ac na ddylid anwybyddu'r weithred fel 'protest arall gan fyfyrwyr byrbwyll'.

Ym Mangor meddiannwyd ystafelloedd yn Nhŵr y Coleg gan fyfyrwyr Cymraeg gan faricedio eu hunain yno am wythnos. Rhannwyd y protestwyr yn ddau grŵp – un criw o fechgyn ac un criw o ferched. Y bechgyn oedd Euryn ap Robert, Gwynn ap Gwilym, Alan Llwyd, Pedr Wynn Jones, Glyn 'Edern' Parry a Ieuan Bryn, a'r merched oedd Gwenno Hywyn, Gwenllian Daniel, Nia Wyn Jones, Catrin Beynon, Nia Wynne a Heulwen Hughes Jones. Fel hyn y cofia Ieuan Bryn y brotest:

> Cerdded i mewn i un o'r 'goruwch-ystafelloedd' ar y coridor uchaf yn hen adeilad y Coleg wnaeth y bechgyn – lolfa/stafell gyffredin garpedog, foethus y darlithwyr. Yr un coridor â stafelloedd Penaethiaid Adrannau'r Celfyddydau, Deon Cyfadran y Celfyddydau ac Is-Brifathro'r Coleg ac ati. Lle clyd a moethus i gynnal ympryd, ac roedd yna falconi bychan y tu allan lle gallem gael cegaid o awyr iach, o dro i dro!
>
> Doedd dim angen torri i mewn; roedd y stafell ar agor. Baricedio ein hunain i mewn, ac ymprydio am wythnos. Dwi ddim yn cofio pa stafell yn union a feddiannwyd gan y merched. Roedd hi mewn rhan arall o'r hen adeilad, yng nghyffiniau hen adeilad y llyfrgell, dwi'n meddwl. Meddiannu'r stafell, baricedio'u hunain i mewn, ac ymprydio am wythnos fel ninnau wnaethon nhw.

Dwi ddim yn cofio awdurdodau'r Coleg yn ceisio 'torri i mewn' i'n symud oddi yno, yn gorfforol, dim ond swyddog gweinyddol neu ddau yn rhoi sawl cynnig ar ein perswadio ni, ar lafar y tu allan i'r drws, i roi'r gorau iddi. Ar ôl y brotest, bu'n rhaid i Euryn ap Robert a minnau fynd i weld Dirprwy Brifathro'r Coleg, a rhybuddiwyd ni y caem ein disgyblu, ac o bosib ein diarddel o'r Coleg, petaen ni'n trefnu gwrthdystiad tebyg yn y dyfodol.

Yn Aberystwyth cymerodd pump o ferched ran mewn ail ympryd yn y Coleg, sef Sioned Bebb, Nia Griffith, Lowri Morgan, Manon Rhys a Siân Wyn Gruffydd.

Esbonia Sioned Bebb fod y bwriad i groesawu Charles wedi ysgogi'r Cymry i wrthdystio: 'Rwy'n cofio ein bod i gyd wedi ein corddi gan yr holl syniad, ac roeddem yn awyddus i godi ein llais yn erbyn y peth.' Mae'n cofio'n ogystal y camau diogelwch a gymerwyd ganddynt, hyd yn oed ar fater fel trefnu ympryd a meddiannu ystafelloedd. Teimlwyd nad oedd modd ymddiried mewn sgyrsiau dros y ffôn rhag ofn i'r awdurdodau gael achlust o'u bwriadau; felly rhaid oedd cludo negeseuon yn bersonol. Cofia Sioned fynd yr holl ffordd o Aberystwyth i Borthmadog yn unswydd er mwyn cludo neges gan Ffred Ffransis at Ieuan Bryn ynglŷn â'r protestiadau.

Er mai yn Neuadd Pantycelyn yr oedd Charles i letya, nid Neuadd Gymraeg oedd Pantycelyn ar y pryd. Yn hytrach ceid dwy neuadd Gymraeg ar wahân i'r merched a'r bechgyn, y naill yn Neuadd Davies Bryant a'r llall yn Neuadd Ceredigion. Myfyriwr ar ei thrydedd flwyddyn oedd Siân Wyn Gruffydd (Siân Wyn Siencyn wedyn) ac yn byw yn Davies Bryant:

> Roedd Lowri, a fi a Manon a Nia ar yr un llawr yn y
> drydedd flwyddyn. Roedden nhw eu tair yn gwneud
> Cymraeg, a finnau'n gwneud Saesneg. Roeddwn wedi dod
> i Aberystwyth o Washington DC lle'r oeddwn wedi bod yn
> byw yn f'arddegau. Roeddwn wedi bod yn y Brifysgol yno

am flwyddyn, ond am fod fy rhieni'n dod yn ôl i Brydain
– i Lundain – mi ges i fy anfon i Aber. Ac erbyn y drydedd
flwyddyn roeddwn wedi 'ailddysgu' Cymraeg mewn ffordd ac
yn rhan o brotestiadau Cymdeithas yr Iaith ac yn cymysgu
gyda'r Cymry Cymraeg.

Beth bynnag, roedd Carlo'r Prins yn dod ac roedd yna
ymdeimlad o ddicter mawr ynglŷn â hyn. Ac wrth gwrs roedd
yna ddylanwadau eraill hefyd. Roedd yna lot o stwff yn
digwydd ar hyd Ewrop, yr ymgyrch hawliau sifil yn America
a phob math o bethau yn dylanwadu arnon ni. Ac roedden
ni'n fyfyrwyr eitha 'bolshi' ar sawl cyfri a doedden ni ddim
yn fyfyrwyr arbennig o fyfyrgar yr un ohonon ni dwi ddim yn
meddwl.

Dwi'n credu taw tua Chwefror oedd hi pan ofynnwyd am
wirfoddolwyr. Wrth edrych yn ôl nawr, roedd yr arweinwyr i
gyd yn ddynion, roedd 'na ryw fath o beth eitha gormesol ar
ferched ond doedden ni ddim yn sylweddoli hynny ar y pryd,
ond mudiad patriarchaidd iawn oedd e. Wedyn mi wnaeth
pump ohonon ni wirfoddoli.

Wedyn wnaethon ni feddiannu stafell yn nhop y Coleg, ac
roedd yn eitha cyffrous a *furtive* a doedd neb fod i wybod ac
yn y blaen. Os dwi'n cofio, pump neu chwech diwrnod oedd y
bwriad ac roedd rhaid i ni fenthyg sachau cysgu a gwelyau ac
yn y blaen.

Yn ôl Nia Griffith, un arall o'r ymprydwyr:

Mi wnaethon ni gau ein hunain i fewn rhag ofn i rywun o'r
Coleg ddod i'n troi ni allan, ond ar ôl rhyw ddiwrnod neu
ddau mi ddeudon nhw eu bod am adael ni i fod. Wedyn
roedden ni'n cael ymwelwyr, fel ein ffrindiau ni yn y Coleg yn
dod y tu allan i ddangos cefnogaeth, ac rwy'n cofio Dafydd
Bowen (D. J. Bowen) oedd yn ddarlithydd yn yr Adran
Gymraeg, yn dod yno i ddangos ei gefnogaeth – a fo oedd yr
unig aelod o staff wnaeth hynny – a chynnig tân trydan i ni
rhag ofn ein bod yn oer!

O ran amodau byw y meddiannau a'r streic newyn, digon anghyfforddus a di-ddigwydd oedd pethau yn ôl Siân Wyn:

Mae yna ben draw i faint allwch chi fod yn yr un stafell hyd yn oed efo ffrindiau! Doedden ni ddim yn gwneud unrhyw waith Coleg. Roedd ganddon ni bentwr o gylchgronau ac yn chwarae cardiau. Doedd neb ohonon ni'n gallu cysgu'n arbennig o dda, achos doedden ni ddim yn gwneud dim byd. Dwi'n cofio Harri Pritchard Jones, oedd yn gefnogol, yn dod i'n gweld ni a chymryd ein pwysau gwaed ni, ond seiciatrydd oedd e, felly dwi ddim yn siŵr os oedd o'n gwbod be oedd o'n 'neud! Gwneud yn siŵr nad oedden ni'n dechre byta'n gilydd falle! Doedd yna ddim cyfleusterau ymolchi na golchi gwallt a phethe felly, ac roedd hwnna'n ddiflas. Erbyn y trydydd neu'r pedwerydd diwrnod roedden ni'n edrych ar y cylchgronau yma a'r cyfan oedden ni'n medru meddwl amdano oedd bwyd.

Ar ddiwedd yr ympryd roedden ni wedi blino ac aethon ni'n syth yn ôl i'r neuadd. Rwy'n cofio 'nghariad ar y pryd, yn dod â *custard tarts* i mi, a minnau'n eu bwyta, ond yn taflu i fyny yn syth.

O ran cefnogaeth i'r merched dywed Siân Wyn er bod ei thad yn gefnogol, roedd ei mam yn fwy pryderus. Ond, er gwaetha hynny, 'pan ymddangosodd pennawd yn yr *Evening Standard* adeg yr ympryd yn datgan: "Dulwich doctor's daughter fasting against the Prince" roedd fy mam yn rhyfedd o falch o hynny.'

Yn achos Nia Griffith, er bod ei rhieni yn llwyr gefnogol iddi, digon cymysg oedd ymateb ei chymdogion yn ôl ym Mryngwran, Ynys Môn:

Pan ddois adra i Sir Fôn dros y gwyliau nesa (Pasg mae'n debyg) cefais gwpl o lythyrau cas. Un gan rywun oedd wedi'i fagu ym Mryngwran lle'r oedd fy nheulu yn byw a 'nhad yn weinidog efo'r Hen Gorff. Roedd y person yma yn y fyddin ac os dwi'n cofio'n iawn, yn deud 'mod i wedi dwyn anfri ar y pentre! Roedd 'na un llythyr arall hefyd yn deud 'mod i wedi bihafio yn gywilyddus ond ddim yn cofio'r manylion yn iawn. Rwy'n cofio dad yn deud wrtha' i am beidio poeni amdanyn nhw ac y buasai o yn eu hateb. Wrth gwrs roeddan nhw yn gwybod bod fy nhad yn genedlaetholwr ac yn Gymro i'r carn a ches i ddim byd ond ei gefnogaeth o.

Un elfen drawiadol yw agwedd wahanol y Prifathro at brotest y merched, gan iddo ddod heibio'r ystafell yr oeddent yn ei meddiannu i'w gweld yn ystod y brotest. Cred Sioned Bebb mai un rheswm posib am hynny oedd y ffaith mai un ar hugain oedd oed dod yn oedolyn yn y cyfnod, ac felly roedd gan y Coleg gyfrifoldeb *in loco parentis* sydd efallai yn esbonio pam y daeth Tom Parry heibio i'w gweld. Rhywbeth arall oedd yn achos peth lletchwithdod iddi oedd bod Thomas Parry a'i wraig Enid wedi arfer bod yn gymdogion i Sioned ym Mangor, ac 'achos bu'n gymydog i mi yn fy mhlentyndod cynnar, bryd hynny, Yncl Tom oedd o i mi.' Peth arall wnaeth ei tharo wedyn oedd y gwahaniaeth rhwng agweddau Prifathrawon Aberystwyth a Bangor at wrthdystiadau gan fyfyrwyr Cymraeg, gan farnu 'mor ddoeth oedd o mewn ffordd. Roedd ganddo well syniad sut i drin myfyrwyr na Syr Charles Evans ym Mangor, er enghraifft.'

Dywed Siân Wyn mai un o'i hargraffiadau pennaf am y Prifathro oedd ei agwedd hen ffasiwn a cheidwadol tuag at bethau. Meddai:

Roedd Thomas Parry a oedd mewn sawl ffordd yn ŵr bonheddig iawn ac yn perthyn i'r 'old school', wedi dychryn bod merched yn gwneud y fath beth. Roedd wedi arfer gyda bechgyn yn gwneud pethau fel hyn, ond merched!

# 14

# Dadl y Deallusion

DROS Y MISOEDD cyn yr Arwisgo lledodd y ddadl, a oedd eisoes wedi achosi gwewyr meddwl a dilema i Blaid Cymru, i'r wasg Gymraeg. Yng ngholofn 'Daniel' yn *Y Faner* roedd Frank Price Jones yn cystwyo'r cenedlaetholwyr hynny oedd yn galaru am Lywelyn yn hytrach na cheisio troi Charles yn symbol o 'genedlaetholdeb Cymru'. Er mai Llafurwr Cymreig oedd Price Jones, roedd o'r un farn â rhai fel Edward Millward, Is-Lywydd Plaid Cymru a hyd yn oed Gwynfor Evans ei hun, a welai gyfle i geisio Cymreigio'r Tywysog ac ennill tir i Gymreictod a'r Gymraeg. Roedd y gwrthwynebwyr, yn ôl Frank Price Jones, wedi troi rhywbeth 'a allasai fod yn fuddugoliaeth i Gymreigrwydd yn un alarnad brotestgar ddiffaith'.

Parhau i ddadlau dros wrthwynebu'r Arwisgo yn ddigyfaddawd wnâi rhai fel yr athronydd J. R. Jones, ac yn yr ymryson deallusol rhyngddo ef a Leopold Kohr, darlithydd athroniaeth wleidyddol ym Mhrifysgol Aberystwyth, yng nghylchgrawn *Barn*, y gwelir yr hollt syniadol yn y mudiad cenedlaethol ar ei chliriaf.

Un o Awstria oedd Kohr yn wreiddiol, yn economegydd amlwg ym mudiad 'Small is Beautiful', oedd yn dadlau o blaid datblygiadau economaidd llai ac amgylcheddol-gyfeillgar. Roedd diddordeb mawr gan Kohr yn y syniad o annibyniaeth i Gymru, ac yn sgil hynny daeth yn gyfaill agos i Gwynfor Evans ac yn ddylanwad pwysig ar syniadau economaidd Plaid Cymru.

Yn ei ysgrif 'Annibyniaeth a Brenhiniaeth' yn rhifyn
Mawrth 1969 *Barn*, dadleua Kohr dros beidio â gwrthwynebu'r
Arwisgo a cheisio manteisio arno er lles Cymru, yn seiliedig ar
gredu nad yw brenhiniaeth yn wrthwynebus i annibyniaeth.
Yn wir, gan seilio ei ddadl ar brofiad gwledydd fel Gwlad
Belg, yr Iseldiroedd a llywodraethau blaengar gwledydd
Llychlyn – Denmarc, Norwy a Sweden, dadl Kohr oedd bod
brenhiniaeth yn aml iawn wedi gwrthsefyll unbennaeth ac
amddiffyn democratiaeth yn well na gweriniaethau. Dywed:
'Yn wir mewn gweriniaethau yn hytrach na breniniaethau y
cododd gormeswyr mwya'r byd.' Ar ben hynny, haera hefyd ei
bod yn bosib iawn y byddai gweriniaethwyr yn llai tebygol o
gefnogi annibyniaeth i Gymru na brenhinwyr. Mae'n rhagweld
sefyllfa lle gellid cael annibyniaeth i Gymru a'r Alban o dan yr
un frenhiniaeth. I'r diben hwnnw ni ddylid anelu at ddileu'r
frenhiniaeth, yn hytrach y cyfan sydd eisiau ei wneud yw
defnyddio ei sefydliadau fel cerrig camu ar hyd y llwybr at
ryddid cenedlaethol:

> Un cam yw fod y Tywysog Charles yn dysgu iaith y wlad y
> mae ei deitl yn ei phriodoli iddo. Cam pellach fyddai urdd
> wisgo Elizabeth yn Frenhines Cymru yn ogystal ag urdd
> wisgo Charles yn Dywysog. O'r braidd na ddôi'r trydydd
> o ran ei hun wedyn: Llywodraeth Gymreig ei Mawrhydi
> – trawsnewid ei theyrnasiad yn rheolaeth.

Atebodd J. R. Jones ddadleuon Kohr yn rhifyn nesaf *Barn*
yn ei erthygl: 'Nid mor hawdd y'n gollyngir'. Dywed bod erthygl
yr Awstriad yn amlygu 'hyder rhyfeddol ym mawrfrydigrwydd
y Sefydliad Seisnig sydd wedi dod yn nodyn hyglyw bellach yn
natganiadau Plaid Cymru.' Er hynny, nid yw'n gwrthod pob
elfen o ddadl Kohr. Oherwydd dywed nad am resymau gwrth-
frenhinol yr oedd yn gwrthwynebu'r Arwisgo. I J. R. Jones
gweithred symbolaidd lwyr fyddai'r Arwisgo, a'r bwriad oedd
cyflyru pobl Cymru yn seicolegol i dderbyn eu bod yn rhan
annatod o Brydain:

Os bwriadwyd hi'n ergyd i genedligrwydd y Cymry, nid ergyd o'r un math â boddiad cwm neu'r cynllwyn i ddiberfeddu Deddf Statws yr Iaith fydd hi. Yn y meddwl yn unig y bydd ei harwyddocâd; ar fryd a theimlad a theyrngarwch pobl gyffredin yr amcenir iddi weithio. Act fydd hi o ddefnyddio mawrhydi pasiantri brenhinol i gyflyru meddyliau'r trwch. A'r cwestiwn pwysicaf, gan hynny, sydd raid ei ofyn yn ei chylch yw, symbol o beth yn union fydd y Seremoni hon yn ei heffaith a'i hargraff ar feddyliau'r Cymry cyffredin?... I mi nid oes ond un ateb dichonadwy i'r cwestiwn hwn, sef mai fel symbol o undod Prydeindod y troir goleuni llachar y Seremoni arnom.

Dywed fod gwahaniaeth rhwng trefedigaethau yr hen ymerodraeth Brydeinig yn Affrica ac India a'r hyn a geir yng Nghymru a'r Alban. Oherwydd eu concro o dan sofraniaeth Prydain gafodd y trefedigaethau tra cafodd Cymru ei mewnglymu yn Lloegr i ffurfio Prydain, gyda'r Frenhiniaeth yn arwydd o'r 'mewnglymiad' hwnnw.

Cafodd J. R. Jones gryn ddylanwad ar amryw o aelodau Cymdeithas yr Iaith, roedd yn rhoi seiliau athronyddol a chefnogaeth academaidd i'r mudiad yn enwedig yn ystod blynyddoedd canol y chwedegau pan oedd y frwydr yn erbyn yr Arwisgo ar ei hanterth. Dywed Ieuan Wyn, oedd yn ymgyrchydd ym Methesda ar y pryd, fod y dylanwad hwnnw'n ddwfn ac allweddol:

Roedd pamffledi J. R. Jones, 'Ni fyn y taeog mo'i ryddhau' ac ati yn ddylanwad mawr athronyddol ar y mudiad ac i weithredu'r Gymdeithas yn y flwyddyn honno. Dadleuai mai y goncwest oedd yr ergyd fawr i Gymru. Mae sawl peth wedi bod wedyn, sy'n feini prawf sy'n cadarnhau fod gwlad yn drefedigaeth. Trefn economaidd o fantais i'r gorchfygwyr, cymathu wedyn ac integreiddio a chreu cyfundrefn addysg Saesneg. Neges J. R. i mi oedd bod rhaid cywiro hwnnw yn y seicoleg. Rhaid wynebu hwnna. Rhaid i'r Cymry ymryddhau yn seicolegol. Ac roedd y ffordd yr oedd Lloegr wedi defnyddio'r Goron yn ei gwneud yn gwbl glir mai cyfannu ydi'r drefn bob tro, a dydyn nhw ddim yn celu hynny.

\*\*\*\*\*

Erthygl a ymddangosodd yn *Y Cymro* ar ddechrau 1969 a allai, mor ysgubol oedd ei haeriadau, gael ei gweld yn hawdd fel darn o ddychan, ond a oedd yn sicr wedi'i bwriadu fel darn o bropaganda difrifol, oedd 'Tywysog O Dras Llywelyn', gan Herodr Arbennig Cymru, Major Francis Jones. Ynddi ceisia'r Major olrhain tras Charles Windsor gyda'r bwriad o brofi bod y Tywysog yn hanu o linach y tywysogion Cymreig, a'i fod lawn cymaint o Gymro â Llywelyn Fawr ac Owain Glyndŵr.

Cred Ioan Roberts, a oedd newydd ei benodi i swydd gohebydd gyda'r papur, fod yr erthygl wedi'i rhoi i'r *Cymro* i weld lle'r oedd yn sefyll:

> Roeddwn wedi dechrau gweithio i'r *Cymro* ar ddiwrnod ffŵl Ebrill '69, ac ar y pwynt hwnnw roedd y *Cymro*'n trio rhyw gadw'r ddysgl yn wastad o ran agwedd at yr Arwisgo. Dwi'n cofio jyst cyn i mi ddechrau roedd tudalen flaen i gyd wedi'i neilltuo i geisio profi bod y Tywysog Charles yn ddisgynnydd i Lywelyn a Glyndŵr mewn erthygl gan Frances Jones yr Herodr. Roedd yn amlwg bod yr erthygl wedi'i rhoi i'r Cymro fel rhyw brawf o bosib i weld be fasan nhw'n neud efo hi. Ac mi roddwyd hi ar y dudalen flaen. Ac ro'n meddwl sut le ydi fan hyn, ydw i'n gwneud peth doeth.

Un o ardal Abergwaun oedd awdur yr erthygl, Francis Jones, ac fe'i penodwyd yn arbennig gan y Frenhines i gynghori ar herodraeth Gymreig yr Arwisgo. Mewn iaith flodeuog mae'r Major Jones yn agor drwy ddweud:

> Cymerodd y Norman a'r Sais dros ddwy ganrif i oresgyn gwlad y Cymry. Cwymp Llywelyn oedd machlud yr hen

draddodiad Cymraeg, ac ar lannau Irfon yn 1282 chwalwyd yr olaf o deuluoedd tywysogaidd ein cenedl.

Ond rhyfedd yw troeon achyddiaeth, ac mewn llai na chanrif ar ôl y trychineb wele waed ein hen bendefigion yn rhedeg drwy wythiennau Brenin ar orsedd Lloegr. O'r flwyddyn 1377 ymlaen hyd heddiw, medr pump ar hugain o deyrnaswyr Lloegr olrhain eu hachau i'r teuluoedd hynny a orchfygwyd drwy rym Edward y Cyntaf, a medr pedwar ar bymtheg o dywysogion Cymru, meibion brenhinoedd Lloegr, hefyd olrhain i'r un ffynhonnell. Dyma fuddugoliaeth achyddol Llywelyn a'i geraint.

Pwy, felly, yw'r Tywysog Charles a ddaw i'w Arwisgiad yng nghastell Caernarfon ym mis Gorffennaf? I rai, rhyw 'English Prince' ydyw, i eraill estron heb gysylltiadau â Chymru. Ond dengys astudiaeth o'i achau fod iddo gysylltiad clos â thywysogion ac arwyr tra mad y sonnir amdanynt yn nhraddodiadau Cymru ac yng ngherddi ei phlant.

Mewn dadl drofaus, ceisia'r Major Jones ddarbwyllo darllenwyr *Y Cymro* bod Carlo gymaint o Gymro â nhw. Wrth gloi daw'r herodrwr i gresiendo o achyddiaeth lesmeiriol a mynd 'gam ymhellach' a haeru bod Elizabeth II a Charles yn ddisgynyddion uniongyrchol i Owain Glyndŵr:

Medr y Tywysog hefyd olrhain ei linach yn ôl i ddwy chwaer Owain Glyndŵr, sef Lowri ac Isabel. Drwy briodasau'r ddwy hon, daeth gwaed Glyndŵr i deuluoedd Wynn, Mostyn, a Threfor, a thrwyddynt hwy y mae'r Tywysog yn medru olrhain yn ôl hyd at y ddwy chwaer.

Rhyfedd meddwl bod un o ddisgynyddion Owain Glyndŵr yn eistedd ar orsedd Prydain Fawr, ac mai ei mab a fydd yn cael ei Arwisgo yng Nghaernarfon yr haf nesaf. Be ddwedai'r hen wladgarwr pe dôi'n ôl i Sycharth heddiw? Ei fuddugoliaeth ef yw hi hefyd... Drwy ei linach mae'r Tywysog Charles yn gystal Cymro â'r un ohonom. Pan ddaw i Gymru, daw i wlad ei dadau.

Gwrthod yr holl syniad ac wfftio pwysigrwydd llinach waed y Tywysog wnaeth yr athronydd J. R. Jones, ac nid am fod y rhestr achau yn anghywir chwaith yr oedd yn seilio ei wrthwynebiad:

> ...caniataer fod gwaed Llewelyn Fawr yn llifo'r funud hon yng ngwythiennau Siarl Windsor, y futholeg yw'r casgliad a dynnir o hynny – i gryfhau sumboliaeth yr Arwisgo – sef fod y gwaed hwnnw wedi trosglwyddo sofraniaeth Tywysogion Cymru i frenhinlin y Saeson ac na pherthyn i'r Cymry, gan hynny, ddim sofraniaeth ond yr un a gorfforwyd, dros byth mwyach, yng Nghoron Lloegr.

Nid llinach neu dras trwy waed oedd y cwestiwn allweddol ym meddwl J. R. Jones, ond yn hytrach:

> Y cwestiwn pwysig, gan hynny, am y ddolen gydiol rhwng ddoe Cymru a'i heddiw— rhwng 1282 a Chroeso '69 — yw, nid beth a ddaeth bellach o waed y Tywysogion, ond beth a ddaeth o sofraniaeth y Cymry?

# 15

# Cei Llechi

ROEDD CYMDEITHAS YR Iaith eisoes wedi penderfynu y byddai'n canolbwyntio ei hymdrechion i ddangos ei gwrthwynebiad i'r Arwisgo drwy drefnu dwy rali fawr yn 1969. Cynhaliwyd y gyntaf o'r rhain ar Ddydd Gŵyl Dewi ar y Cei Llechi, wrth gwr y castell yng Nghaernarfon.

Cyn ymgynnull yng Nghaernarfon trefnwyd dwy rali ragarweiniol mewn lleoliadau hanesyddol arwyddocaol yn y bore. Daeth tua phedwar cant o bobl ynghyd ym Machynlleth ger Senedd-dy Owain Glyndŵr i wrando ar Emyr Llywelyn yn areithio, a datgan bod yn rhaid wrth fudiad chwyldro os am achub y Gymraeg ac mai Cymdeithas yr Iaith oedd y mudiad hwnnw. Roedd cannoedd hefyd yn Nolbadarn, castell tywysogion Gwynedd, ger Llanberis i glywed anerchiadau gan Gareth Miles a'r Parch. D. Jacob Davies – gweinidog amlwg gyda'r Undodiaid ac awdur geiriau anthem Merched y Wawr. Dilynwyd hynny wedyn gan orymdaith a modurgad o fysiau a cheir o Rosbodrual i lawr trwy dref Caernarfon at y Cei, i gyfeiliant 'Carlo' yn cael ei chwarae dros uchelseinydd.

Dyma un or raliau mwyaf llwyddiannus i'r Gymdeithas ei chynnal erioed, gydag oddeutu pum mil o bobl yn bresennol. Yn ôl Ieuan Bryn, roedd yr awyrgylch yn drydanol ac 'ysbryd anhygoel ymysg y dorf'. Yn sicr hon oedd y rali dorfol fwyaf i Dafydd Iwan ei mynychu:

Roedden ni'n sefyll ar y wal wrth y castell ac roedd yna
dorf hyd y gwelai rhywun, yn ymestyn draw, yn llenwi'r Cei
lle mae'r maes parcio heddiw. Anferth o dorf. Ac mi roedd
yna deimlad cryf iawn iawn, a dwi'n cofio pobl yn dweud,
rhai hŷn, 'dwi ddim wedi gweld cymaint o bobl ers achos
Penyberth.

Yr hyn a synnodd Dafydd Iwan ac arweinwyr eraill y
Gymdeithas, oedd y diffyg gwrthwynebiad i'r rali gan bobl y
dref. Roedd hyn yn dangos, meddai wrth ohebydd *Y Cymro*,
'nad oes hanner cymaint o frwdfrydedd dros yr Arwisgo ag y
myn rhai pobl.'

Anerchwyd o flaen y castell gan Peter Hughes Griffiths,
Gwyneth Morgan, Ifan Gruffydd (y Gŵr o Baradwys), Emyr
Llywelyn a'r Athro J. R. Jones. Cafwyd negeseuon yn datgan
cefnogaeth gan y Parch. Gerallt Jones (tad Dafydd Iwan),
Alwyn D. Rees (golygydd cylchgrawn *Barn*), a Pennar Davies.

Y cyntaf i siarad ar y Cei Llechi oedd Peter Hughes Griffiths
a ddywedodd fod Cymdeithas yr Iaith yn gwneud ffafr fawr
â Chymru drwy roi arweiniad yn erbyn yr Arwisgo. Wrth
edrych yn ôl ar y rali, dywed Peter Hughes Griffiths nad oedd
yr un sefydliad arall yng Nghymru, ac eithrio'r Gymdeithas,
yn barod i drefnu Rali o'r fath rhag ofn rhwygo eu hunain.
Nid oedd neb arall yn fodlon arwain y gwrthwynebiad.
Pwysleisiodd fod yn rhaid parhau i wrthwynebu tan ddydd yr
Arwisgo neu nes bydd yr awdurdodau wedi penderfynu peidio
â'i gynnal. 'Busnes Cymru a neb arall, yw dewis Tywysog i
Gymru', meddai.

Y siaradwr nesaf oedd Gwyneth Morgan, prifathrawes
Ysgol Glyndŵr, Pen-y-bont ar Ogwr a gwraig y dyn busnes
Trefor Morgan a fu mor hael ei gefnogaeth i genedlaetholwyr
a mudiadau iaith y cyfnod, a mam Rhodri Morgan, un o
ymprydwyr Aberystwyth. Yn ôl Mrs Morgan, roedd gwthio ar
Gymru rhyw gyw o Dywysog o Sais yn sarhad ar goffadwriaeth
gwir dywysogion Cymru. Dull oedd yr Arwisgo, meddai, i greu
rhwyg ac anghydfod ymysg y Cymry, ac yn ddiweddar gwelwyd

ymdrechion gan rai i'n cadw i lawr, sef troi 'ein gwlad yn *police state* o dan ein trwynau'. Yn ei haraith cyfeiriodd at y nifer fawr o blismyn o welwyd yn Eisteddfod Genedlaethol y Barri, ac at sibrydion bod heddlu cudd wedi cofrestru fel myfyrwyr yn Aberystwyth, gan ychwanegu, 'cyn hir fydd gennym ni ddim hawl i agor ein pennau heb wynebu *bed and breakfast* mewn carchar yng Nghaerdydd.' Yn ei barn hi, dylai Tywysog unrhyw genedl fod yn un sy'n tywys ei phobl ac yn darian i'w diwylliant a'i gwerthoedd cenedlaethol. Yn yr ystyr hwn, gwir dywysogion Cymru heddiw yw'r bobl ifanc sy'n brwydro dros hawliau'r iaith.

Clymodd Dafydd Iwan y gwrthwynebiad i'r Arwisgo gydag ymgyrch ehangach Cymdeithas yr Iaith yn ei araith yntau, gan ddweud wrth y dorf eu bod 'yn ymgyrchu dros statws a pharch i'r hyn sy'n ein gwneud yn genedl y dyddiau hyn.' Ychwanegodd bod y Gymdeithas wedi anfon llythyr ffurfiol at George Thomas, Ysgrifennydd Gwladol Cymru, yn mynegi ei pharodrwydd i'w gyfarfod i drafod polisi'r Swyddfa Gymreig ynghylch arwyddion dwyieithog, ar unrhyw adeg ac mewn unrhyw le.

Yn ei neges dywedodd y llenor Pennar Davies mai 'prif amcan Arwisgiad mab Brenhines Lloegr yng Nghaernarfon eleni yw ceisio gorseddu Prydeindod yn hytrach na Chymreictod yn ymwybyddiaeth y Cymry. Dyfais ydyw i wanhau'r ymdeimlad cenedlaethol a gynyddodd mor ddirfawr yng Nghymru yn ystod y ganrif hon. Sion Ben Tarw gyda'i was bach Dic Sion Dafydd sydd wedi gwthio'r Arwisgiad arnom ni. Rhaid i bob Cymro o'r iawn rhyw ymwrthod â'r ymgais hon i gaethiwo a llygru meddyliau ein pobl.'

Gwelai'r Athro J. R. Jones y frwydr fel un lle'r oedd dyfodol y syniad o Gymru fel cenedl ar wahân yn y fantol. 'Yn anuniongyrchol y Sais yw'r gelyn,' meddai, 'ac ni ellir esgusodi'r Arwisgo gan fod y Goron yn dangos y symbol o'r undod rhwng y ddwy wlad. Heddiw, mae'n frwydr am einioes y genedl Gymraeg a defnyddir y Goron fel arf yn ei herbyn.' Yn athronydd a diwinydd disglair, bu J. R. Jones yn llwyr gefnogol i ymgyrchoedd y Gymdeithas trwy gydol y chwedegau. Mewn ymateb i'r Arwisgo ymddiswyddodd o fod yn olygydd cylchgrawn *Y Traethodydd* ac fel aelod o Orsedd y Beirdd.

Atgof plentyn deuddeg oed sydd gan yr Archdderwydd Myrddin ap Dafydd o Rali'r Cei Llechi, ond roedd yn atgof a seriwyd ar ei gof, ac yn allweddol o ffurfiannol i'w ddaliadau. Gan ddangos, os cyflawnodd gwrthdystiadau yn erbyn yr Arwisgo unrhyw beth, mai magu cenhedlaeth arall o genedlaetholwyr oedd hynny:

Roedd 1969 yn flwyddyn o dyfu i fyny'n sydyn. Dechreuodd gyda rali arwyddion ffyrdd yn Nhŷ Mawr Wybrnant – diwrnod o baentio arwyddion gefn dydd golau ac a welodd fy nhad a minnau'n mynd o amgylch yr ardal gyda'n brwshys a'n potiau liw nos. Cyn hir daeth yn rali wrth-Arwisgo Gŵyl Ddewi. Cyfarfod wrth Gastell Dolbadarn yn gyntaf ac yna ymuno â'r miloedd ar Gei Llechi Caernarfon. 'Dim Sais yn Dywysog Cymru' meddai rhai o'r posteri a dyna oedd fy mathodyn innau ar fy mlêsyr ysgol am weddill y flwyddyn honno. Roedd cryfder gyda'n gilydd ac roedd geiriau'r areithiau yn ein codi i'r copaon. Daeth yn amser i ddewis rhwng Prydeindod a Chymreictod – doedd dim lle i guddio bellach. Codwyd y baneri ac roedd y canu'n herfeiddiol.

# 16

# Chwalu'r FWA

YM MIS MEDI 1968, ffrwydrodd bom llythyr ar safle'r Awyrlu ym Mhen-bre gan anafu swyddog yn ddifrifol. Ni bu'r wasg yn araf cyn rhoi'r bai ar yr FWA am yr ymosodiad a chondemnio'r eithafwyr am yr achos cyntaf o dywallt gwaed ers cychwyn yr ymgyrch fomio.

Er hynny, nid oedd y digwyddiad yn debyg i ymosodiadau blaenorol ac fe wadodd yr FWA ei bod yn gyfrifol, fel y gwnaeth MAC hefyd yn ddiweddarach. Cyfaddefodd Jock Wilson, wrth ymchwilio i'r ffrwydrad, fod y bom yn annhebyg i unrhyw un a ddefnyddid o'r blaen yng Nghymru, gan mai powdr gwn wedi'i bacio'n dynn oedd prif gynhwysydd y bom ac nid jeligneit. Ers rhai misoedd cafwyd anghydfod chwyrn yn ardal Cydweli ynghylch awyrennau'n hedfan yn isel o Faes Awyr yr Awyrlu, gyda ffermwyr lleol yn cwyno am y tarfu ar eu da byw. Cododd *Y Faner* y cwestiwn ai rhywun lleol fu'n gyfrifol am anfon y bom cyntefig drwy'r post, mewn protest yn erbyn yr hedfan isel. Yn ddiweddarach cafodd Gwynfor Evans wybodaeth anhysbys mai aelod o'r Llu Awyr ei hun anfonodd y ddyfais a bod y llanc hwnnw wedi'i roi dan ofal seiciatryddol yr Awyrlu.

Pwy bynnag oedd yn gyfrifol am y ddyfais, y noson honno arestiwyd dynion amlwg yn yr FWA gan swyddogion Uned Amwythig. Cyfwelwyd Cayo Evans yn bersonol gan neb llai na Jock Wilson ei hun, ac ar ôl defnyddio bom Pen-bre i roi pwysau arno, dywedir iddynt daro bargen y byddai arfau'r FWA yn cael eu hildio yn gyfnewid am ryddhau'r rhai a arestiwyd. Yn ôl y cytundeb, byddai Cayo yn taflu'r arfau i Lyn Maesllyn ger Tregaron ac yna'n ffonio'r heddlu'n ddienw i roi gwybod lle'r oedd yr arfau. A dyna a ddigwyddodd. Felly gyda ffotograffwyr a gohebwyr y wasg yn bresennol, cafwyd sioe fawr wrth i'r heddlu dynnu'r arfau o'r llyn. Gwadodd yr heddlu fod unrhyw gytundeb wedi'i wneud rhwng Jock Wilson a Cayo, ond un o nodweddion yr FWA oedd methu cadw pethau'n dawel ac nid oedd yn hir cyn i'r cytundeb honedig ddod yn achos dadlau a chweryla, gan arwain at rwyg rhwng y Patriotic Front a'r FWA. Barn Lyn Ebenezer, fodd bynnag, oedd bod Jock Wilson wedi twyllo Cayo:

Ond mi wnaethon nhw dwyllo yn uffernol. Jock Wilson oedd y Comander ac mi gafodd Cayo ei arestio sawl gwaith. Ac fe darodd e fargen gyda Cayo yn gweud – os gallen nhw ffeindio 'cache' o arfau – bydde fe'n edrych yn dda i'r awdurdodau eu bod nhw wedi chwalu'r FWA a bydde dim byd mwy yn digwydd. A dyna wnaeth e – taflu nhw i Lyn Maesllyn. Hen arfau oedden nhw i gyd, a'r rhan fwya ohonyn nhw ddim yn gweithio. Ond unwaith gethon nhw rheina a chael y cyhoeddusrwydd mi arestion nhw naw o'r bois ac fe dorrodd Jock Wilson ei air.

Lai na chwe mis yn ddiweddarach, yn oriau mân y bore ar y 26ain o Chwefror 1969, cafodd naw o aelodau amlwg yr FWA eu harestio, a'u cyhuddo o droseddau yn ymwneud â'r Drefn Gyhoeddus, a bod ym meddiant arfau a ffrwydron. Gweithred ddramatig iawn oedd yr arestio hwn, gyda cheir a bysiau mini yn llawn heddlu a goleuadau chwilio yn cynnal cyfres o gyrchoedd arestio ar yr un adeg. Eiliadau cyn cael ei hebrwng i gar heddlu, mae'n debyg i Cayo droi at ei blant bach oedd yn crio wrth ei ymyl a dweud wrthynt i gofio'r achlysur 'a dysgu sut i gasáu'. Yr wyth arall a arestiwyd gyda Cayo oedd Dennis Coslett, Viv Davies, Dai Bonar Thomas, Gethin ap Iestyn, Dafydd y Dug, Tony Lewis, Vernon Griffiths, a Glyn 'Lone Wolf' Rowlands.

Penderfyniad gwleidyddol oedd symud yn erbyn yr FWA i raddau helaeth iawn a hynny er mwyn 'annog y gweddill' o genedlaetholwyr Cymru o ran yr hyn fyddai'n eu hwynebu pe baent yn mynd yn groes i'r drefn. Ym mis Chwefror 1969, ysgrifennodd Callaghan yr Ysgrifennydd Cartref at Harold Wilson yn ei hysbysu, er nad oedd Uned Amwythig wedi llwyddo i gasglu digon o dystiolaeth i erlyn y bomwyr, bod y Twrnai Cyffredinol wedi penderfynu erlyn nifer o genedlaetholwyr o Gymru am droseddau eraill:

The proceedings should at least establish that Welsh extremists who contravene the Public Order cannot expect to go scot-free and the police hope that a good deal of information may emerge in questioning and in the search of premises belonging to suspects. I expect arrests in a few days.

Ar ddechrau mis Mawrth ymddangosodd y naw o flaen Ynadon Caerdydd. Roedd saith o'r naw yn wynebu pump cyhuddiad o dan y Ddeddf Trefn Gyhoeddus a oedd yn gwahardd sefydliadau rhannol filwrol. Ar ben hynny, cyhuddwyd Cayo Evans, Dennis Coslett a Vernon Griffiths o fod ym meddiant gwn peiriant Sten, dryll Mauser a *revolver* .38. Cyhuddwyd Coslett yn ogystal o fod â deunydd ffrwydrol yn ei feddiant.

Er bod rhai o'r eithafwyr hyn wedi synhwyro eu bod mewn perygl cynyddol o gael eu harestio, mae'n sicr bod agwedd lawdrwm yr awdurdodau wedi dod fel sioc fawr i'r FWA a'r Patriotic Front, ac i bob pwrpas fe wnaeth yr arestio, a'r aflonyddu parhaus ar aelodau a'u teuluoedd chwalu'r mudiadau. Ac eithrio Dafydd y Dug a gafodd ei ryddhau'n fuan, cafodd yr wyth eu cadw ar wahân i garcharorion eraill, gwaharddwyd ymweliadau gan berthnasau a gwrthodwyd mechnïaeth iddynt. Parhaodd hyn yn ystod y pedwar mis rhwng eu harestio a diwedd eu hachos yn Llys y Goron. Condemniwyd y ffordd yr aethpwyd ati i arestio'r dynion gan Gwynfor Evans, un o feirniaid llymaf yr FWA, gan ychwanegu bod cadw'r dynion ar eu pennau eu hunain yn y carchar yn warthus. Honnodd fod yr holl beth yn gosod cynsail hynod o beryglus, ac yn tanseilio'r hawl i ryddid barn.

Roedd yr Uned Blismona newydd yn sicr wedi llwyddo i darfu ac amharu ar weithgareddau'r grŵp eithafol mwyaf amlwg, ond roedd MAC yn dal i fod yn weithredol.

Ym mis Ebrill 1969 ar ôl saib o rai misoedd ailddechreuodd yr ymgyrch fomio. Cafwyd ffrwydrad yn Swyddfa'r Dreth Incwm yng Nghaer – y swyddfa dreth ar gyfer gogledd Cymru yn y cyfnod hwnnw. Amserwyd yr ymosodiad i gyd-fynd ag ymweliad Dug Norfolk â'r ddinas, lle'r oedd y Dug i annerch ar rôl y lluoedd arfog yn yr Arwisgo. Yn yr un mis, darganfuwyd bom arall yng Nghaerdydd, yng ngorsaf rheilffordd Stryd y Frenhines, ac ar ben hynny achoswyd ffrwydrad yn swyddfeydd y Bwrdd Trydan yn y brifddinas. Cafwyd ffrwydrad pellach ym mhencadlys newydd yr heddlu yng Nghaerdydd. Ar yr adeg yr aeth aelodau MAC i blannu'r ddyfais mewn pibell gwres canolog yn yr adeilad, canfu'r bomwyr er mawr syndod fod rhywun arall wedi gosod dyfais yno eisoes. Er bod awgrym wedi'i wneud mai'r heddlu cudd blannodd y ddyfais gyntaf, mae'n fwy tebygol mai camddealltwriaeth yn nhrefniadau MAC achosodd y dryswch.

Os oedd ailymddangosiad MAC wedi gwneud i'r awdurdodau gael traed oer am gynlluniau'r Tywysog yng Nghymru dros y misoedd nesaf, roedd yn rhy hwyr iddynt newid y trefniadau cyffredinol. Oherwydd erbyn i'r bom ffrwydro ym mhencadlys heddlu Caerdydd, roedd Charles eisoes ar ei ffordd i dreulio tymor fel myfyriwr yng Ngholeg Prifysgol Aberystwyth.

# 17

# Gwarchae ger y Lli

Yn fesur efallai o'i ddiffyg brwdfrydedd tuag at gam nesaf ei addysg uwch, y tro cyntaf i Charles ei hun ymweld ag Aberystwyth oedd dechrau Ebrill 1969, cwta bythefnos cyn iddo gychwyn ei astudiaethau yno. Yna pan gyrhaeddodd y Coleg yn swyddogol, gwnaeth hynny mewn hofrennydd a laniodd yn Llanbadarn Fawr. Ar ôl glanio y diwrnod hwnnw, cafodd ei dywys gan Thomas Parry o gwmpas yr Hen Goleg ac yna i'w lety yn Ystafell 95, ar ben draw coridor ar lawr cyntaf Neuadd Pantycelyn.

Roedd Manon Rhys yn y Coleg yn Aberystwyth pan gyrhaeddodd Charles i dreulio tymor yno. Roedd hi eisoes wedi bod o flaen llys am brotestio yn erbyn yr Arwisgo y tu allan i'r Deml Heddwch yn 1967 ac roedd yn un o'r pump o ferched fu'n ymprydio a meddiannu ystafell yn yr Hen Goleg mewn protest ym mis Mawrth 1969 ac mae'n cofio'r awyrgylch yn dda. Mae'r darn diwygieidig isod o'i nofel *Ad Astra* yn rhoi darlun dychmygus o arhosiad y Tywysog:

A dyma fe, Charles Philip Arthur George, wedi cyrraedd Aberystwyth. Gwelwyd ei hofrennydd yn glanio ar gaeau chwarae Llanbadarn, neu ei limosîn yn parcio wrth ddrws yr Hen Goleg, neu ei sbortscar glas yn troi i libart Pantycelyn – mae'r manylion yn amrywio rhwng gwahanol lygad-dystion. Mae ganddo dri gwarchodwr, Brian, Jules a Marcus, ond penodwyd 'companion' iddo hefyd – Arthur, bachgen lleol dibynadwy.

'Croeso i Bantycelyn! Known affectionally as 'Panty".
Mae moesymgrymu dwfn Arthur yn gofiadwy, ynghyd â'i
bregeth na ddylid poeni am ddiffyg parch 'nyters' protestwyr.
'As we say in Welsh, Sir. "Dim cachu!" Loosely
pronounced, "khaki"!'
Dyma agwedd iach sydd wrth fodd y tywysog a'i
warchodwyr. A chafwyd tridiau dechreuol hynod
ddidramgwydd – dim nyter a dim cachu. Bu'r pedwarawd
brenhinol yn seiclo ym Mhlas Crug ac ar y prom, ac yn
crwydro'r castell (heb i neb fentro sôn am 'antics y terrorist',
Owain Glyndŵr).
Mae'r cyw bach brenin yn gwrando ac yn cydymffurfio
yn ôl y gofyn, fel petai'n byped mewn ciosg ar y pier. Dyma'r
ddyletswydd – y baich – a drosglwyddwyd iddo drwy ras
Duw. A rhaid plygu i'r drefn, yn union fel y bydd ei ddeiliaid
yn plygu glin o'i flaen.
Ond rhaid gochel rhag chwilio am atebion i'r amheuon
– a'r ofnau – sy'n llercian rhwng ei glustiau.
'Just smile, Sir!' yw cyngor Jules. 'And keep a stiff upper
lip!'
'How can one smile with a stiff upper lip?'
'By tickling it with one's silver spoon – Sir!'
Gwir a ddywedodd Jules. Mae llwy arian yn y geg
yn lleddfu poen y wialen ar y cefn rhwng crud a bedd
brenhinol.
Er gwaetha'i ymddangosiad llywaeth, mae 'na hen ben ar
ysgwyddau ifanc y tywysog. A chyn hir, clyw'r dyfyniad o'r
Gododdin: 'Greddf gŵr, oed gwas.' A dysgu ei ynganu, diolch
i'w diwtoriaid glew. A daw i ddeall bod greddf goroesi'n
bwysig, mor ddibynadwy ym mhob cyfyngder â tharian a
chleddyf, bidog neu grenêd. Y reddf honno a'i cynhaliodd
yntau drwy ei fagwraeth lem ac uffern ysgolion bonedd.
A hi fydd yn gefn iddo yn y diriogaeth estron hon. Ie, 'per
ardua ad astra' yw hi i Dywysog a meidrolyn. Ysgwyddo
dyletswyddau, er mor ddiflas – fel yr artaith o gwrdd â
chynffon hir o'i ddeiliaid, byddigions yn eu crandrwydd
rhemp yn Neuadd y Dre, gynnau. A heno, yn nhŷ'r Prifathro,

bydd tiwtoriaid adrannau'r Gymraeg a Hanes Cymru'n plygu ger ei fron.

Ond yn hwyr y nos, caiff ymlacio yn Panty gyda'i henshmyn a'r hen Arthur, a llacio'i fwgwd (rhaid peidio byth â'i dynnu), a llyncu siot (neu ddau) o'r hen Gordons dibynadwy, hoff ffrind Grandma. Y tiwtor sy'n arwain y fintai - y tywysog rhwng ei ofalwyr - i fyny'r grisiau. I leddfu'i annifyrrwch ei hunan, bwriad y tiwtor oedd goleuo'r tri ynghylch pensaernïaeth yr Hen Goleg a syniadaeth arloesol Ruskin a William Morris. Ond, penderfyna'n sydyn eu cyfeirio at y 'freshen up room' a'i ymchwil llai dyrchafol i'r cyfleusterau hen ffasiwn a weddnewidiwyd, o barch i'r tywysog, o'r tlodaidd, gwyn i'r tywysogaidd, avocado.

Ar ôl i'r darlithoedd gychwyn, bob bore yn blygeiniol byddai rhai o ferched y dref yn ymgasglu ar y sgwâr ger Siop y Pethe i gael cip ar y Tywysog yn dod i lawr Allt Penglais yn ei fodur MG glas ar ei ffordd i'w ddarlithoedd yn yr Hen Goleg, a'r un fyddai'r stori ar ddiwedd y prynhawn pan fyddai Charles yn gyrru'n ôl i Neuadd Pantycelyn.

Roedd rhai myfyrwyr fodd bynnag, yn dal â'u bryd ar wrthdystio, yn eu plith Ffred Ffransis, un o'r protestwyr mwyaf dygn a herfeiddiol. Mor benderfynol ydoedd o wneud ei safiad, nes weithiau roi ei hun mewn perygl corfforol gwirioneddol:

Y diwrnod ddaeth o roedd teimladau erbyn hyn wedi mynd yn eitha poeth yn Aberystwyth. Roedden ni'n ymwybodol bod yr injan cyhoeddusrwydd yn dechrau dod yn ein herbyn ni. Be wnes i oedd mynd gyda baner protestio a llwyddo i fynd i fyny'r tŵr yn Aberystwyth, dringo drwy'r ffenest a sefyll ar ben y tŵr pan fyddai o'n dod. A doeddwn i ddim yn meddwl bod fawr o neb yn gallu fy ngweld i o ben y tŵr, roeddwn i'n gallu gweiddi lawr a chymryd y papur datganiad oedd gen i a'i dorri o'n ddarnau mân a'i daflu o lawr arnyn nhw. Daeth Mansel oedd yn ohebydd *Western Mail* i mewn

ataf i yn y Llew Du yn gynnar y noson honno a deud 'Mae
gen i lun ohonoch chi i fyny fanno. Be yn union oedd eich
bwriad chi yno?' Ac mi ddywedais i: 'Yr hyn wnes i oedd
taflu conffeti i gynrychioli'r briodas rhwng y Sefydliad
Prydeinig a Phrifysgol Cymru yn cael ei defnyddio at bwrpas
gwleidyddol.' Nid dyna oedd fy mwriad ymlaen llaw, ond
meddwl cyflym ar y pryd oedd hynny, ond eto roedd yn
cael ei gofnodi bod yna brotest wedi bod pan ddaeth Carlo i
Aberystwyth.

Glywais i wedyn nifer o bethau am y cyfnod yna gan
aelodau o'r heddlu, oedd wedi colli eu swyddi oherwydd
rhyw fusnes efo twyllo treuliau ac yn y blaen, wnaeth
ddweud wrtha i wedyn; 'Ti'n gwbod pan oeddet ti ar ben y
tŵr yna? Roedd gyda ni ddou sneipar gyda dryll yn *trained*
arnot ti.' Oedd yn golygu bod perchnogion adeiladu eraill yn
Aberystwyth yn cydweithio gyda nhw.

Ond ro'n i'n cael gwybod trwy'r heddlu bod y ffeil (heddlu)
arna i yn dweud 'mod i'n credu'n gryf yn y dull di-drais a
'mod i am fod yn *embarrassment* i'r Llywodraeth ond ddim yn
fygythiad i unrhyw fywyd o ran trais.

Rwy'n cofio mynd lawr a phan oedd e'n dod allan roedd
yna lot fawr o heddlu o gwmpas bryd hynny, a dwi'n cofio
finne a Twm Elias yn gweld o'n mynd off yn y ceir ac roedd
o'n gorfod mynd rownd y system unffordd ac aethon ni
rownd y gornel at y môr a dwi'n cofio gweld ei gar yn dod – a
fo oedd yn gyrru'r car ei hunan a heddwas yn y car efo fo – a
dwi'n cofio camu allan, codi llaw arno fo ac yntau'n meddwl
ein bod ni'n codi llaw fel pawb arall ac yn codi ei law yn ôl.
Ond wedyn mi wnaethon ni ymgrymu lawr yn eironig iddo fo
a'r heddweision yn troi eu pennau ddim yn siŵr beth oedd yn
digwydd.

Roedd gwanwyn 1969 yn adeg lewyrchus iawn i berchnogion
gwestai Aberystwyth oherwydd yn ogystal â chartrefu plismyn
a swyddogion y gwasanaethau diogelwch, roedd angen llety ar
ddegau o newyddiadurwyr teledu a phapurau newydd Lloegr,
oedd wedi disgyn yn un haid ar y dref i adrodd ar bob symudiad

o eiddo'r Tywysog. Yn ôl y *Courier*, aeth rhai ffotograffwyr a newyddiadurwyr y wasg Lundeinig cyn belled â chynnig £2,500 i fyfyrwyr pe baent yn llwyddo i gael llun o Charles yn feddw.

Fel yr unig ohebydd Cymraeg ei iaith ynghanol yr adar dieithr, roedd Lyn Ebenezer, a weithiai i bapur *Y Cymro* erbyn hynny, mewn lle eithriadol o fanteisiol:

Y peth oedd roedd y gohebyddion yma wedi dod o bob cwr o'r byd ac roedd rhai ohonyn nhw yn meddwl y bydde yna rywun yn trio lladd Charles. Ac ar ôl wythnos neu bythefnos ro'n nhw'n gweld nad oedd dim yn digwydd. Dim o gwbl. Wedyn ro'n nhw'n crafu am storis, ac yn cwrdd bob bore am naw o'r gloch yn y White Horse – oedd yn agor yn sbeshial iddyn nhw – ac yn cael brecwast a *pink champagne*. Dwi'n cofio un bore ro'n i gyda nhw ar lan y môr ac oedd hi'n ddiwrnod braf a bachan o'r *Daily Mirror* yn galw rhywun o'r Belle Vue draw ac ordro hanner dwsin o boteli champagne i ni gyd. Nethon nhw hyd yn oed neud ffýs o ryw foi â siop gyda fe, John Ellis oedd ei enw, yn cadw siop pethe od, *novelties*. Oedd e'n gwerthu canhwyllau o bob siâp a beth oedd gyda fe oedd canhwyllau o siâp bom ac mi wnaethon nhw yffach o stori fawr am hwnna!

Roedd yna foi yn gweithio gyda'r *Sunday People*, Jim Lawson oedd ei enw, a ffoniodd e fi yn gofyn os oedd gyda fi stori. A newydd glywed oeddwn i bod Charles yn mynd yn y boreau am chwech i nofio yn Borth, oedd e'n cael croesi iard rhyw foi a mynd i'r dŵr heb fod neb yn ei weld e. A diawl roedd y boi wedi rhoi sment lawr ar y cefen i gyd a mi gerddodd Charles trwy'r sment ac roedd ôl ei draed i'w weld yna. Wedes i wrth Jim Lawson am hyn, ac mi ddaeth lawr, fe a ffotograffydd, a thynnu llun y tŷ a phopeth. A wedyn ges i siec o £80 am y stori, oedd yn lot o arian pryd hynny ac yn fwy nag wythnos o gyflog i fi. Felly mi dalodd Charles yn dda i fi yn ei ffordd fach ei hunan!

Roedd rhai newyddiadurwyr yn onest eisiau stori, ond roedden ni'n gwybod hefyd bod yna rai eraill eisiau defnyddio'r cwbl fel propaganda du yn erbyn cenedlaetholwyr, ac yn cydweithio gyda'r heddlu. Does dim dadl am hynny.

Ond elwais i'n fawr ohonyn nhw. Ro'n i'n cael cwrw am ddim bob nos, brecwast am ddim gyda nhw achos dim ond fi bron oedd yna oedd yn siarad Cymraeg. Ro'n i'n cyfieithu datganiadau Cymdeithas yr Iaith wedyn ro'n i'n ddyn mawr iddyn nhw!

Rhoddwyd camau diogelwch eithriadol ar waith i warchod etifedd y Goron. Yn ogystal â gosod swyddog o'r Gangen Arbennig yn *suite* ystafelloedd y Tywysog, sefydlodd y Gangen Arbennig uned yn y dref a lleoli arbenigwr difa bomiau o'r fyddin yno hefyd. Ar ben hynny, lleolwyd myrdd o dditectifs a heddlu mewn iwnifform yn Aberystwyth, gan lenwi'r gwestai ar hyd y promenâd glan môr a meddiannu Neuadd y Brenin fel barics dros dro. Ym mis Chwefror 1969, adroddodd yr Ysgrifennydd Cartref wrth y Prif Weinidog fod MI5, gyda chymorth awdurdodau'r Brifysgol, wedi sefydlu nifer o ffynonellau o fewn y Coleg a oedd 'already proving productive'.

Dygwyd pwysau sylweddol ar awdurdodau'r Coleg a Thomas Parry yn bersonol gan y gwasanaethau cudd i'w cynorthwyo i gadw'r Tywysog yn ddiogel. Yn y diwedd cytunodd y Prifathro i geisio cael cymorth llond dwrn o fyfyrwyr fyddai'n barod i gadw golwg ar eu cyd-efrydydd brenhinol. Yn ôl Derec Llwyd Morgan, dim ond enw un myfyriwr Cymraeg, a fyddai'n barod i gynorthwyo'r gwasanaethau diogelwch drwy gadw llygad ar ei gyd-fyfyrwyr, a roddodd Thomas Parry i'r MI5, sef Rhion Herman Jones. Yn aelod o deulu diwylliedig a sosialaidd – ei daid oedd David Thomas, sylfaenydd *Lleufer*, cylchgrawn Cymdeithas Addysg y Gweithwyr – yn ddiweddarach daeth Jones yn weithgar yn y Blaid Lafur, gan sefyll fel ymgeisydd seneddol yn 1979 yn erbyn Dafydd Elis-Thomas ym Meirionnydd. Myfyriwr arall fu'n ymwneud ychydig yn gymdeithasol gyda Charles yn Aberystwyth oedd ei gymydog ym Mhantycelyn, Geraint Evans o Dalybont, un a ddisgrifiwyd gan y *Courier* fel 'a so-called Welsh moderate',

ac a ddaeth wedyn yn adnabyddus fel awdur nofelau ditectif.
Penllanw ymwneud y ddau oedd y prynhawn pan dderbyniodd
y Tywysog wahoddiad i gael te yng nghartref rhieni Geraint
Evans, Maes-mawr, mans yr Annibynwyr yn Nhalybont.
Ceisio osgoi cael 'Te gyda'r Tywysog' oedd y gamp i Siân
Wyn Siencyn:

Ro'n i'n Gadeirydd y neuadd Gymraeg ar y pryd, a bob hyn
a hyn byddai Tom Parry'n gwahodd pobl i gael te ym Mhlas
Penglais, lle'r oedd o'n byw gydag Enid ei wraig, oedd yn
fenyw hyfryd a bonheddig. A ges i wahoddiad i fynd yno i
de, ac roedd hyn ar ôl y Pasg, ac mi wnes i ei ateb drwy ei
ysgrifenyddes drwy ddweud, 'Dwi'n cymryd na fydd Carlo
yna?' ond mi oedd o felly es i ddim yno.

Nid dim ond meibion y Mans oedd â'u bryd ar gael te
Cymreig gyda newydd-ddyfodiaid Aberystwyth chwaith.
Oherwydd diddordeb brwd yr heddlu yn eu gweithgareddau,
penderfynodd aelodau Cymdeithas y Geltaidd wahodd Jock
Wilson yn bersonol i un o'u cyfarfodydd, gan estyn gwahoddiad
gwresog i'r holl blismyn a gafodd eu drafftio i'r dref i de parti
arbennig er mwyn 'i ni gyd ddod i adnabod ein gilydd yn
well'.
Cadw iddo'i hun a'i gylch dethol wnaeth Charles gan fwyaf
serch hynny. Anaml iawn y byddai'n bwyta gyda gweddill y
myfyrwyr, a byddai'n gyrru ei hun yn ei gerbyd MG i lawr i'r
Hen Goleg i fynychu ei ddarlithoedd gydag Edward Millward
a Bobi Jones, ac ni fyddai byth yn treulio'r penwythnos ger
y Lli. O ran addysg 'Gymreig' y Tywysog, roedd ei diwtor
Edward Millward yn llawn cyffro ar y posibiliadau i'r achos
cenedlaethol o gael cyfaill fel Charles, a chredai:

...fod gobaith y bydd y Tywysog yn uniaethu ei hun, i ryw
raddau o leiaf, â'r deffroad yng Nghymru. Credaf ei bod yn
gwbl bosibl y bydd yn dweud rhywbeth dros yr iaith e.e.
a all wneud daioni mawr. Gobeithio y bydd – daw cyfle

yn Eisteddfod yr Urdd ac y mae am siarad â'r genedl, yn Gymraeg, ar deledu Harlech.

Mae'n ddigon posib, yn y cyfnod y bu dan ofal Millward a Bobi Jones, bod Charles wedi dod o dan ddylanwad syniadau cenedlaetholwyr Cymreig canol y ffordd, a chael rhyw ddealltwriaeth o hanes Cymru a'r Gymraeg. Yn sicr, dyna oedd yn poeni George Thomas a ddechreuodd gynhyrfu bod y trochi mewn Cymreictod wedi mynd yn rhy bell:

I am concerned by the speeches made by the Prince of Wales. I have no information about who his advisers are, but a dangerous situation is developing. On two occasions he has made public speeches which have political implications. In my presence in Cardiff he referred to the 'cultural and political awakening in Wales.' This is most useful for the Nationalists. If the Prince is writing his own speeches he may well be tempted to go further. The enthusiasm of youth is a marvellous spur, but it may lead to speeches that cause real difficulty. During the Prince's stay at Aberystwyth he was subjected to concentrated attention by Welsh Nationalists. His tutor, his neighbour in the next room, and the Principal were all dedicated Nationalists. It has become quite evident to me that the Aberystwyth experience has influenced the Prince to a considerable extent.

Amau yn fawr bod ysgolheictod Cymreig Aberystwyth wedi gadael unrhyw ôl ar Charles o gwbl y mae Ffred Ffransis. Dywed bod yr awdurdodau wedi bod yn awyddus i drefnu cyfarfod rhyngddo yntau, fel un o wrthwynebwyr mawr yr Arwisgo yn y Coleg, a'r Tywysog. Ond am ba reswm bynnag, ni lwyddwyd i gael gafael ar y protestiwr, yn bennaf mae'n debyg am ei fod wedi mynd ar daith ar ôl diwedd tymor yr haf i'r gogledd i geisio trefnu rhagor o wrthdystiadau yn y cyfnod hyd at yr Arwisgo. Go brin y byddai cyfarfod o'r fath wedi esgor ar ddim buddiol, ym marn Ffred:

Ac mae Tedi Millward yn rhamantaidd iawn yn sôn am hynny yn ei atgofion 'Tybed be fyddai wedi digwydd pe bai'r ddau ŵr ifanc yma wedi cyfarfod?' Y naill yn credu yn nyfodol Cymru a'r llall yn flaengar ei syniadau radicalaidd am yr amgylchedd.' Ond sa i'n credu y byddai lot wedi digwydd jest ryw *coup* arall i'r Sefydliad Prydeinig drwy fy mhrynu i hefyd!

Mi wnaeth Charles adael wedyn, a dwi wedi cadw eitha cysylltiad gyda Choleg Aberystwyth a meithrin aelodau Cymdeithas yr Iaith yno am ddegawdau wedyn a dwi ddim yn ymwybodol bod fawr o gyswllt wedi bod rhwng Charles a Phrifysgol Aberystwyth wedi'r Arwisgo, ac iddi wneud ei defnydd gwleidyddol bryd hynny.

Yn ei nofel *Ad Astra*, ceisia Manon Rhys roi portread o deimladau a meddyliau'r Tywysog, gan ddychmygu sut brofiad oedd hi i'r llanc o Sais breintieidg dreulio ychydig wythnosau yn un o gorneli diarffordd ei Deyrnas Gyfunol, i gael ei diwtora mewn hanes a llenyddiaeth gwlad na wyddai fawr ddim amdani cyn hynny:

Ymhen munud, mae'r tywysog yn mygu ochenaid arall. Fel popeth a orfodir arno'r dyddiau hyn, mae'r gerdd yn annirnadwy. Ac yn sŵn y siantio islaw'r ffenest, a grŵn soporiffig ei diwtor yn adrodd am ryw 'Hickyn and Shenkyn and Shack', a'r nonsens o syrthio dros badell nes bod honno'n diasbedain, caniatâ iddo'i hunan y cyfle prin i ymdrybaeddu mewn hunandosturi.

Dyma fe, wedi'i sodro yn un o barthau anhygyrch yr 'United Kingdom.' 'Unedig'? Nonsens yw hynny, yn ei farn fach e, petai rhywun yn trafferthu gofyn iddo. Ond does neb byth yn gofyn, felly – heigh-ho – rhaid gwneud yr hyn a wna orau, sef derbyn popeth yn ddigwestiwn, a pheidio cwyno. A gwenu. Dyna a wna gydol y cyfnod gorfodol hwn yng Nghymru. Ufuddhau i Mother, Pater, y Duke of Norfolk a'r 'unfortunate Thomas chap.'

A'r tiwtor yn dal i faldorddi, cofia'r tywysog i filwyr

Prydain feddiannu tiroedd anghysbell ledled byd ers canrifoedd. Ond doedd dim gofyn i'r rheiny esgus dysgu iaith anynganadwy na fydden nhw'n cofio gair ohoni ymhen deufis, nac esgus gwerthfawrogi barddoniaeth na fydden nhw'n cofio llinell ohoni ymhen deuddydd. A beth am dreulio oriau'n ymlafnio yng ngharchar labordy iaith? A'r casineb yn y cwad, gynnau? Doedd dim syndod bod bysedd ei warchodwyr yn twitsho, a'i fod yntau wedi gorfod rhuthro i chwydu i sinc avocado.

Yma, â'i gefn at wal mewn twr ar gyrion ei Great Britain, cofia artaith y ddau dywysog bach ganrifoedd 'nôl, a'u tynged enbyd...

Ond ddiwedd y prynhawn – 'Hurrah!' – caiff ddianc yn ei sbortscar glas, ei warchodwyr yn ei ddilyn, i brofi'r 'joyous irony, Sir!' o gael ei blannu ar gyfer photo-shoot: yn yfed peint o'r Felinfoel (Just say 'Feelin' Foul'!) yn y Prince of Wales yn Aberayron. (Llai o artaith na gorfod gwenu wrth ddioddef 'Welsh tea' ar lestri gorau trigolion Talleybont!)

Ac yna – gwely caled, unig, Panty. A sipian y diferyn hudol hwnnw sy'n ysgogi breuddwydion a fydd yn ei gario dros diriogaeth cwsg, yn union fel petai'n marchogaeth un o geirw gwyllt Balmoral...

Yn anffodus, trodd y freuddwyd honno'n hunllef. Fe yw'r carw, bellach. Un a gaiff ei hela'n ddidrugaredd beunos, gan helwyr crysau coch sy'n siantio, 'Twll tin pob Sais!' cyn cefnu arno, a'i adael yn ddiymgeledd.

# 18

# Disgyblion anystywallt

Nɪᴅ ᴅɪᴍ ᴏɴᴅ myfyrwyr Prifysgol oedd yn codi llais mewn gwrthwynebiad i'r dathliad o Brydeindod. Cyffrowyd disgyblion ysgol mewn sawl rhan o Gymru i ddangos eu hochr, ac i wneud safiad. Cafwyd adroddiadau o fygiau dathlu yn cael eu malu'n gyhoeddus gan blant ysgol ym Mhwllheli, Trawsfynydd a Ffostrasol, ond nid pawb gafodd gyfle i herio'r Tywysog wyneb yn wyneb.

Un o'r rhai herfeiddiol hynny oedd Mari Wyn, chwaer y llenor, y tynnwr coes a'r cenedlaetholwr pybyr Eirug Wyn. Roedd y teulu yn byw yn Neiniolen, ac roedd Mari a'i brawd yn ddisgyblion chweched dosbarth yn Ysgol Brynrefail, Llanrug, a'i dwy chwaer hŷn Eleri a Nia yn y Brifysgol ym Mangor, a Nia eisoes wedi cymryd rhan yn yr ympryd a'r meddiannu yn y Coleg yno:

> Roeddwn wedi ennill cystadleuaeth – rwy'n credu mai Cymdeithas Gwarchod Cymru a'i cynhaliodd, drwy ysgrifennu darn am warchod pob agwedd o fywyd Cymraeg a Chymreig. Doeddwn i ddim wedi ystyried beth fyddai'r wobr hyd nes y cyrhaeddodd Gwahoddiad Brenhinol i gwrdd â Charlo mewn digwyddiad dinesig mewn Gwesty yn Llandudno. Roeddwn yn gwrthod ystyried y gwahoddiad hyd nes i 'nhad [Parch. John Price Wynne] fy mherswadio i fynd: 'Â i â ti yli, mae hwn yn gyfle ac yn brofiad rhy dda i'w golli.' Wedi benthyg ffrog laes las gan Eleri fy chwaer hynaf a

phâr o esgidiau gan Nia (oedd gyda llaw yn un o'r criw
myfyrwyr a gloiodd eu hunain yn Llyfrgell Prifysgol Bangor i
wrthwynebu arhosiad y prins yn Aberystwyth) ffwrdd â nhad
a minnau yn yr hen Hillman 4901 UN.

Parciodd 'nhad y car ar y prom i aros amdanaf.

Ces fy nghroesawu wrth fynedfa'r Gwesty gan swyddog o
Sais gyda mwstashen Jimmy Edwardsaidd a'i wisg/lifrai yn
diferu o rubanau a medalau. Cyflwynais fy hun a rhoi cerdyn
y gwahoddiad i'w law. A dyma ddechrau:

'Harymph... oh yeys... now, upon being introduced
to His Royal Highness you will curtsey... yeys, yeys...
harymph... you do know how to... one supposes you don't...
you will by no means speak unless his Royal Highness asks
you a question... stand in line and follow... listen at all
times and follow instructions... harymph yeys... carry on,
carry on...'

Nefoedd yr adar ac roeddwn yma am ennill cystadleuaeth
i Warchod Cymru!

Ymhen hir a hwyr fe ddaeth y prins ac fe ddechreuodd
y seremoni gyflwyno. Fe'm cyflwynwyd fel enillydd y
gystadleuaeth ac fe'm llongyfarchwyd ganddo.

'Good evening. Congratulations to you.'

'Noswaith dda a diolch i ti,' meddwn innau.

'What did she say?' gofynnodd yntau i un o'i wybodusion.

'Beth? Dwyt ti ddim yn deall cyfarchion a diolch a tithe yn
Aber ers misoedd yn dysgu Cymraeg?'

Cochodd y prins. 'Harymph... harymph... Security!'

Cydiodd dau swyddog wrth fy nau benelin a fy nghario
allan, heb yngan gair, a'm gadael ar ben steps mynedfa'r
Gwesty gan ddychwelyd mewn a chau'r drysau.

Roeddwn yn sefyll ar ben y steps yn crynu braidd, gyda llu
o newyddiadurwyr yn heidio ataf, ambell i gamera'n fflachio.
Fedrwn i ddim dianc yn gyflym, roeddwn wedi'r cyfan mewn
gwisg laes a sgidie anghyfforddus am 'y nhraed. Dechreuodd
yr holi. Wnes i adrodd yr hyn a ddigwyddodd wrthyn nhw, ac
yna esgusodi fy hun a cherdded draw i'r car.

Doedd 'nhad ddim wedi sylwi ar y cynnwrf tu allan.

'Ewadd, ti'n ôl yn sydyn!'

Adroddais yr hanes wrtho. Gwenodd.

"Na fo yli, ddwedes i y bydde'n gyfle ac yn brofiad da!'

Dyw'r stori ddim yn gorffen fan yna.

Bore trannoeth, fore Sul, roedd fy llun ar ddalen flaen y *News of the World* dan y pennawd, 'Welsh Schoolgirl confronts The Prince' neu rywbeth i'r perwyl!

Bore Llun, roedd criw o newyddiadurwyr tu allan i Ysgol Brynrefail ac fe oedd y Pennaeth yn gandryll. Ces fy ngwahardd o'r ysgol.

P'nawn Llun roedd nifer o ddisgyblion wedi cloi eu hunain yn 'stafell y Chweched ac yn gwrthod gadael hyd nes i mi gael dychwelyd.

Sefais fy nhir tan amser cinio ddydd Mercher!

Draw yn Ysgol y Gader Dolgellau, roedd cynnwrf yno hefyd yn dilyn penderfyniad yr ysgol i anfon cynrychiolydd i'r seremoni yng Nghaernarfon. Estynnwyd gwahoddiad i bob ysgol uwchradd yng Nghymru anfon cynrychiolydd i'r castell ar y diwrnod, ac Ysgol y Gader yn eu plith. Daeth criw o ddisgyblion chweched dosbarth at ei gilydd i drefnu protest yn erbyn hynny. Un o'r rheiny oedd Eryl Owain:

Roeddwn i'n ddisgybl chweched dosbarth yn Ysgol y Gader yn ystod cyfnod yr Arwisgo, yn gwneud Lefel A yn 1969. Roedd yna wrthwynebiad cryf ymysg nifer fawr ohonon ni yn yr ysgol ar y pryd yn adlewyrchu teimladau'r cyfnod ymysg llawer iawn o Gymry Cymraeg. Roedden ni'n awyddus i ddangos ein protest, ac yn dilyn beth oedd yn digwydd gan Gymdeithas yr Iaith ac roedden ni'n gweld bod yna brotestiadau yn digwydd yn y Coleg yn Aberystwyth lle'r oedd y Tywysog yn fyfyriwr.

Yr hyn ddaeth â phethau i'r wyneb yn Ysgol y Gader oedd bod yna wahoddiad wedi cael ei ddanfon i brif ddisgybl yr ysgol i fynd i'r Arwisgo yng Nghaernarfon, yn cynrychioli'r disgyblion, fel un o gynrychiolwyr disgyblion Cymru. Ac roedden ni'n teimlo bod y mwyafrif o ddisgyblion Ysgol y

Gader yn erbyn yr Arwisgo, a doedden nhw ddim yn dymuno cael eu cynrychioli yno.

Trefnwyd deiseb ymysg disgyblion Blwyddyn 5 a 6 Y Gader, ac o gyfanswm o 95 enw arni, roedd 19 o blaid cael eu cynrychioli yng Nghaernarfon, 51 yn erbyn a 25 heb farn o gwbl. Felly roedd y mwyafrif clir yn datgan nad oeddent yn dymuno cael eu cynrychioli yn yr Arwisgo, ac ychydig iawn oedd yn arwyddo eu bod o blaid.

Mi aethon ni i weld y prifathro a chyflwyno'r dystiolaeth yna iddo fo, a'i ymateb o yn gwrtais chwarae teg, oedd mai mynd i gynrychioli'r ysgol fel sefydliad oedd y disgybl a ddewiswyd. Ond mi gawsom lythyr tua'r un pryd gan y Cyfarwyddwr Addysg, gan ein bod wedi anfon llythyr o brotest ato fo, ac roedd o'n dweud mai mynd i gynrychioli disgyblion Cymru oedd y disgybl.

Roeddem yn benderfynol o ddatgan ein protest i hyn, a'r hyn benderfynon ni ei wneud oedd i bump ohonom feddiannu ystafell yn yr ysgol. 'Room S' oedd ei henw – ystafell fach oedd yn cael ei defnyddio'n achlysurol, ac mi feddiannon ni'r ystafell honno a gosod posteri yn y ffenest.

Roedden ni'n ymwybodol ychydig wythnosau cynt bod pedwar o fyfyrwyr yn Aberystwyth wedi meddiannu ystafell ac wedi ymprydio, a dwi'n meddwl bod hynny wedi rhoi symbyliad i ni ac enghraifft o beth fedren ni ei wneud. Ddaru'r meddiannu ddigwydd ar ôl i'r disgyblion adael, a'r bysiau wedi mynd a phawb wedi mynd adre. Mi ddaeth y Prifathro yno a gorchymyn i ni agor y drws. Mi wnaethon ni wrthod. Roedden ni hefyd wedi gosod rhwystrau fel nad oedd modd agor y drws. Mewn rhyw awr neu ddwy mi ddaeth rhieni rhai o'r lleill yno, yn bryderus amdanyn nhw ac mi wnaeth yna dri adael. Ond mi wnaeth Dyfrig Siencyn a minnau aros dros nos.

Ysgrifennodd y Prifathro, J. Eurfyl Jones, at rieni'r

protestwyr ifanc yn gadael iddynt wybod 'nad myfi sy'n eu lluddias rhag mynd adref fel arfer, ac nad oes arnaf unrhyw gyfrifoldeb amdanynt yn ystod y nos.'

Mi daflwyd carreg drwy'r ffenest tua deg o'r gloch nos. Oedd yn brofiad digon brawychus rywsut. Ond mi oroeson ni'r nos, ac er ein bod wedi bwriadu i'r meddiannu bara rhai dyddiau, y bore wedyn mi benderfynon ni ein bod wedi gwneud ein protest felly mi benderfynon ni ddod â'r brotest i ben tua deg o'r gloch y bore wedyn. Mi aethon i weld y Prifathro, ac mi wnaeth yntau chwarae teg ddweud wrthon ni fynd lawr i'r dre i gael brecwast gyntaf, a dod yn ôl i drafod ymhellach efo fo.

Un nodyn dwi'n cofio'n glir – Dyfrig a minnau wedi cael ein paned yn y Milk Bar yn Nolgellau yn cyfarfod tad Dyfrig, Ieuan Jenkins, oedd yn genedlaetholwr cadarn a chryf (ac a safodd yn ymgeisydd seneddol dros Blaid Cymru ar fyr rybudd ym Meirionnydd pan drodd Elystan Morgan yn ddisymwth at y Blaid Lafur), ac yntau yn edrych tuag atom ac yn pwyntio ei fys tuag ata i a dweud: 'Gwrand'wch rŵan. Un peth, 'dach chi wedi sefyll dros egwyddor. Peidiwch â chyfaddawdu dim.' Mi oedd clywad hynny ganddo fo, dyn yn ei chwedegau, yn atgyfnerthu ein teimladau ni'n fawr iawn.

Er mai protest fechan oedd hon ar un wedd, mi gynhyrfodd y dyfroedd yn lleol. Anfonwyd cerdyn post bygythiol gan rywun o'r enw 'Fred B. Pilot' at y 'two Idiots', yn eu beirniadu'n hallt:

What do you know of life? You are just silly little boys whose brains are leaking. Prince Charles is a subject of the Queen and has to obey her orders, your teachers should expel you + I would spank you. I suppose if the 'Prince of Wales' (and he is), was a Beatle you would all go mad with joy.

Nid bod hynny wedi rhoi taw ar brotestiadau yn ardal Dolgellau chwaith. Cafodd Eryl Owain gyfle annisgwyl i

wneud safiad arall yn ystod mabolgampau sirol ysgolion
Meirionnydd:

Yn yr un cyfnod mi roedd mabolgampau ysgolion sir
Feirionnydd yn cael eu cynnal ar gaeau Ysgol y Gader. Ac
mi wnes i sylwi y bore hynny ar ddau neu dri o geir plismyn
yn ymweld â'r ysgol, ac yno am ryw dri chwarter awr ond
daeth yn amlwg mai'r hyn oedd ar droed oedd paratoi ar
gyfer ymweliad annisgwyl gan y Tywysog â'r mabolgampau y
prynhawn hwnnw.
Roedd y mabolgampau'n cael eu cynnal ar gaeau'r ysgol
yr ochr draw i'r afon Wnion. Roedd yna lôn fach gul yn
croesi i'r caeau hynny, a dwi'n dal i ddifaru hyd heddiw na
fydden ni wedi hel criw at ei gilydd a meddiannu'r bont fach
honno! Ond mi gawson ni griw at ei gilydd ger y bont, mae'n
siŵr bod yna ryw ddau ddwsin a rhai o ysgolion eraill hefyd,
wrth i'r Tywysog Siarl adael a siantio 'Dim Sais yn Dywysog
Cymru!' Ac mi roedd yn fy nghof i bod Ffred Ffransis wedi
moesymgrymu o flaen y Tywysog yng nghyntedd y Coleg
neu rywle yn Aberystwyth ychydig bach cyn hynny a mi fues
i'n ddigon gwirion i wneud yr un peth fel oedd o'n gadael a
hynny o fewn llathen iddo fo. Dwi'n cofio fo'n edrych arna
i lawr ei drwyn rywsut, ac yn troi i ffwrdd pan oedd o'n
sylweddoli be oedd yn digwydd. Ac yna un o hogiau Dolgellau
yn gafael yn fy nghrys i a 'nhaflu o'r neilltu, a dwi'n meddwl
bod rhai o Ysgol y Berwyn wedyn wedi mynd i'r afael â'r
hogyn yna i drio 'n ngwarchod i.
Ac roedd moesymgrymu yn rhywbeth sarhaus i'w wneud,
ond roeddwn i'n ymwybodol o'r angen i barchu'r egwyddor
di-drais, a pheidio cymryd cam tuag ato unrhyw beth
fyddai'n cael ei ddehongli fel ymddygiad bygythiol. A dwi'n
meddwl ein bod ni wedi bod yn ddisgybledig iawn yn hynny,
a bod Cymdeithas yr Iaith wedi bod yn ddisgybledig yn ei
phrotestiadau.

# 19

# Dicsi'r Glust

Holl bwerau'r Ymerodraeth, fel rheol maen nhw'n ynghudd, a thrwch y bobl ddim yn ymwybodol ohonyn nhw. Ond yng nghyfnod yr Arwisgo, mi roddwyd y pwerau yma ar waith mewn ffyrdd hollol amlwg. A defnyddio gwleidyddiaeth i bwrpas hybu Prydeindod, a defnyddio arfau fel yr heddlu cudd ac hefyd yr *agent provocateurs*.

DYNA SUT Y disgrifiwyd y sefyllfa yng Nghymru 'Croeso '69' gan Ieuan Bryn, oedd yn weithgar iawn gyda Chymdeithas yr Iaith ac ymysg myfyrwyr Cymraeg Coleg Bangor. Mae ei ddisgrifiad o weithgarwch dynion 'Dicsi'r Glust', chwedl cân y Dyniadon, yn un cyffredin ymysg cenedlaetholwyr y cyfnod.

Roedd yna dapio ffonau ar raddfa eang, heb os nac oni bai, ac roedd rhywun yn cael galwadau rhyfedd iawn, o dro i dro. Er enghraifft, 'ffrind o Aberystwyth' yn ffonio cartref y teulu yn Sir Fôn yn holi amdanaf. Pan ofynnai fy nheulu am enw'r 'ffrind', byddai'r sawl oedd y pen arall i'r ffôn yn rhoi enw rhywun nad oeddwn yn ei nabod neu'n rhoi'r ffôn i lawr. Pwrpas y galwadau, mae'n debyg, oedd cael gwybod ble'r oeddwn i ar adeg arbennig.

Byddai heddlu mewn dillad plaen yn dilyn gwrthwynebwyr yr Arwisgo i bobman. Doedd dim posib symud heb iddyn nhw fod ar eich gwarthaf. Mi fydden nhw'n cynnig mynd ag arch-brotestwyr fel Ffred i ble bynnag yr hoffen nhw fynd, dim ond er mwyn gwybod ble'r oedden nhw!

Byddai aelodau o'r heddlu cudd yn gwrando ar sgyrsiau mewn tafarndai lle byddai cenedlaetholwyr yn cymdeithasu. Mi fydden nhw hyd yn oed yn ymddangos mewn cyfarfodydd crefyddol ac yn nigwyddiadau pob mathau o gymdeithasau diwylliannol Cymreig.

Nid bod cenedlaetholwyr yn gwbl ddiymadferth yn wyneb hyn i gyd. Mae Mari Wyn yn cofio sut y bu iddi hi a'i brawd Eirug chware mig gyda'r awdurdodau yn ardal Deiniolen ar drothwy'r Arwisgo.

Yn Neiniolen y '60au roedd sawl ffordd yn arwain at *dead end* a'r rheiny'n lonydd culion â waliau cerrig yn gloddiau. Âi un i gyfeiriad Marchlyn, cyn y Gwaith Dŵr, ac un arall i grombil Chwarel Dinorwig ble roedd y bysus yn troi'n ôl. Roedd 'mrawd newydd basio ei brawf gyrru gyda D ar y car, ac fel teulu roeddem yn ymwybodol bod llygaid yr awdurdodau yn ein gwylio wrth i ddyddiad yr Arwisgo nesáu. Yn gyson byddai car neu ddau diarth yn ymlwybro yn yr ardal.

Cafodd Eirug syniad un noson ar ôl dod yn ôl o'r ysgol a gweld un o'r ceir yn y pentref. Gofynnodd i 'nhad am fenthyg ei gar. Aethom rownd y pentref gydag Eirug yn gyrru, stopio i gael sgwrs â chriw wrth bont Rhydfadog ac yna anelu'r car i fyny lôn Cefn y Waun i gyfeiriad Marchlyn.

'Drycha'n ôl i gael gweld oes car diarth yn dilyn hefo tri dyn ynddo fo!' dywedodd Eirug wrth i ni ddringo heibio'r capel.

Yr adeg hynny roedd yr ychydig geir oedd yn Neiniolen yn cynnwys CC (ceir sir Gaernarfon), EY (ceir sir Fôn) neu FF (sir Feirionnydd) a phob car yn lliw du ac yn Hillman o ryw fath. Roedd 'na Humber mawr marŵn tywyll yn dilyn yn bwyllog o bell.

Felly dyma sbarduno mlaen a throi am yn ôl jyst cyn y *dead end* a dod wyneb yn wyneb â'r 'swyddogion' yn yr Humber mawr. Eirug yn mynd allan o'r car ac yn egluro

gan mai jyst newydd basio ei brawf gyrru oedd o, na fedrai
fagio'n ôl yn y culni ac y byddai'n rhaid iddyn nhw ddreifars
profiadol fynd am yn ôl hyd at y capel! A dyna ni, Hillman
y gweinidog drwyn wrth drwyn (neu fonat wrth fonat) â
Humber yr Heddlu Cudd yn llechwraidd fagio am yn ôl
rhwng y waliau cerrig.
Rhegfeydd oedd i'w clywed o'r Humber, chwerthin o'r
Hillman.

Tref Aberystwyth mae'n siŵr oedd y lle â mwy o nifer o
blismyn fesul y pen nag unman arall yng ngwledydd Prydain yng
ngwanwyn 1969. Tystia Sioned Bebb nad oedd y swyddogion
cudd yn swil o daflu eu hunain yn frwd i ddigwyddiadau
cymdeithasol a theuluol Cymry Cymraeg amlwg:

Roedd Ifan fy mrawd yn priodi ym mis Mai '69, a llawer o
genedlaetholwyr pybyr gan gynnwys Dafydd Iwan ymysg
y gwahoddedigion. Yn y wledd yng ngwesty'r Marine yn
Aberystwyth roedd yna amryw o bobl nad oedd neb yn eu
nabod yn troelli o gwmpas y gwahoddedigion cyn ac ar ôl y
wledd. Roedd mam (Eluned Bebb) wrth ei bodd yn dweud
pethau mawr yng nghlyw'r gwesteion 'annisgwyl' i gorddi'r
dyfroedd.

I lawer o genedlaetholwyr a Chymry eraill, teimlai fel pe
bai rhannau helaeth o'r wlad dan warchae. Roedd fel pe bai
heddweision ym mhob twll a chornel. Gohebydd gyda'r *Cymro*
oedd Ioan Roberts, ac yn byw ym mhentref Crugion, yn agos
iawn i'r ffin â Swydd Amwythig:

Aeth criw ohonom allan am beint ryw noson i dafarn na
fûm ynddi cynt nac wedyn. Aethon allan i fanno ac oedd
yna dipyn o bobl yno. Mi roedd 'na dri neu bedwar yn
chwarae darts yn y gongl, ac mi ro'n i'n clywed y rhain yn
siarad Cymraeg oedd yn beth rhyfedd yn fanno, a dyma ni'n
dechrau siarad efo nhw a dechrau chwarae darts efo nhw.

Mi ddeudon nhw yn diwedd mai plismyn oeddan nhw, ac ia, bois Jock Wilson oeddan nhw, a'u bod nhw yno am mai yn Amwythig oedd eu pencadlys nhw. Mi roeddan nhw'n hen fois clên, ac yn ein holi efo cwestiynau fel: 'Ew lle allwn ni fynd lle mae 'na ganu Cymraeg rownd ffordd hyn?' ac mi wnaethon ni eu cyfarwyddo nhw i Ddinas Mawddwy oedd tua hanner can milltir i ffwrdd!

Un ohonyn y des i'w nabod wedyn oedd John Owen Evans, dyn tal efo gwallt gwyn a mwstás, a oedd yn un o'r uchel swyddogion. Roedd yn cael ei alw 'Y Sarff' neu 'Y Twrc', ac mae cân 'Dicsi'r Glust' y Dyniadon yn cyfeirio ato. Welais i'r dyn yma wedyn pan oeddwn yn gweithio i'r *Cymro* adeg rhyw achosion llys Cymdeithas yr Iaith a ballu, ac mi welais i o droeon, ond mi fyddai'n fy anwybyddu'n llwyr. Ond rwy'n siŵr ei fod yn fy nghofio'n iawn o'r noson honno.

Cymysgedd o'r dwys a'r absŵrd oedd cyfarfyddiadau cenedlaetholwyr gyda'r heddlu cudd, ac weithiau byddai dewis y plismyn o bobl i gadw llygaid arnynt yn rhyfedd ar y naw. Cofia Dafydd Iwan mai un o'r rhai dan amheuaeth am ryw reswm oedd undebwr llafur amlwg o ardal Bethel, Caernarfon:

Un o'r bobl oedd yn cael ei amau oedd tad yr undebwr Tom Jones, sef Twm Bethel, dwi'n meddwl taw Twm Crogwr ro'n nhw'n ei alw fo. Ac ro'n i wedi dod i'w nabod reit dda ac roedd o'n sgwennu rhyw benillion difyr a mi wnes i olygu cyfrol neu ddwy o'i waith o. Rhyw ganeuon ysgafn a cherddi dychan, a rhai ohonyn nhw'n dychanu'r Arwisgo – caneuon gwerinol bardd gwlad. Ac oedd o'n un o'r rhai roedd yr heddlu'n eu dilyn. Ac mi oedd o'n dallt yn fuan iawn os oedd o eisiau mynd i rywle roedd o jesd yn gofyn i'r cops! A dyma nhw'n dod ato fo ar ddiwrnod yr Arwisgo a dweud:

'Well Tom, we'll have to take you away today, as far as we can. Where do you want to go?'

'Rhyl!' medda fo, a dyma nhw'n mynd â fo i'r Rhyl, i'r Marine Lake. Siŵr mai yfed 'nath o drwy'r dydd achos roedd o'n licio'i beint! Roedd o'n fwy o sioe nag o wylio. Roedden nhw wedi cynllunio lot o bethau i roi'r argraff eu bod nhw'n cadw'r terorisitiaid hyn mewn trefn. Ond ges i ddim mo fy nilyn, hyd y gwn i, erioed. Ond roedd rhywun yn ymwybodol bod yna wrando ar y ffôn, bod yna heddlu cudd mewn cyfarfodydd neu ralïau, neu jesd CID yn cadw llygad am bob math o resymau.

Plentyn ysgol oedd Myrddin ap Dafydd yr haf hwnnw, ond mae'n cofio'r awyrgylch annymunol o ymlid cenedlaetholwyr a ddigwyddodd yn ystod Mehefin ac Awst:

Chwalu ffenestri, llythyrau dienw, bygwth cweir, cyhuddiadau yn y wasg, cega cyhoeddus. Daeth Dafydd Iwan i'n tŷ ni wrth y siop Gymraeg yn Llanrwst cyn cael ei hebrwng ar draws Stryd Watling i wynebu'r gynulleidfa ranedig ym mhabell fawr eisteddfod diwedd Mehefin y dyffryn. Cyngerdd 'Pigion Pop' a thros fil yno – eu hanner yn cymeradwyo a'u hanner yn bwio.

Noson y cyngerdd hwnnw yn Llanrwst y cafodd Dafydd Iwan un o'r profiadau mwyaf annifyr, pan gafodd gyfarfyddiad peryglus gydag unigolyn y mae'n ei dybio oedd yn *agent provocateur*. Wrth gyrraedd tyrrodd tomen o blismyn o'i gwmpas, gan esbonio mai eu diben oedd ei warchod rhag ofn i rywrai ymosod arno. Cafodd ei hebrwng at y babell lle cynhelid y cyngerdd gan fintai o blismyn, a'i arwain at ystafell fechan ar ochr y llwyfan. Wrth iddo baratoi ar gyfer perfformio daeth dyn dieithr ato a dweud wrtho ei fod am gael gair cyfrinachol. Er na fedrai'r dyn siarad Cymraeg ceisiodd argyhoeddi'r canwr ei fod yn genedlaetholwr brwd, ac am weithredu dros Gymru. Dywed Dafydd Iwan fod rhywbeth amheus am y dieithryn, a phen draw'r peth oedd i'r dyn ddatgelu fod ganddo gynllun i ladd Charles a'i fod am ymddiried yn Dafydd Iwan i'w gynorthwyo i gyflawni'r weithred. O glywed hynny, gwylltiodd y canwr a phwyntio at y drws a dweud wrtho am adael ar unwaith ac nad oedd am ei weld fyth eto. Mae Dafydd Iwan yn argyhoeddedig mai cynllun i'w rwydo oedd ar waith y noson honno. Flynyddoedd yn ddiweddarach dywed i'w fab, Telor, yn ei waith fel newyddiadurwr, wneud cais am gael gweld ei ffeil yn y Swyddfa Cofnodion Cyhoeddus yn Llundain. Cafodd wybod bod gorchymyn wedi'i wneud i gadw ffeiliau'r cyfnod hwnnw dan glo am gyfnod pellach na'r deng mlynedd ar hugain arferol.

O gofio ei weithredu adeg bom Tryweryn, a'i weithgaredd gyda Chymdeithas yr Iaith wedyn efallai nad oedd yn syndod i'r plismyn ddewis cadw Emyr Llywelyn dan wyliadwriaeth, ond hyd yn oed wedyn roedd yna rywbeth goramlwg am yr holl weithgaredd a pherthynas od o gyfeillgar gyda'r rhai oedd dan amheuaeth:

Roedd 'na bedwar o heddlu yn gwarchod. Ro'n nhw'n parcio'r car ar ben y lôn, roedd hi'n lôn o ryw ganllath a hanner, ac mi fydden nhw wedi parcio'r car ar dop y ffordd, bob dydd a bob nos yn gyson felly, ac roedd yna *routine*, roedd 'na newid drosodd ac roedden nhw'n fy nilyn i bob man. Un bore doedd y car ddim wedi cychwyn yn iawn, wedyn mi es i ofyn iddyn nhw:

'Alla'i gael reid gyda chi i'r ysgol achos dyw 'nghar i ddim yn gweithio?'

Mi es i'r ysgol gyda'r heddlu a chael sgwrs 'da nhw, ac ro'n i'n eithaf cyfeillgar gyda nhw. Bechgyn o Yorkshire neu rywle oedden nhw. A wedodd un ohonyn nhw 'Tase ni'n cael gwneud hyn gyda throseddwyr yn ôl adre mi fydden ni wrth ein bodd. Jyst neud fy ngwaith ydw i 'machgen i, does gyda fi ddim problem o gwbl gyda chi.'

Profiad digon tebyg i un Emyr Llywelyn o gael ei wylio gafodd Ffred Ffransis hefyd:

Rhwng diwedd tymor a'r Arwisgo roedd yr heddlu yn gwylio fy nghartref yn y Rhyl. Bryd hynny doedd dim mwy nag un person efo car yn y stryd i gyd, felly roedd dau foi yn eistedd mewn car ar waelod y stryd yn darllen papur drwy'r dydd yn eitha *conspicuous*, a'r cymdogion i gyd yn dod atom a dweud "Dach chi'n dallt bod yr heddlu draw fanna?'

Ar un wedd roedd yn benbleth mawr i brotestwyr di-drais fel Ffred pam bod yr heddlu yn mynd i'r fath drafferth i'w cadw dan wyliadwriaeth. Wedi'r cyfan, doedd dim perygl y byddent yn ffrwydro bom neu'n ymosod yn gorfforol ar y Tywysog, felly beth oedd diben defnyddio cymaint o adnoddau ar weithgaredd a oedd i bob golwg yn ddibwrpas? Ym marn Ffred Ffransis roedd yna bwynt ym meddwl yr awdurdodau i'r holl gadw llygaid, sef ofn merthyrdod dramatig:

Oherwydd ychydig fisoedd, llai na blwyddyn cyn hynny, roedd Jan Palach ym Mhrâg wedi protestio yn erbyn y Rwsiaid yn meddiannu Tsiefcoslofacia (fel oedd hi ar y pryd) trwy losgi ei hunan. Ac mae'n debyg 'mod i wedi dweud yn y Llew Du rywbryd yn y gwanwyn yna, 'Bydd camerâu teledu'r byd yno. Pe bai rhywun jesd yn llosgi eu hunen ar y Maes yng Nghaernarfon, byddai hwnna yn tynnu sylw mawr at y ffaith bod yna lot o bobl yng Nghymru yn gwrthwynebu ac allan nhw ddim sgubo hynny dan y carped.' Jest dweud hynny wnes i wrth basio. Ond mae'n debyg bod hwnna'n beth trawiadol i'w ddweud a bod nifer o bobl yn meddwl 'mae'r rhain yn ystyried llosgi ei hunain'. Ac mai rhywbeth fel yna oedd y sefydliad yn ei ofni fwyaf, ac y byddai hynny wedi bod yn embaras enfawr pe bai hynny wedi digwydd. Felly ddywedodd yr heddlu wrtha i wedyn. A dwi'n cofio sôn wrth Rhodri Morgan wedyn: 'Ti'n gwbod be? Roedden nhw wir yn meddwl ein bod ni'n mynd i losgi ein hunain!'
Ac mi ddywedodd Rhodri: 'Ie, ti gychwynnodd y *rumour*!'
'Naddo wnes i ddim.'
'Do, mi wnest ti sôn amdano.'
'Diawl do, ond wnes i ddim dweud mai fi oedd yn mynd i wneud!'

# 20

# Rhyfel Cartref yr Urdd

O HOLL FUDIADAU a sefydliadau Cymru, yr un lle cafwyd y ffraeo mwyaf ffyrnig a chwerw oedd Urdd Gobaith Cymru. Rhwygiadau a gymerodd rai blynyddoedd i'w cyfannu. Craidd yr hollt oedd penderfyniad arweinwyr y mudiad i chwarae rhan yn yr Arwisgo, ac ar ben hynny i groesawu Charles yn swyddogol i Eisteddfod yr Urdd yn Aberystwyth ym Mai 1969, ac i Wersyll Glan-llyn ym mis Gorffennaf, yn ogystal ag anfon dirprwyaeth swyddogol i'r seremoni yng Nghaernarfon. Ond roedd Syr Ifan ab Owen Edwards, sylfaenydd y mudiad, ac R. E. Griffith, Cyfarwyddwr yr Urdd – dau a roddodd flynyddoedd o wasanaeth gwerthfawr a diflino i'r achos – wedi camddarllen ymateb eu haelodau, a phan ddaeth gwrthwynebiad cawsant gryn syndod.

Ffurfiwyd y mudiad ieuenctid yn 1922 gan Syr Ifan, er mwyn hyrwyddo'r defnydd cymdeithasol a diwylliannol o'r Gymraeg ymysg pobl ifanc y genedl. O ystyried natur barchus ac anwleidyddol yr Urdd, barnai trefnwyr yr Arwisgo mai da o beth fyddai i'r mudiad â'i ddeugain mil o aelodau chwarae rhan amlwg yn y dathliadau brenhinol. Enwebwyd Syr Ifan yn aelod o Bwyllgor yr Arwisgo ac roedd R. E. Griffith yn gwasanaethu ar bwyllgor cenedlaethol Croeso '69.

Daeth pethau i benllanw wrth i'r Urdd ystyried a ddylid anfon cynrychiolaeth swyddogol i Gastell Caernarfon ym mis Gorffennaf. Er nad oedd gwahoddiad ffurfiol wedi'i estyn eto, rhoddwyd gwybod i R. E. Griffith yn answyddogol bod un ar ei ffordd, oherwydd fel dywedodd y Cyfarwyddwr 'hawdd oedd credu hynny ar bwys y cysylltu a fu â'r Urdd eisoes ac o gofio y dymunai'r awdurdodau roi gwedd Gymreig a dwyieithog a gosod yr acen ar yr ifanc yn y seremoni yng Nghastell Caernarfon.' Daeth y mater gerbron Pwyllgor Gwaith Cenedlaethol yr Urdd ym mis Hydref 1968, ac o'r dechrau roedd yn amlwg bod y Pwyllgor wedi'i hollti. Ar y naill law, teimlai rhai na ddylid anfon cynrychiolaeth i'r seremoni ar unrhyw gyfrif, tra bod eraill yn credu y dylid cydsynio â'r cais. Yn y diwedd pleidleisiwyd ar gynnig gan Syr Ifan oedd yn datgan: 'Pe dôi gwahoddiad, y caniateid i gynrychiolaeth fechan o'r Urdd fynd i'r Arwisgiad yng Nghaernarfon.' Pleidleisiodd 31 aelodau o blaid y cynnig, gyda 21 yn erbyn, a 2 yn ymatal.

Nid dyna oedd diwedd y mater serch hynny, ac yn fuan wedyn ymddiswyddodd Peter Hughes Griffiths a Wil Griffiths, dau aelod o Gyngor yr Urdd, oherwydd y penderfyniad gan ddadlau ei fod yn anghydnaws ag addewid yr Urdd o fod yn ffyddlon i Gymru, Cyd-ddyn a Christ, ac yn mynd yn groes i gymeriad anwleidyddol y mudiad. I gymhlethu pethau, roedd y ddau yn Gadeirydd ac Is-Gadeirydd Pwyllgor Gwaith Eisteddfod Genedlaethol yr Urdd a oedd i'w chynnal yn Aberystwyth; ond dewisodd y ddau barhau gyda'u dyletswyddau lleol er iddynt adael Cyngor Cenedlaethol y mudiad, a hynny er mwyn y plant a'r bobl ifanc ar lawr gwlad oedd wedi paratoi ar gyfer yr ŵyl.

Mae cof byw gan Peter Hughes Griffiths o'r anghyd-weld mewnol:

Roedd llawer iawn o fewn yr Urdd yn gwrthwynebu'r Arwisgo ond roedd yr arweinwyr hŷn yn bobl y sefydliad fel llawer iawn o bobl eraill a oedd yn arwain pob math o sefydliadau blaenllaw Cymru. Bu gwrthryfel ymhlith staff yr Urdd gyda'r diweddar John Japheth ac eraill yn amlwg yn anghytuno gyda phenderfyniadau'r mudiad. Dyfodiad y Tywysog i Aberystwyth ac i'r Coleg gododd y gwres yn fwy

fyth yn lleol gyda Teddy Millward yn diwtor iddo ac yntau
mor amlwg o fewn Plaid Cymru. Roedd hi fel Brexit ar y
pryd – rhai dros a rhai yn erbyn!

Yn digwydd bod roedd Eisteddfod Genedlaethol yr Urdd
yn Aberystwyth ym Mai a chofiaf R. E. Griffith yn dweud
mai peth cwbl naturiol fyddai gwahodd mab y Frenhines a
darpar Frenin, a hwnnw'n byw yn Aberystwyth, i ymweld
â'r Eisteddfod. Yr Urdd yn ganolog oedd yn ei wahodd – a
dyna wnaethpwyd. Roeddwn yn Gadeirydd Pwyllgor Gwaith
yr Eisteddfod wrth gwrs a gwyddwn fod gwahanol farn
gan aelodau gweithgar y pwyllgor. Felly fe wnes i fynnu na
fyddem yn caniatáu dadlau a 'chwympo mas' yn nac o fewn
ein pwyllgor. Hawl i bawb gael ei farn ei hun ond cyhoeddais
na fyddwn i na'r Is-Gadeirydd, William Griffiths, yn barod i
dderbyn a chroesawu'r Tywysog i'r Eisteddfod. A. D. Lewis
a Phrifathro Ysgol Ardwyn, Aberystwyth oedd Cadeirydd
Cenedlaethol yr Urdd. Gŵr cryf a dylanwadol iawn, ac fe
ymwelodd â fi fwy nag unwaith yn fy fflat yn Heol Alecsandra
i geisio rhesymu gyda fi a pham y dylswn fod yn bresennol
i estyn croeso i'r Tywysog i'r Eisteddfod. Yr hyn yr oeddwn
am geisio sicrhau oedd llwyddiant yr Eisteddfod gan fod
cymaint ohonom wedi gweithio mor galed i baratoi a chodi
arian a llawer mwy. Pe bawn i yn gwneud môr a mynydd o'r
ymweliad fe allai hynny racso'r Eisteddfod. Felly, sefyll yn
ôl wnes i (a Wil Griffiths) a gadael 'iddyn nhw' yn ganolog i
drefnu.

Parhau wnaeth y dadlau ar lawr gwlad ac mewn
pwyllgorau lleol, gyda rhai aelodau a bleidleisiodd dros
anfon cynrychiolaeth i Gaernarfon yng nghyfarfod yr hydref
yn datgan eu bod wedi newid eu meddwl. Ym mis Rhagfyr
daeth y mater gerbron y Pwyllgor Gwaith eto, lle cyflwynwyd
y cynnig canlynol:

Yn dilyn cyfarfod blaenorol y Cyngor ar 18 Hydref, cafwyd
digon o dystiolaeth fod mudiad yr Urdd yn rhanedig ar fater
yr Arwisgiad a bod cryn wrthwynebiad ymhlith aelodau ac

arweinwyr y mudiad i benderfyniad y Cyngor. Yn wyneb hynny, sylweddolwn bellach na allai'r Urdd dderbyn gwahoddiad i anfon cynrychiolaeth i'r Arwisgiad yng Nghaernarfon heb i hynny rwygo'r mudiad. Yr ydym, felly,

(i) yn dileu'r penderfyniad a wnaed gan y Cyngor yn ei gyfarfod blaenorol ynglŷn ag anfon cynrychiolaeth i Gaernarfon;

(ii) yn cadarnhau parodrwydd yr Urdd i groesawu'r Tywysog Siarl i weld Gwersyll Glan-llyn yn unol â'i ddymuniad a hefyd i weld pe dymunai hynny weithgarwch arall o eiddo'r mudiad

Pleidleisiodd 45 o blaid y cymal cyntaf, 14 yn erbyn a 4 yn ymatal, gyda 56 yn bwrw pleidlais o blaid yr ail gymal, gyda 5 yn codi llaw yn erbyn a 2 yn ymatal.

Canlyniad hynny oedd peidio anfon dirprwyaeth o'r Urdd i Gastell Caernarfon ar y diwrnod mawr, ond mynnodd arweinwyr yr Urdd y byddai Charles yn cael ei wahodd i weld y mudiad ar waith, ac i'r Eisteddfod yn Aberystwyth yn benodol. Maes o law gwnaed trefniadau pellach, ar gais y Tywysog ei hun mae'n debyg, iddo ymweld â Gwersyll Glan-llyn drannoeth y seremoni er mwyn treulio'r prynhawn, chwedl R. E. Griffith, 'yn ymlacio yng nghwmni pobl ifanc, cyn mynd ar ei daith o gwmpas Cymru.'

Golygai hynny nad oedd y dadlau a'r ffraeo o fewn y mudiad wedi darfod o bell ffordd. Ofnai Syr Ifan y gallai'r rhwyg ddinistrio llafur oes, ac er ei fod yn cefnogi'r Arwisgo yn breifat o hyd, yn gyhoeddus ceisiodd ddilyn llwybr mwy canol y ffordd a chymodi rhywfaint gyda'i feirniaid ymysg yr aelodaeth. Dywedodd wrth y *Western Mail* ar ôl cyfarfod mis Rhagfyr:

We are a youth movement, a loyal youth movement, but we don't want to get into politics. We will help the Prince, but we are not going to help a political stunt invented by Lloyd George in 1911. That is what the investiture is. It has no tradition behind it, it does not belong to Wales... On the other hand, we are very anxious to welcome the Prince to any of our activities.

Ychwanegodd ei fod, o ganlyniad i hynny, yn gorfod meddwl yn galed ynghylch a ddylai barhau i fod yn aelod o Bwyllgor yr Arwisgo. Arweinydd ieuenctid ydoedd, meddai, nid gwleidydd.

Yn sgil gwahodd Charles i'r Eisteddfod yn Aberystwyth, roedd hi'n argoeli i fod yn Brifwyl ieuenctid lawn tensiwn, ond go brin bod neb yn disgwyl i'r digwyddiad fod mor ddramatig ag y bu. Cynhaliwyd defod cadeirio'r bardd ddiwrnod cyn ymweliad Charles. Y testun y flwyddyn honno oedd 'Cymru Heddiw', ac roedd y beirniad, T. Llew Jones, yn llawn canmoliaeth o'r enillydd:

Gyda'r gyfres yma o gerddi i 'Gymru Heddiw,' gan un sy'n dwyn y ffugenw 'Cyni,' dyma ni'n cyrraedd uchafbwynt y gystadleuaeth ardderchog hon.

Fe geir ambell flwyddyn yn hanes gwinllannoedd Ffrainc pan fo haul a glaw a gwynt ac ansawdd y pridd yn cydweithio â'i gilydd i roi grawn a gwin arbennig. Gelwir blwyddyn fel yna yn *vintage year* yn Saesneg. Blwyddyn felly yw hi wedi bod yn hanes Cystadleuaeth y Gadair yn Eisteddfod Genedlaethol yr Urdd eleni. Ni fu nemawr erioed fwy o deilyngdod.

Mae 'na dywysog yn dod yma fory, ond i fi, fe fydd gwir dywysog Cymru yn dod i'r llwyfan 'ma heddi ar ôl i mi orffen siarad nawr.

Yn unol ag arferiad seremoni'r cadeirio, safodd y bardd buddugol, 'Cyni', sef Gerallt Lloyd Owen ar ei draed yn y pafiliwn. Roedd casgliad y bardd buddugol yn cynnwys rhai o gerddi gwladgarol mwyaf cofiadwy'r Gymraeg, cerddi grymus sy'n dal i ysbrydoli hanner canrif ers eu cyhoeddi. Yr enwocaf ohonynt, a ddaeth yn hynod boblogaidd, oedd 'Fy Ngwlad', cerdd hallt iawn ei beirniadaeth o'r Arwisgo, gyda'i llinellau agoriadol dramatig: 'Wylit, wylit, Lywelyn,/ Wylit waed pe gwelit hyn.'

Mewn cyfweliad ddeugain mlynedd wedyn gyda Vaughan Hughes yng nghylchgrawn *Barn* ym mis Mehefin 2009, dywedodd Gerallt Lloyd Owen fod testun y gystadleuaeth wedi'i ddenu i ymgeisio am y Gadair:

Yr hyn ddaru apelio ata i yn fwy na dim oedd y testun: 'Cymru Heddiw'. Oedd o'n ddewis annoeth o safbwynt yr Urdd! Ond mi oedd o'n destun da. Roedd o'r union destun i mi, a dweud y gwir, gan fy mod i wedi bod yn corddi cymaint am yr Arwisgiad ac yn meddwl a phendroni a phoeni am gyflwr Cymru.

Ar y pryd roedd y bardd yn athro ifanc yn dysgu yn Ysgol Glyndŵr ym Mhen-y-bont ar Ogwr, yr ysgol breifat Gymraeg a sefydlwyd gan Trefor Morgan a'i wraig Gwyneth. Roedd yn byw yn adeilad yr ysgol, hen blasty wedi'i addasu, ac yno yr ysgrifennwyd cerddi 'Cymru Heddiw', a gafodd eu cynnwys maes o law yng nghyfrol enwog *Cerddi'r Cywilydd*:

Dw i ddim yn siŵr pa gerdd ddaeth gynta. Ond mae hi'n un o ddwy, 'Fy Ngwlad' neu 'Y Gŵr Sydd Ar Y Gorwel'. Dw i ddim yn cofio gwneud y lleill, a dweud y gwir. Ond dw i'n cofio gwneud y ddau gywydd yna oherwydd bod rhywbeth anarferol ynglŷn â'r broses o'u sgwennu nhw. Fe ddaethon nhw'n rhwydd. A tydi hynny byth braidd yn digwydd i mi. (Dim ond unwaith wedyn y digwyddodd o, yn achos awdl 'Cilmeri' yn 1982.) Y rheswm am hynny, mae'n siŵr, oedd bod y cerddi hynny wedi ymffurfio eisoes yn fy mhen i, yn anymwybodol i mi fy hun. Pan eisteddais i lawr i sgwennu, wel, diawcs, fe lifodd y ddwy gerdd yn union fel pe bawn i'n cofnodi yn hytrach na chreu.

I ymgyrchwyr gwrth-Arwisgo a chenedlaetholwyr roedd y

cerddi hyn yn gwneud mwy na tharo tant; roeddent yn fynegiant ar ffurf barddoniaeth o'u teimladau a'u daliadau gwleidyddol. Dyna oedd ymateb Eryl Owain:

> Dwi'n meddwl bod cyhoeddi cerddi Gerallt Lloyd Owen wedi cael effaith fawr iawn ar nifer ohonom. Roedd yn ysbrydoliaeth i ni. Wrth gwrs roedden ni'n gwbl bendant mai ni oedd yn iawn, ac mai'n safbwynt ni oedd y safbwynt cywir, ond roedd darllen y cerddi gwirioneddol ysbrydoledig hyn yn cadarnhau hynny rywsut. Doedd yna ddim amheuaeth o gwbl wedyn pan oedden ni'n eu darllen. A dwi'n cofio gwneud copi o benillion 'Wylit, Wylit, Lywelyn', a'u gosod nhw o gwmpas y pentra. A dwi'n cofio roedd yna un dyn oedd o blaid yr Arwisgo yn gryf iawn yn fy ngweld i ac yn dod allan o'i dŷ a darllen honno ac yn rhwygo'r papurau ac yn gweiddi bygythiadau ar fy ôl i.

Ategir hyn am ddylanwad cerddi Gerallt Lloyd Owen gan Ieuan Wyn, a ddaeth ei hun yn brifardd ac ymgyrchydd amlwg gyda Chymdeithas yr Iaith ac Adfer mewn blynyddoedd dilynol: 'Roedd y cerddi wedi mynd ar ein cof ni. Does dim llawer o adegau lle mae barddoniaeth yn fynegiant o'r union deimladau mewn cyfnod arwyddocaol.'

*****

Roedd Charles i ymddangos ar lwyfan yr Urdd ar y dydd Sadwrn olaf, adeg seremoni cyflwyno'r gwobrau, ond hyd yn oed cyn hynny tynnodd nifer o blant a phobl ifanc a ddewiswyd i gynrychioli siroedd Cymru ar y llwyfan eu henwau yn ôl, fel protest yn erbyn y Tywysog.

Rhoddwyd cynlluniau ar droed yn ogystal i ddangos gwrthwynebiad mwy uniongyrchol, ac aed ati drefnu protest yn y pafiliwn ar y prynhawn yr oedd y Tywysog i ymddangos ar y llwyfan. Dau oedd yn daer dros drefnu protest oedd Gwilym Tudur, perchennog Siop y Pethe yn Aberystwyth a Robat

Gruffudd, o wasg Y Lolfa. Adroddwyd sut y llwyddwyd i fachu tocynnau gan Gwilym Tudur yn ei gyfrol ar hanes Cymdeithas yr Iaith, *Wyt Ti'n Cofio*:

> Roedd yn rhaid dinoethi'r twyll ar bob cyfrif, a chael torf o'r Gymdeithas i mewn i'r pafiliwn, mor agos i'r Tywysog ag y bai modd. Ond sut, â'r lle yn siŵr o ferwi gan heddlu cudd (arfog)?
>
> Wel ar y gair, pwy alwodd yn y siop ond Trefor Beasley. Nid edlych o brotestiwr ond cyn-löwr cyhyrog, jest y dyn i dwyllo Swyddfa'r Urdd.

Felly aeth Trefor Beasley, un a fu'n ddiwyro ei gefnogaeth i bob dull o weithredu uniongyrchol dros Gymru a'r Gymraeg ar hyd ei oes, at y swyddfa docynnau a dweud yn Saesneg ei fod newydd gludo dau fws yn llawn plant ysgol o Gwm Tawe i Aberystwyth yn unswydd i weld y Tywysog. Yr oedd y plant, meddai, mewn siop sglodion yn cael cinio, a dywedodd os na fedrai gael tocynnau iddynt byddai'n rhaid iddo fynd â'r plantos yn ôl adref wedi'u siomi'n arw. Llwyddodd y stori ddagreuol i ddarbwyllo'r swyddogion i werthu pedwar ugain o docynnau iddo.

Camp fawr y protestwyr oedd llwyddo i gael cymaint ohonynt i mewn i'r pafiliwn yn ddiarwybod i swyddogion yr Urdd, a llwyddo i gael seddi mor amlwg yn yr ail res yn union o flaen y llwyfan, a'r tu ôl i seddi'r prif swyddogion a'r gwahoddedigion pwysig. Wrth i Charles ymddangos ar y llwyfan, cododd criw o brotestwyr, gan weiddi a dal posteri'n uchel gyda sloganau arnynt: 'Bradychwyd yr Urdd' a 'Pwy wahoddodd y Prins? Nid y Pwyllgor Eisteddfod'. Cerddodd y gwrthdystwyr allan i gyfeiriad y fynedfa ar un ochr i'r llwyfan. Eiliadau wedyn cododd criw arall ar ochr arall y pafiliwn gan wneud yr un peth a cherdded allan. Yr oedd y lle'n ferw gwyllt o weiddi a churo dwylo, y rhan fwyaf yn flin dros ben gyda'r protestwyr.

Un arall oedd yno oedd Ffred Ffransis:

Mi ges i glywed trwy Gwilym Tudur, Siop y Pethe, bod bloc o docynnau wedi'u prynu. Mi wnaethon ni godi a mynegi ei bod yn warthus bod yr Urdd yn cael ei ddefnyddio i baratoi pobl ar gyfer yr Arwisgiad, a bod y Sefydliad Prydeinig wedi cael gafael ar holl sefydliadau parchus Cymru i'w defnyddio nhw i'r pwrpas hynny.

Doedd o ddim yn fwriad ganddon ni i atal Steddfod yr Urdd ei hunan, roedden ni'n mynd i dorri ar draws am bum munud ac wedyn roedden ni i gyd am gerdded allan.

Ond er mwyn dangos pa mor daeogaidd yr oedden ni i gyd fel Cymry ar y pryd – yn gwrioni ar y ffaith bod aelod o'r teulu brenhinol yn mynd i siarad yn Gymraeg! Ar ôl i ni gerdded allan roedden ni'n cronni o gwmpas y cyrn siarad, y system *tannoy*, tu fas y pafiliwn.

Wrth gwrs ar y ffordd allan mi wnaethon ni dderbyn trais gan yr hyn yr oedd Rhodri Morgan a fu ar ympryd efo fi yn ei ddisgrifio'n gywir fel 'y dosbarth mwyaf adweithiol a cheidwadol yng Nghymru gyfan', sef hen fenywod gydag ymbaréls. Achos dwi'n cofio ar y pryd, roedden nhw'n bwrw ni i gyd gyda'u hymbaréls!

Cymaint oedd y cynnwrf nes i ambell i wraig ganol oed ruthro i ganol y torf protestwyr a cheisio rhwygo'u posteri, ac yn y diwedd gwthiwyd y bobl ifanc allan gan dditectifs a dynion diogelwch. Mae Eryl Owain yn cadarnhau bod yna adwaith ffyrnig tu hwnt wedi dod o gyfeiriad annisgwyl y diwrnod hwnnw:

Roedd nifer o ffrindiau, gan gynnwys Emyr Owen fy mrawd yn rhan o'r brotest. Beth oedd o'n ei gofio oedd bod yna wraig barchus o'r pentref yn eistedd fel oedden nhw'n cerdded allan a phan welodd hi Emyr a'i adnabod o, dyma hi'n codi ei bag llaw a dechrau ei waldio fo fel oedd o'n pasio hi. Wnaeth hi ddim deud dim wrtho, dim ond ei waldio efo'r bag llaw!

Ar ôl i'r cynnwrf dawelu dywedodd John Garnon o'r llwyfan: 'Wel mae'n dda gen i weld fod llawer mwy wedi aros i mewn nag sydd wedi mynd allan', gan wahodd Charles i ddweud gair yn Gymraeg. Roedd y gynulleidfa yn amlwg ar ei ochr erbyn hynny, a chafodd gymeradwyaeth frwd trwy gydol ei anerchiad, a oedd yn cynnwys cyfeiriadau at eiriau 'Carlo', cân Dafydd Iwan.

Profiad 'arswydus' oedd gweld digwyddiadau'r prynhawn hwnnw yn ôl Ieuan Wyn, roedd 'fel tasa'r gynulleidfa wedi'i hollti lawr y canol' a'r ymgreinio gerbron y Tywysog Charles bron fel 'gweld diwedd cenedl yn digwydd o flaen ein llygaid'. Profiad chwithig oedd y prynhawn hwnnw i Arfon Gwilym, oedd hefyd ymysg y protestwyr:

> Roeddwn i'n eistedd yn y sedd union y tu ôl i Syr T. H. Parry-Williams a Ledi Amy, gŵr yr oedd gen i barch mawr iddo. Ac roedd yn deimlad lletchwith. Ond ar ôl i ni adael y pafiliwn a'r seremoni'n dod i ben, chlywais i ddim 'Hen Wlad fy Nhadau' yn cael ei chanu gyda chymaint o arddeliad erioed o'r blaen. Fel petasaen nhw oedd wedi aros i mewn yn dweud 'Rydan ni wedi ennill'. Roedd yn dorcalonnus.

Eto i gyd roedd yn rhaid gwneud rhywbeth, yn ôl Nest Tudur, un o fyfyrwyr Aberystwyth a fu'n rhan o'r brotest: 'Fel myfyrwyr, doedd y rhan fwya ohonon ni ddim eisiau tynnu sylw at ein hunain, ond roedden ni'n teimlo bod y sefyllfa mor annheg ac anobeithiol heblaw bod ni'n gwneud safiad mi fuasai'r sefyllfa'n parhau.'

Gan siarad ar ran y protestwyr wedi elwch y brotest, dywedodd Morus Rhys nad oedd dewis ond codi llais 'am fod yr Urdd, trwy roi lle i'r Tywysog ar y llwyfan, wedi'i gydnabod yn Dywysog Cymru. Mae'n amlwg i ni fod arweinyddiaeth yr Urdd yn ochri gyda'n meistri politicaidd yn Llundain, ac yn gweithredu'n gwbl groes i ddymuniad y mwyafrif o'u haelodau trwy blygu glin i'r symbol hwn o'n darostyngiad cenedlaethol.' Eto i gyd cafwyd darlun eglur o'r amwysedd rhyfedd, sgitsoffrenig bron, yn agwedd y Cymry tuag at y digwyddiad, wrth i ohebydd *Y Cymro* holi un aelod o'r gynulleidfa am ei ymateb i'r brotest. Atebodd y gŵr hwnnw drwy ddweud ei fod yn cytuno ag amcanion y brotest, ond yn cydymdeimlo'n fawr â'r Tywysog, gan ychwanegu: 'Mae o wedi ennill llawer iawn o ewyllys da tuag at yr iaith Gymraeg.'

Cred Peter Hughes Griffiths hefyd fod ymddangosiad Charles ar lwyfan yr Urdd wedi bod yn llwyddiant propaganda sylweddol i'r awdurdodau:

> Llyncodd y genedl gyfan y cynllun o boblogeiddio'r Tywysog. Clyfar iawn oedd y cam hwn i gael y Tywysog i annerch yn Gymraeg. Roedd e wedi ennill calonnau'r Cymry ac wedi rhoi mêl ar fysedd y cefnogwyr. Roedd e wedi cyflawni'r amcan a'r pwrpas i boblogeiddio ei hunan yn y ffordd fwyaf effeithiol posibl – trwy siarad yn Gymraeg gan roi'r argraff ei fod felly yn siarad Cymraeg ar ôl cael tymor o ddysgu'r iaith.

Un o'r pethau sy'n aros yn y cof am y digwyddiad i Peter Hughes Griffiths oedd yr olygfa ar ddiwedd y prynhawn wrth iddo weld pwysigion yr Urdd yn cronni'n un haid wenieithus o gwmpas Charles, gan adael yr hynafgwr Syr Ifan ab Owen Edwards a'i wraig i ymlwybro ar eu pennau eu hunain drwy fwd y maes heb unrhyw gymorth.

Nid dyna oedd diwedd digwyddiadau cynhyrfus yr Eisteddfod honno, serch hynny, oherwydd yr oedd Noson Lawen i'w chynnal ar y nos Sadwrn yn y pafiliwn, gydag artistiaid enwocaf Cymru gan gynnwys Tony ac Aloma, Meinir Lloyd a Huw Jones yn cymryd rhan. Ymysg y perfformwyr hefyd yr oedd Dafydd Iwan. Dywedir bod cynulleidfa o ryw bedair mil yn bresennol y noson honno yn y pafiliwn a digon di-sôn-amdani oedd y cyngerdd nes i Dafydd Iwan gamu ymlaen. Mae'n adrodd am ddigwyddiadau cynhyrfus y noson yn ei hunangofiant *Cân dros Gymru*:

> Felly, dyma'r awr yn dod a Peter Hughes Griffiths yn fy ngalw i'r llwyfan. Roedd y sŵn yn fyddarol pan gerddais at y meic; rhan helaeth o'r dorf yn uchel eu croeso ac am ddangos

hynny'n glir, oherwydd roedd yn arwydd o rywbeth llawer mwy na chroeso i mi'n bersonol. Roedd canlyniad wythnosau maith o ddadlau brwd yn y bonllefau hynny, a gafaelais innau yn y cyfle. Roeddwn i wedi prynu copi o gerddi Gerallt yn y prynhawn a dechreuais ddarllen ei gerdd.

Os ysgrifennwyd darn o farddoniaeth ar gyfer achlysur erioed, hwn oedd o! Wrth imi ei ddarllen, trodd y distawrwydd cychwynnol yn dwrw cynyddol; dechreuodd rhai o'r pwysigion yn y pen blaen, gan gynnwys y Cyfarwyddwr ei hun, guro'u dwylo'n araf i geisio boddi'r darlleniad, ac wrth glywed hynny dechreuodd y cefnogwyr gymeradwyo, a chodwn innau fy llais yn uwch ac yn uwch i gystadlu gyda'r sŵn. Ni allaf gredu i gerdd erioed gael y fath dderbyniad, ond yr oedd neges y bardd wedi cyrraedd adref, mae hynny'n sicr ddigon.

Roedd y bardd hefyd yn bresennol ar y noson, yn sefyll â'i gefn at y llwyfan gyferbyn â'r fan lle'r oedd Dafydd Iwan yn wynebu'r gynulleidfa. Rai blynyddoedd wedyn, dywedodd Gerallt Lloyd Owen nad oedd erioed wedi gweld ymateb o'r fath i gerdd:

Roedd yr hanner o'r gynulleidfa a oedd agosaf at y llwyfan, sef y rhai hŷn, a phwysigion yr Urdd, yn bwio a hisian a churo dwylo, nid mewn cymeradwyaeth ond er mwyn ceisio boddi llais Dafydd a geirie'r gerdd. Roedd hanner arall, iau, y gynulleidfa yn gefnogol. Daliodd Dafydd ati drwy'r cyfan i adrodd y gerdd. Roeddwn i wedi fy mrifo. Fe es i oddi yno. Y fi oedd eu prifardd nhw ddeuddydd ynghynt ac eto doedden nhw ddim eisie clywed y geirie. Fe greodd hynny ddrwgdeimlad. Waeth imi ddweud, yn blwmp ac yn blaen, na ddaru R. E. Griffith, Cyfarwyddwr yr Urdd, ddim siarad efo fi ar ôl hynny. Fe dramgwyddais.

Dichon bod hynny'n wir yn enwedig yn y llinellau grymus sy'n sôn am daeogrwydd y rhai sy'n cydweithredu gyda'r drefn

Brydeinig, a'r clo sy'n heriol ac ymosodol iawn ac yn bygwth
gweithredu uniongyrchol:

Y ni o gymedrol nwyd
Yw'r dynion a Brydeiniwyd,
Ni yw'r claear wladgarwyr,
Eithafol ryngwladol wŷr.
Fy ngwlad, fy ngwlad, cei fy nghledd
Yn wridog dros d'anrhydedd.
O gallwn, gallwn golli
Y gwaed hwn o'th blegid di.

Llwyddodd Dafydd Iwan rywsut i ddal ei dir, a dilynodd ei
ddarlleniad o'r gerdd drwy ganu 'Carlo' ac yn nes ymlaen yn
ei set ei gân newydd, 'Croeso Chwe Deg Nain'. Wrth gyflwyno
honno ar y noson torrwyd yn gyson ar ei draws gan rai yn y
gynulleidfa, ac apeliodd arnynt i roi chwarae teg iddo oherwydd
'mi wnaeth e gael chware teg 'da chi p'nawn yma'. Roedd y
noson yn benllanw misoedd o ymgyrchu a pherfformio iddo,
cyfnod lle'r oedd wedi dod yn wyneb adnabyddus tu hwnt, yn
cael ei gasáu gan frenhinwyr ond yn arwr ac ysbrydoliaeth i
Gymry eraill. Profiad rhyfedd oedd y noson i'r canwr – roedd
canu o flaen cynulleidfa mor rhanedig, yn wahanol i'r profiad
o ganu o flaen cefnogwyr yn nosweithiau llawen Cymdeithas yr
Iaith. Eto i gyd roedd yr ymateb yn hwb ac yn ysgogiad iddo:

Fel perfformiwr mae cael ymateb yn beth da. Y peth gwaetha
i berfformiwr yw dim ymateb, hynny yw y gynulleidfa'n
ddifater ac yn anwybyddu'r perfformwyr. Felly pan oeddwn
i'n cael ymateb ar adeg llosgawl fel yr Arwisgo a'r paentio
— yn enwedig pan oedd y gynulleidfa'n gymysg fel yn
Eisteddfod yr Urdd yn Aberystwyth — ro'n i yn cael y ddau
ymateb gyda'i gilydd, hynny yw mi roedd yna gefnogaeth
ac mi roedd yna wrthwynebiad. Ond roedd y gefnogaeth yn
llawer cryfach na'r gwrthwynebiad, er bod o'n swnio fel un
sŵn mawr, roeddwn i'n gallu gweld mai sŵn cefnogol oedd

y rhan fwyaf ohono fo, ond bod yna rai yn teimlo ein bod ni wedi mynd dros ben llestri a'n bod ni angen chwip din. Felly, roedd y ffaith bod yna gefnogaeth yn y cynulleidfaoedd yn ei gwneud hi'n bosib i wrthsefyll neu i ddiodde neu ddygymod â'r casineb a'r gwrthwynebiad.

Achos mi oedd yna gasineb, ond ddim yn gymaint yn y nosweithiau, achos beth oedd yn digwydd yn raddol gyda'r nosweithiau y tu allan i Steddfod yr Urdd oedd wrth gwrs bod pobl yn dod i'r nosweithiau i ddangos eu cefnogaeth i'r Gymdeithas ac i'r ymgyrch gwrth-Arwisgo. Felly, doedd y bobl oedd yn anghytuno ddim yn dod. Fel dwi'n cyfeirio mi roedd yna nifer o glybiau a chymdeithasau wedi ystyried rhoi gwahoddiad i mi neu wedi penderfynu peidio neu dynnu'r gwahoddiad yn ôl mewn rhai achosion.

Ond roedd rhai o'r nosweithiau llawen yn dod yn achlysuron gwleidyddol iawn eu hunain. Doedd ond rhaid dweud ychydig eiriau ac roedd y gynulleidfa'n wenfflam. Ac roedd y cyfan yn help i greu awyrgylch. Ond roeddwn i yn y sefyllfa ryfedd o ddweud nad dyma yw ein prif ymgyrch ni (Cymdeithas yr Iaith) ond mi gawn ni hwyl tra 'da ni wrthi, ond ar waetha rhywun, roedd cymaint o ffýs am yr Arwisgo ac roedd teimladau gwrth-Arwisgo yn cynyddu hefyd. Felly roedd y peth yn cael ei chwythu fyny, dros ac yn erbyn.

Dyfarniad Dafydd Iwan oedd bod digwyddiadau dramatig y dydd Sadwrn hwnnw wedi bod werth chweil; fe ddatgelwyd rhwyg mawr yn yr Urdd rhwng ei haelodau a'i harweinwyr ond fe wnaed safiad.

\*\*\*\*\*

Teg dweud nad oedd prif swyddogion yr Urdd yn dawnsio mewn llawenydd ar hyd y maes, a'r bore Llun canlynol aeth R. E. Griffith draw i weld Gwilym Tudur yn Siop y Pethe yn 'gandryll' a rhoi pryd o dafod iddo. Rhywun arall wnaeth ennyn llid R. E. Griffith oedd Llion Griffiths, golygydd *Y Cymro*.

163

Dywed Ioan Roberts, un o ohebwyr y papur newydd, nad oedd Llion Griffiths yn ddyn arbennig o wleidyddol ond ei fod, wrth weld y peiriant propaganda o blaid yr Arwisgo yn mynd yn fwy a mwy nerthol, wedi dechrau dod i gydymdeimlo fwyfwy gydag aelodau Cymdeithas yr Iaith. Y trobwynt yn ôl Ioan Roberts oedd Eisteddfod yr Urdd, ac agwedd uchel swyddogion y mudiad tuag at y protestwyr:

Mi gafodd Llion ei frifo'n ofnadwy a'i gythruddo. Wedyn mi oeddwn i erbyn hynny wedi dechrau ysgrifennu golygyddol *Y Cymro* ar ran Llion, ac wrth gwrs fo oedd yn dweud be oedd i gael ei ddweud a finnau'n ei roi mewn geiriau. Ac ar ôl i hyn ddigwydd mi ddywedodd Llion wrtha i 'Dwi isio i chi sgwennu golygyddol yn canmol y protestwyr, canmol Charles am draddodi ei araith yn Gymraeg ond yn dweud mai y protestwyr oedd gwir arwyr y dydd.' Ac mi wnes i hynny wrth gwrs gyda phleser mawr. Mi oedd R. E. Griffith, Pennaeth yr Urdd, wedi gwneud cyfraniad aruthrol fel Prif Weithredwr, ond mi oedd o'n ddyn ei gyfnod ac ar ryw donfedd wahanol i'w aelodau. A phan ddaeth *Y Cymro* allan, mi fuodd ar y ffôn efo Llion am tua awr. A dwi'n meddwl o hynny ymlaen bod *Y Cymro* wedi rhoi ei ben ar y bloc o ran gwrthwynebu'r Arwisgo.

Un arall o ohebwyr ifanc *Y Cymro* oedd â meddwl uchel o Llion Griffiths oedd Lyn Ebenezer:

Dyn tawel ond cadarn iawn. Roedd gyda fi barch mawr iddo fe. Achos oedd perchnogion y papur yn galed ar Llion achos doedd e ddim yn rhoi digon o sylw i'r Arwisgo a lot o bobl yn gwrthod hysbysebu achos nad oedd e'n rhoi digon o sylw i'r peth.

O ddarllen golygyddol diflewyn-ar-dafod *Y Cymro* drannoeth Eisteddfod yr Urdd, hawdd deall sut y pechwyd uwchswyddogion y mudiad. Oherwydd ar ôl llongyfarch

Charles am draddodi ei araith yn y Gymraeg, a hyderu y bydd ei ddiddordeb yn yr iaith yn parhau, cystwyir arweinwyr yr Urdd a chanmolir y protestwyr:

> Ond nid yw'r cydymdeimlad anochel â'r Tywysog fel dyn ifanc hoffus yn cyfiawnhau dim ar y modd y gwahoddodd yr Urdd ef i'r llwyfan ac ni ddylai fennu dim ar y clod dyladwy i'r bobl ieuanc a fentrodd y brotest.
>
> Bu'n brotest heddychlon ac effeithiol a hynny gan bobl a wyddai y derbynient sarhad y mwyafrif yn ogystal â'r Wasg Saesneg. Ond safasant dros egwyddor a hwy oedd arwyr mwyaf dydd Sadwrn.

Codwyd gwrychyn R. E. Griffith yn arw gan yr erthygl olygyddol, ac aeth ar y ffôn yn syth i fynegi ei anfodlonrwydd, a chael dadl hir a thanbaid gyda Llion Griffiths.

Rai misoedd yn ddiweddarach ysgrifennodd Syr Ifan ab Owen Edwards at y Swyddfa Gymreig, yn ymddiheuro am na wnaeth dynnu ei bwysau ddigon fel aelod o Bwyllgor yr Arwisgo, gan egluro iddo fethu rhagweld maint gwrthwynebiad ieuenctid Cymru i'r digwyddiad. Heb amheuaeth agorwyd clwyfau yn yr Urdd na fyddai'n gwella am flynyddoedd lawer. Byddai dathliad jiwbilî'r mudiad yn hanner cant oed yn 1972 yn mynd llawer o'r ffordd i gyfannu'r rhwygiadau, gyda chreu brand Mistar Urdd ynghanol y saithdegau hefyd yn cyfrannu at roi delwedd newydd a bywiog i'r mudiad, a gwneud llawer i ddileu'r cof am frenhinwyr hŷn a menywod parchus yn pastynu pobl ifanc gyda'u hymbaréls.

O ran yr awdurdodau brenhinol, fodd bynnag, roedd ymweliad Charles ag Eisteddfod Aberystwyth wedi bod yn llwyddiant cyhoeddusrwydd rhagorol. I'r *Western Mail* roedd popeth wedi newid, a Charles bellach wedi dangos i'r Cymry ei fod yn un ohonyn 'nhw':

> Living and working among them, speaking now their language affectionately if not yet fluently, Prince Charles has

surely earned the right to be called a Welshman by adoption, whatever the debators may say about the Welshness of his ancestry. And Wales has indeed adopted him.

Synhwyrai'r ymgyrchwyr yn ogystal bod yna newid wedi bod yn yr awyrgylch. Roedd y peiriant propoganda Prydeinig ar fin cyrraedd ei anterth gan feddiannu holl gyfryngau torfol Cymru i hyrwyddo'r Arwisgo. Dyna oedd teimlad Ffred Ffransis:

Y trobwynt oedd pryd wnaeth o annerch yn Gymraeg yn Steddfod yr Urdd, yn dilyn hynny roedden ni'n teimlo bod y lli wedi troi yn ein herbyn ni. Ac mae lleiafrif bach oedden ni oedd yn gwrthwynebu'r Arwisgo.

# 21

# *Agents Provocateurs?*

Roedd gan sawl un amheuon bod yna *agents provocateurs* ar waith yng Nghymru, i annog cenedlaetholwyr i gyflawni gweithredoedd eithafol er mwyn i'r heddlu eu rhwydo'n haws. Esgorodd hyn ar gryn dipyn o baranoia cyfiawn a dychmygol, ond mae'n dra thebygol bod asiantiaid o'r fath yn cael eu cyflogi gan gyrff dirgel y wladwriaeth.

Mae Twm Elias, y naturiaethwr adnabyddus, yn argyhoeddedig iddo ddod i gyfarfyddiad agos iawn gydag un o'r *agents provacateurs* hyn, a chael ei ddefnyddio ganddo:

I mi roedd yr Arwisgo yn broses i glodfori brenhiniaeth a phropaganda dros Brydeindod, ond agwedd bwysig iawn arall i'r Sefydliad oedd yr ochr ddiogelwch ac nid dim ond diogelwch corfforol y Tywysog ei hun. Pe bai diogelwch Charles yng ngofal yr heddlu lleol efallai byddai pethau'n fwy agored ac amlwg, ond mi oedd yr elfen yma o wasanaethau cudd, oedd wedi cael y gwaith o ddiogelu Carlo ac yn sgil holl ffrwydradau MAC mi gafodd y 'Spooks' yma eu tynnu i fewn. Roedden nhw yn gyfrifol am ddiogelwch ac eisiau edrych mor effeithiol â phosib, yn enwedig pe bai rhywbeth yn mynd o'i le, ac roedden nhw wedyn, drwy ddefnyddio *agents provocateurs*, yn heu sefyllfaoedd potensial ar hyd a lled Cymru, fel petai yna rywbeth yn digwydd mewn unrhyw ardal yna mi fyddai rhywun ar gael i arestio yn hawdd iawn, i ddangos pa mor effeithiol oedd y Sefydliad.

Yn fy achos arbennig i mi ddes i gysylltiad gyda Ronald
Cooper Curtis. Bachgen o ardal Hamilton yn yr Alban oedd
o, ac wedi cymryd rhan yn ymgyrchoedd seneddol Winnie
Ewing pan ddaeth hi'n Aelod Seneddol dros yr SNP yn yr
ardal. Mi oedd o wedi bod yn genedlaetholwr Albanaidd
go gadarn dwi'n meddwl, tan i bethau fynd o'i le iddo fo
yn bersonol. A'r ffordd wnes i ddod i gysylltiad ag o oedd
ym Mangor ryw flwyddyn a mwy cyn yr Arwisgo. Ro'n i'n
digwydd bod yn gweithio efo'r hen Weinyddiaeth Amaeth
yn Bryn Adda yn profi ansawdd bwyd, gweiriau i wartheg,
priddoedd ac yn y blaen.

Roedd hwn wedi cael ei yrru lawr i weithio fel trydanwr
yn y Wylfa ac mi ddaeth i gysylltiad efo stiwdants ym Mangor
a dweud ei fod o'n aelod o'r SLA – y Scottish Liberation
Army, ac eisiau gwneud cysylltiadau gyda'r FWA. Ac mi ro'n
i fel mae rhywun yn malu awyr felly de, yn cefnogi be oedd
yr hogia yma'n ei wneud ac wrth gwrs mi wnaeth hynny
gyfeirio'r boi ataf i. Rhyw fachgen ynghanol ei ugeiniau,
gwallt du a locsyn ac acen Glasgow gref nes ei bod yn anodd
i'w ddallt o weithiau, ac yn uffernol o frwd. Mi fuon ni allan
yn paentio sloganau a ballu efo fo ambell dro, ac mi wnes i
ei gyfarfod o yn y Glôb ryw noson a siarad am bob mathau
o bethau a dyma fo'n dweud ei fod eisiau cyswllt efo'r FWA,
ond doedd gen i ddim wrth gwrs, doeddwn i'n nabod neb
ohonyn nhw.

Ymddengys i Curtis ddod i Gymru gyntaf ym mis Mawrth
1968. Roedd Euryn ap Robert, oedd yn fyfyriwr ym Mangor,
wedi'i gyfarfod yn ystod ymgyrch lwyddiannus yr SNP yn
isetholiad Hamilton yn 1967 pan enillodd Winnie Ewing y
sedd. Pan ddaeth i Fangor dywedodd wrth ap Robert ei fod
am ddod i gysylltiad gyda mudiad eithafol yng Nghymru,
ac iddo fod mewn 'dyfroedd dyfnion' yn yr Alban. Eglurodd
ap Robert wrtho nad oedd ganddo gysylltiad gydag unrhyw
fudiad tanddaearol Cymreig ac mai daliadau heddychol oedd
ganddo, ond ychwanegodd ei fod yn adnabod cenedlaetholwyr

milwriaethus o'r fath ac y gallai drefnu cyfarfod pe bai'n dymuno. Stori debyg am ei ddymuniad i weithredu'n eithafol a roddodd yr Albanwr i Twm Elias hefyd:

Ond dyma fo'n dweud mai be oedd o eisiau oedd ymgyrch i gael rhai o'r creiriau oedd wedi cael eu dwyn o'r Alban gan y Saeson, creiriau fel y *Stone of Scone* oedd o dan yr Orsedd yn Abaty Westminster. Roedd o'n deud bod 'na lawer iawn o bethau eraill hefyd wedi cael eu cymryd a bod rhai o'r rhain mewn gwahanol eglwysi yn Lloegr. A be oedd o eisiau neud ar ran yr SLA oedd adfeddiannu rhai o'r pethau yma. Ac yn lle bod nhw yn mynd â nhw yn syth i fyny i'r Alban y peth calla fydda dod â nhw drosodd i Gymru, cuddio nhw am sbelan a mynd â nhw yn ôl i fyny i'r Alban.

Ym mis Medi 1968 dywedodd Curtis wrth bobl ym Mangor ei fod yn gadael ei swydd fel trydanwr ac yn mynd i Goleg Celf i astudio, ac ni welodd neb ef am chwe mis. Yna ychydig cyn i'r Tywysog gychwyn ei dymor ym Mhrifysgol Cymru, ailymddangosodd Curtis yn Aberystwyth. Bu'n cymysgu unwaith eto gyda myfyrwyr Cymraeg ac yn holi am brotestiadau gwrth-Arwisgo a rhoi'r argraff ei fod yn ceisio osgoi'r heddlu. Os felly, dewis rhyfedd oedd Aberystwyth yng ngwanwyn 1969. Roedd Twm Elias hefyd yn byw yn y dref erbyn hynny:

Fel oedd hi'n digwydd mi ges i swydd yn yr hen Fridfa Blanhigion ym Mhlas Gogerddan - roedd hynny yn '68. Dod i gyfarfod â rhai o'r hogia, Cayo a Coslett, yn yr Angel. Am gymeriadau! Pasg 1969 oedd hi, ac roedd hi sbelan go lew ers i mi gysylltu â Curtis. Ges i wybod bod o'n dod lawr i Aberystwyth rwy'n credu mewn llythyr. Rai dyddiau wedyn am hanner nos daeth cnoc ar y drws a phwy oedd yno ond Curtis. Digwydd bod roedd Arfon Gwilym yn aros yn y fflat y noson honno. Dyma Curtis i fewn ac roedd gynno fo *toolbag* yn ei law, ac roedd o'n ymddwyn yn amheus ac yn gwneud siŵr nad oedd neb yn ei ddilyn. A dyma fo'n agor y bag bach yma ac roedd ganddo *flares*, *walkie talkies* a gwn – revolver .38. Doedd o ddim mewn cyflwr da a wn i ddim os oedd o'n hollol saff.

'Anrheg ydi'r rhain gan yr SLA,' medda fo. 'Fedri gael rhain drwodd i'r mudiad?'

Wrth lwc wnes i ddim cadw'r petha yma yn y tŷ, ac mi es i guddiad y bag. Yn ddiweddarach mi ges i wared ar y gwn. Ond y peth oedd, a hyn sy'n rhyfeddol, oedd lleoliad y fflat. Mwy neu lai gyferbyn â'r Pier yn y gongl yn fanno mae gen ti fwyty Tsieineaidd. Wel mi roedden ni yn y fflat sy reit uwchben fanna. Mae gen ti ffenestri sy'n sticio allan a gweld y prom i gyd oddi yno. Pan ddaeth Carlo i Aberystwyth i aros ym Mhantycelyn roedd o'n arfer dod yn ei MG bach glas gyda'r *equerry* yn y car ac yn dod i lawr i ganol y dre a gyrru allan ar y prom a dod yn syth o dan y fflat i'r hen goleg i gael gwersi Cymraeg gan Tedi Millward. Wel pe bawn wedi bod yn ddigon twp i gadw unrhyw elfen o'r stwff yna yn y fflat a rhywbeth wedi digwydd yn Aberystwyth, mi fasa wedi bod yn uffernol o gyfleus. Tasa rhain gen i yn y fy meddiant, mae'n debyg y baswn i'n dal yn y carchar hyd heddiw!

Yn ôl Arfon Gwilym, oedd yn y fflat pan gyrhaeddodd Curtis y noson honno, roedd yn gwbl agored ynghylch cynnwys y bag gan dynnu dau wn a geriach arall ohono. Er na chlywodd gynnwys y sgwrs rhwng Curtis a Twm Elias, mi sylwodd ar amharodrwydd cyffredinol yr Albanwr i siarad amdano ei hun a'i resymau dros fod yn Aberystwyth. Un arall a ddaeth i gyswllt â Curtis yn Aberystwyth oedd Ffred Ffransis:

Yr un peth arall nodedig oedd bod Sgotyn o'r enw Ron Curtis, Ron Sgotyn fel roedden ni yn ei alw fo, wedi ymddangos yn sydyn ryw fis neu ddau cyn hynny. A'i stori oedd ei fod yn aelod o'r SNP a'i fod wedi dod lawr i ddysgu am Gymru. Ac roedd pawb yn dweud ei fod yn heddwas cudd. Ac fy ymateb i yn y bôn oedd 'Beth yw'r ots os yw'n heddwas cudd? Mae popeth 'da'n ni'n ei wneud, 'da ni'n ei wneud yn agored ac yn derbyn cyfrifoldeb amdano, felly nhw sy'n gwastraffu eu hamser.'

Nid pawb oedd am weithredu mor agored a di-drais â hynny fodd bynnag, a gyda'r bobl yna yr oedd Curtis yn ceisio cyfeillachu. Dywed Twm Elias ei fod yntau hefyd wedi bod yn cymysgu gyda'r criwiau hyn:

Ro'n i'n gweld Curtis o gwmpas efo'r hogia 'ma rownd Aber yn y pybs. Wnes i ddim byd efo fo am gyfnod. Y peth oedd roedd y boi wedi bod yn weithredol mewn sawl lle nid jest efo fi. Roedd o wedi bod yn mynd o gwmpas yn trio ffeindio pobl oedd efo daliadau am weithredu uniongyrchol. Ac mi ddaeth ar draws cwpwl o hogia: Meic (Michael Lewis) o Borthmadog ac mi oedd gan Meic yma ffrind o Port oedd yn drydanwr ac yn gweithio i Gyngor Môn, Dewi Jones. Mi oedd Dewi yn genedlaetholwr ac ati hefyd. Mi fuo 'na gyfarfod yng nghanolbarth Cymru gyda Curtis a dau neu dri o'r hogia yma, a doedd Meic ddim yn ryw sicr o hwnnw [Curtis] a'r dyn yma'n dweud bod o'n arbenigwr mewn bob math o bethau fatha *timing devices* ac ati, ac yn cynnig ei wasanaeth pe baen nhw'n rhoi cyswllt iddo fo, yntê. Roedd Meic yn amheus o'r boi ond roedd Dewi'n dod i lawr beth bynnag, felly mi wnaeth o gynnig iddo, 'Wel tyrd efo fi ac mi gawn ni air efo'r boi yma i weld os ydi o'n *genuine* ac yn gwybod am y pethau yma.'
A dyma Dewi'n ei holi fo, achos fel roedd hi'n digwydd roedd o'n gyfrifol am roi systemau gwresogi mewn rhyw stad o dai a rhyw bethau fel 'na i'r Cyngor. Dyma fo'n ei holi am systemau gwresogi a *timing devices* ac ati – rhyw ymholiad lled broffesiynol mwy neu lai. Dyma Curtis wedyn yn gwneud rhyw ddiagrams bach a mi gymerodd Dewi hwnnw efo fo.
Rhyw ychydig cyn yr Arwisgo bu rhyw ddigwyddiad yng Nghaergybi, lle'r oedd Carlo yn glanio ar y Mackenzie Pier ac yn dod o fanno i lawr i Gaernarfon. Mi ffeindiwyd rhyw *holdall* glas ar y gofeb a rhyw fom ynddo. Ac mi fuon 'na yfflon o ffys am y peth a'r stori ar y newyddion ymhob man

am y 'Bomb found on Mackenzie Pier'. Wel o fewn dwy awr i ffeindio hwn roedd Dewi wedi cael ei arestio. Achos mi roedd o'n gweithio yn Llangefni. Roedd o mor gyfleus, toedd?

Yn ôl Twm Elias, tua'r un adeg yr oedd Curtis wedi trosglwyddo dyfais amseru i Michael Lewis. Gadawodd Lewis y ddyfais yn ei fan a mynd i'w arholiad yn y Coleg. Wrth ddod allan o'r ystafell arholiad roedd ditectifs yn aros amdano. Cafodd ei holi ac archwiliwyd ei fan a chanfuwyd y ddyfais amseru. Dygwyd ef i orsaf heddlu Caergybi lle cafodd ei holi, cyn cael ei ryddhau yn ddigyhuddiad.

Ar ôl canfod y ddyfais wrth ymyl Pier Mackenzie ar y 26ain o Fehefin, arestiwyd tri gweithiwr ifanc gyda Chyngor Môn, sef John Allan Jones o Dŷ Croes, William Glyn Jones o Fae Trearddur a Dewi Jones o Borthmadog. Dri mis yn ddiweddarach yn Llys y Goron y Fflint, plediodd y tri'n ddieuog i'r cyhuddiadau yn eu herbyn. Cafodd Dewi Jones a William Glyn Jones eu canfod yn euog o gynllwynio â phobl anhysbys i achosi ffrwydrad ac fe'u carcharwyd am ddeunaw mis. Ond ni chafwyd yr un o'r tri yn euog o blannu dyfais Pier Mackenzie. Dedfrydwyd Allan Jones i chwe mis o garchar gohiriedig am fod ym meddiant sylweddau ffrwydrol. Wrth gael ei holi gan yr heddlu, datgelodd Dewi Jones iddo ef a William Glyn Jones deithio i Graig Farm ym Maesyfed wythnos cyn plannu dyfais Caergybi. Dywedwyd wrtho gan Michael Lewis fod y fferm yn cael ei defnyddio gan eithafwyr Cymreig. Ar ôl cyrraedd y fferm, mae'n debyg bod Ron Curtis wedi dangos iddynt sut i osod dyfais amseru. Ond ni chafodd Curtis ei alw fel tyst yn yr achos o gwbl.

Yn dilyn arestio'r tri, roedd drwgdybiaeth Twm Elias yn cynyddu ynghylch cymhellion ei gyfaill o'r Alban ac fe gadarnhawyd ei amheuon ymhellach gan gariad Curtis yn Aberystwyth:

Roedd Curtis yn dipyn o ffrindiau efo un ferch arbennig yn y Coleg, Jenny oedd ei henw. A hefyd Margaret, rhyw hogan o Iwerddon oedd yn nyrs yn Ysbyty Penglais. Un nos mi wnaeth y ddwy droi fyny yn fy fflat i yn hwyr mewn cynnwrf mwyaf diawledig. A dyma nhw'n dweud wrtha i bod Curtis yn gweithio i'r heddlu. Oedd yn sioc fawr i mi. 'Sut ti'n gwbod?' Dyma nhw'n esbonio bod nhw wedi bod ar gyffuriau y noson cynt ac mi oedd Curtis wedi cael ei hun i dipyn o hwyl ac wedi dechrau brolio ei fod o'n gweithio i'r heddlu ac yn cael incwm bach go lew.

Yn ôl Twm Elias, er mwyn darbwyllo'r merched ei fod yn dweud y gwir ffoniodd Curtis bencadlys yr heddlu yn Amwythig a siarad gyda swyddog yno.

O'r diwedd mi wnes i sylweddoli be oedd yn digwydd.

Be ddylswn i fod wedi neud oedd datgan be oedd yn digwydd wrth gwrs, ond be wnes i oedd mynd at cyn gymaint o bobl oedd â chysylltiad â Curtis i'w rhybuddio nhw o'r hyn oedd yn digwydd.

Pwy welais i wedyn oedd Meic o Port ac mi roedd o wedi gweld bod y Curtis yma'n gyfrifol achos doedd o ddim wedi cael ei arestio na'i holi. Mi ddaeth ata i i sôn am ei amheuon. Mi benderfynon ni fynd â'r wybodaeth yma at rywun fyddai'n gwneud rhywbeth yn ei gylch o.

Roedd yna gynhadledd gan Blaid Cymru yn y Gelli-aur yng Nghaerfyrddin a phwy oedd yn dod i lawr i siarad o'r Alban oedd Winnie Ewing o'r SNP. Aeth Meic a minnau lawr yna ac wrth lwc cael cyswllt gyda Phil Williams a wnaeth wedyn ein cyflwyno i Gwynfor Evans a Winnie Ewing a chael gair efo nhw am y peth. Ac mi wnaethon ni ddweud beth oedden ni'n ei wybod am Curtis, a'i fod o'n dod o ardal Hamilton, a dyma Winnie Ewing yn addo gwneud ymchwil i Curtis a'r ochr yna o bethau. Ac fe wnaeth hi. Mi aeth hi ei hun neu un o'i hasiantau hi i weld mam Curtis ac fe gafwyd y stori gan honno.

Ysgrifennodd Winnie Ewing at Brif Gwnstabl Heddlu Lanarkshire ar ddiwedd Gorffennaf 1969 yn gofyn iddo ymchwilio i Curtis, ei gefndir a'i weithgareddau. Cafodd ymateb ychydig wythnosau wedyn gan y Prif Gwnstabl yn dweud wrthi y byddai dau dditectif yn ymweld â hi yn y dyfodol agos i drafod y mater. Mewn gohebiaeth at Gwynfor Evans dywed Winnie Ewing iddi gael gwybod gan yr heddlu, pan ddaethant draw i'r swyddfa i'w gweld, y byddai'n well i'r heddlu lleol gadw draw o'r mater, 'and that Lanarkshire police left the matter to the Security Forces'.

Yn y cyfamser, ysgrifennodd Phil Williams at Gwynfor Evans yn ymhelaethu ar yr hyn yr oedd wedi'i ddarganfod am gysylltiadau Curtis â chenedlaetholwyr Aberystwyth. Cadarnhaodd fod Curtis wedi symud o hostel i lety ymysg myfyrwyr y dref ac nad oedd ganddo swydd barhaol:

He was out of work while he was in Wales, and lived to a large extent on the support of young Nationalists. While he was in Aberystwyth he attempted to involve several students in plans for violence: he promised to supply explosives, guns and ammunition; he persuaded students to accept incriminating material and he left it in their rooms.

Dywedodd wedyn ei fod wedi holi Michael Lewis am y modd yr oedd Curtis wedi ceisio ei ddenu i weithredu eithafol:

He claims that Curtis tried to persuade him to contact someone who would supply explosives. He did not show any interest, but one day went to meet Curtis after receiving a note. Curtis gave him a canister which he claimed was a timing device. A few hours later he was stopped by the police who searched his van and found the device.

Er bod Phil Williams yn credu stori'r Cymry ifanc am gymhellion amheus Curtis a'r posibilrwydd ei fod yn gweithio neu yn llawiach â charfanau yn yr heddlu neu'r gwasanaethau diogelwch, roedd rhai elfennau o stori'r llanciau am weithgareddau Curtis yn anghyson ac yn croes-ddweud ei gilydd. Barn Phil Williams oedd bod y stori am yr alwad ffôn i bencadlys y plismyn yn yr Amwythig 'borders on myth [and] has been elaborated in many ways'. Er enghraifft, meddai, wrth iddo glywed yr hanes gan ffynonellau gwahanol roedd enwau'r merched a welodd Curtis yn ffonio'r heddlu wedi newid sawl gwaith. Er hynny roedd craidd eu stori yn ei argyhoeddi. Roedd yn cael ar ddeall, ychwanegodd, bod Curtis bellach yn ôl yn byw yn Hamilton yn yr Alban, ond nad oedd yn bwriadu aros yno: 'It is rumoured that he is leaving for Australia within three weeks.'

Mae'n debyg bod Winnie Ewing ei hun wedi mynd i'r cyfeiriad yn ei hetholaeth lle'r oedd mam Curtis yn byw, ac wrth drafod y pwnc gyda'r hanesydd Wyn Thomas, dywedodd Gwynfor Evans fod mam Curtis wedi rhoi affidafid cyfreithiol i'r perwyl bod ystafell ei mab yn llawn offer heddlu. Cysylltodd Gwynfor Evans â phapur newydd *The Times*, yn y gobaith y byddai hynny'n denu sylw ehangach. Anfonodd y papur newydd ddau newyddiadurwr i ymchwilio ymhellach, ond gwrthododd mam Curtis â thrafod y mater.

Beth bynnag yw'r gwirionedd am yr *agent provacateur* tybiedig, MAC oedd yn gyfrifol am blannu dyfais Caergybi, er bod peth dryswch yn dal ynghylch union amgylchiadau'r weithred. Un o aelodau MAC, Gordon Wyn Jones, oedd i fod i blannu'r ddyfais ger Pier Mackenzie. Daeth Jones i sylw aelodau Cymdeithas yr Iaith yn gynharach y flwyddyn honno, ar ôl iddo ymddangos yn Rali'r Cei Llechi ar Fawrth y cyntaf yn eu holi am gysylltiadau mwy eithafol. Cafodd wybod mai mudiad di-drais oedd y Gymdeithas ac ni ddaeth dim o hynny, ond erbyn diwedd y gwanwyn roedd wedi dod i gysylltiad â John Jenkins a chytuno i weithredu ar ran MAC.

Trosglwyddwyd dyfais Caergybi i wraig Jones gan Jenkins ac Alders rai dyddiau ynghynt; ond cafodd Gordon Wyn Jones draed oer pan welodd wersyllwyr yn agos at y pier, ac mae'n debyg iddo ddatgysylltu gwifrau'r ddyfais ffrwydrol cyn ei gosod. Rhoddodd Jones a'i wraig ddatganiad i'r heddlu yn ddiweddarach yn adrodd yr hyn a ddigwyddodd ac yn enwi

Jenkins a Frederick Alders fel cyd-aelodau'r mudiad. Yn sgil ei gydweithrediad gyda'r awdurdodau ni ddygwyd unrhyw gyhuddiad yn erbyn Jones.

Ar ôl arestio John Jenkins yn ddiweddarach y flwyddyn honno, dechreuodd Dewi Watkin Powell, un o ffigyrau mwyaf dylanwadol Plaid Cymru ac un o dîm amddiffyn y ddau a garcharwyd, gysylltu ag ef yn y carchar. Mewn sgwrs gyda'i gofiannydd Wyn Thomas, dywedodd Jenkins ei fod o'r farn fod ei ddatganiad dilynol, nad oedd yr un o'r tri a gyhuddwyd o fom Caergybi yn aelodau o MAC, wedi arwain at leihau cyfnod Dewi Jones a William Glyn Jones yn y carchar o ddeunaw mis i naw mis yn dilyn apêl. Cyfaddefodd Jenkins nad oedd gan MAC unrhyw gysylltiad â Graig Farm a'i fod yn tybio mai gwaith *agents provaceteurs* oedd arestio'r tri ym Môn. Holl ddiben y peth meddai Jenkins oedd galluogi arést cyflym er mwyn arddangos pa mor effeithiol oedd y Gangen Arbennig. Yn ei ymchwil i'r digwyddiadau yng Nghaergybi dywed Wyn Thomas bod yna amheuon ymysg cenedlaetholwyr y cyfnod mai Gordon Wyn Jones oedd yr *agent provacateur* a arweiniodd at arestio'r tri, ond nad oedd John Jenkins ei hun yn credu hynny.

Yn y byd o hanner celwyddau a chysylltiadau niwlog sy gan fudiadau tanddaearol a'r gwasanaethau diogelwch mae'r gwirionedd yn anodd ei ganfod. Un canlyniad sicr i weithgareddau unrhyw *agents provocateurs*, tybiedig neu go iawn, fodd bynnag, oedd hau hadau paranoia a drwgdybiaeth ymysg cenedlaetholwyr. A beth bynnag oedd y gwirionedd am Curtis, diflannodd o Gymru mor ddisymwth ag y daeth. Tybir bod dyfaliad Phil Williams yn gywir a'i fod wedi ymfudo o Brydain i Awstralia ac yno y bu farw ymhen rhai blynyddoedd.

# 22

# Cilmeri

YN DILYN PENDERFYNIAD pwyllgor canolog Cymdeithas yr Iaith i gynnal dau gyfarfod torfol mawr i wrthwynebu'r Arwisgo, ac yn dilyn llwyddiant Rali Dydd Gŵyl Dewi ar y Cei Llechi, aed ati i drefnu'r ail gyfarfod ar yr 28ain o Fehefin, a dewis maen coffa Llywelyn ein Llyw Olaf yng Nghilmeri ger Llanfair-ym-Muallt fel lleoliad. Dywed Emyr Llywelyn, un o'r areithwyr ar y diwrnod, mai'r rheswm dros gynnal y rali yno oedd symbolaeth Cilmeri yn hanes Cymru:

> Lladd ein Tywysog ni, ein brenhiniaeth ni yn dod i ben a dod o dan Goron Lloegr a chael ein coloneiddio a mynd yn gaeth i wladwriaeth Seisnig. A chynnal yno yn hytrach na Chaernarfon i ddangos ein hymlyniad, a'n teyrngarwch ni i'n gorffennol.

Daeth pobl yno mewn pedair modurgad swyddogol o Aberystwyth, Y Bala, Pontypridd a Rhydaman, gyda gwrthdystwyr eraill yn cyrraedd yno mewn bysiau a cheir o bob rhan o'r wlad. Trefnodd Eryl Owain fws i'r rali o ardal Dolgellau:

> Dwi'n cofio ni'n trefnu bws i Gilmeri. Ac arwydd o gynnwrf y cyfnod oedd na chawsom unrhyw drafferth i lenwi'r bws. Y mwyafrif llethol ohonon ni'n ddisgyblion yn Ysgol y Gader, a rhai, fel fy mrawd er enghraifft, oedd wedi gadael yr ysgol yn

bymtheg oed ac mi roedd yna nifer o rai felly yno hefyd. Er mai ysgol fach ydi Ysgol y Gader, mi lwyddon ni i lenwi'r bws yma'n ddidrafferth.

Yn ôl *Y Cymro* roedd dwy fil o bobl yng Nghilmeri y diwrnod hwnnw, er mae'n bosib bod y nifer yn llai na hynny mewn gwirionedd. I Dafydd Iwan, er bod llai o bobl wedi ymgynnull yn rali Cilmeri na'r Cei Llechi, 'roedd hi'n fwy o achlysur gwleidyddol. Roedd llai o gynulleidfa, ond roedd rhywbeth reit urddasol a chofiadwy am honno.'

Adrodda gohebydd *Y Cymro* sut yr estynnwyd croeso i'r rhai a deithiodd yno gan dafarn *The Prince Llewelyn* yn y pentref, a osododd arwydd uniaith Gymraeg ar yr adeilad i hysbysu'r mynychwyr bod bwyd ar gael. Roedd hi'n brynhawn llethol o boeth, ac eisteddodd y rhan fwyaf o'r dorf ar y glaswellt o gwmpas y maen coffa i wrando ar y siaradwyr. Yn ogystal ag aelodau ifanc y Gymdeithas, yn bresennol hefyd yr oedd ffigyrau amlwg o'r hen do, fel D. J. Williams, y llenor ac un o Dri Penyberth, a'r bardd Waldo Williams. Dafydd Iwan oedd yn arwain y rali, a chafwyd cyfraniad cerddorol gan Huw Jones ac yntau, yn ogystal ag areithiau gan James Nicholas, Dr R. Tudur Jones, Emyr Llywelyn, a'r Parch. D. Jacob Davies ymysg eraill. Darlledwyd araith gan J. R. Jones ar dâp, a darllenwyd neges arbennig Saunders Lewis i'r rali gan yr actor W. H. Roberts. Gosodwyd torch o flodau gwyn ar garreg Llywelyn gan Waldo, gyda dau funud o ddistawrwydd i ddilyn i gofio am y Llyw Olaf.

Yn ystod y cyfnod yma yr ysgrifennodd Waldo Wiliams ei gerdd olaf, 'Llanfair-ym-Muallt'. Treuliodd gyfnod o flwyddyn yn athro yn Llanfair-ym-Muallt, gan ddod i adnabod yr ardal yn dda, yn y gerdd mae'n cyfeirio at ladd Llywelyn a'i ganlyniadau, a'r modd yr edwinodd y Gymraeg yn yr ardal:

Llanfair-ym-Muallt

Gwlad wen yn erbyn wybren oer
Oedd olaf argraff llygad llyw.
Ni chofir dan yr haul na'r lloer
Ei ddyfod beiddgar gan y byw.

Eiddynt yw'r ymerodraeth well,
Ac fel eu tadau gynt bob gŵr,
Eu gobaith ddaw o'r palas pell
A'r pen yn pydru ar y tŵr.

Gofyn i'r teyrn am ganiatâd
I dorri'r tafod, mae'n ddi-lai,
A'i rannu rhwng bwrdeiswyr brad
A'i hoelio uwchben drysau'r tai.

'Mi a wn y daw!' oedd testun araith Emyr Llywelyn.
Dywedodd fod y dorf wedi ymgynnull yn un o'r lleoedd mwyaf
cysegredig yng Nghymru, oherwydd:

Yma ddoe, y lladdwyd Llywelyn. Ie, ddoe oedd 1282 am fod
y cyfan a ddigwyddodd i ni fel pobl wedi hynny wedi'i orfodi
arnon ni; am fod y cyfan wedi hynny yn wyrdroad annaturiol
ar ein gwir ddatblygiad fel cenedl. A rhaid i'r neb a fyn adfer
y genedl i'w thwf naturiol ddod yn ôl i'r fan lle torrwyd ar y
twf hwnnw, sef ar lan afon Irfon yn 1282.
     Pan fo carcharor wedi cael ei gadw'n gaeth am ddeng
mlynedd neu bymtheng mlynedd, erys y dydd diwethaf iddo
gerdded yn rhydd mor eglur yn ei feddwl a phe bai wedi
digwydd ddoe. Ddoe oedd 1282 i'r genedl Gymreig. Mae
popeth a ddigwyddodd er hynny wedi'i orfodi arnom o'r tu
allan, ac yn wyrdroad ar ddatblygiad y genedl.
     Er gwaethaf profiadau torcalonnus y misoedd diwethaf
gallaf innau yn hyderus broffwydo buddugoliaeth i'n hochr ni
– 'Myn Duw mi a wn y daw'.
     Mi wn y daw am fod ein dull ni o ymladd dros yr iawn
gweryl yn ddull sy'n creu arwriaeth, yn ddull sy'n creu
rhuddin moesol.

179

Mi wn y daw am fod yr arwriaeth a'r rhuddin moesol yma eisoes wedi'i amlygu ei hun ymhlith ein pobl ifanc yn y bechgyn a'r merched hynny a fu'n ymprydio fel protest yn erbyn dod â Siarl i Aberystwyth. Dyma bobl ifanc a lwyddodd i goncro'u hunain, i goncro'u hofnau. Mae gyda ni yng Nghymdeithas yr Iaith nifer fawr o bobl ifanc sy wedi bwrw allan ofn a gan eu bod wedi bwrw allan ofn nid oes dim a all sefyll o'u blaen. Nid oes dim na allan nhw ei gyflawni.

Mi wn y daw am fod Goliath o rym politicaidd, fu'n gormesu mor hir arnom ni, yn mynd i edwino mewn amser ac mai materol yw ei rym. Ond mae grym fy mhobl yn ysbrydol, ac ond i beidio taflu'r grym yna i ffwrdd, ni all neb ei ddwyn oddi arnom, ac eiddom fydd y fuddugoliaeth derfynol.

Dechrau ei araith ar nodyn ysgafn wnaeth yr Undodwr, y Parch. D. Jacob Davies, gan ddatgan: 'Fe ddechreua'i yn y modd arferol, trwy ddwued mai crwt neis yw'r crwt... Roeddwn i'n cyfeirio, wrth gwrs, at Dafydd Iwan!'

Aeth yn ei flaen yn ddifrifol i ddweud iddo deimlo'n wirioneddol sâl yn ystod y misoedd diwethaf. Roedd yn teimlo'n sâl, meddai, am iddo weld ei gyd-Gymry – hyd yn oed ei gyfeillion a'i gymdeithion yn cael eu denu at gefnogi'r Arwisgo. Peth trist oedd gweld pobl yr oedd wedi ymddiried ynddynt yn gwamalu, ychwanegodd. Croniclodd ei deimladau mewn cerdd, yn dwyn y teitl 'Salm Ein Cywilydd'. Yn y gerdd sy'n darllen fel darn o lyfrau Proffwydi'r Hen Destament, cystwyir y genedl am syrthio mor isel yn ei hunanwerth.

Plygaf fy mhen mewn tristwch canys y mae arnaf gywilydd fy mod yn perthyn i genedl a syrthiodd i waradwydd taeogrwydd trwm.

Y mae arnaf gywilydd o genedl sydd â'i threfi a'i phentrefi yn gwisgo gwisgoedd gogoniant estron gan lawenhau yn ei hangau ei hun.

Y mae arnaf gywilydd o genedl sy'n cynnig cwpanau gwag

i'w phlant ar ddydd yr Arwisgo a ffiol ei gorffennol hi mor llawn o drysor drud.

Y mae arnaf gywilydd o genedl a werthodd ei hasgwrn cefn am ddeg darn ar hugain o eiriau Cymraeg benthyg.

Y mae arnaf gywilydd o'r ddwy 'll' sydd yn Llanelli oherwydd iddynt gael eu puteinio i'n prynu.

Y mae arnaf gywilydd o genedl a gododd gelwyddgwn gwleidyddol sy'n honni pleidio gweriniaeth a gweithiwr ond y sydd heddiw yn crafu ymhlith y crachach cyfalafol.

Y mae arnaf gywilydd o'r gweinidogion coronog Cymreig sy'n derbyn wyth mil a hanner y flwyddyn am ddweud wrth hen bensiynwyr y gallant fyw'n ddigonol ar bedair punt a hanner yr wythnos.

Y mae arnaf gywilydd o'r gwasgu sydd ar y gwan a'r gwario gwag ar oferedd nad yw fara.

Y mae arnaf gywilydd o genedl sy'n rhedeg ar ôl anrhydeddau a seremonïau Seisnig gan anwybyddu mawredd ei anrhydedd ei hun.

Plygaf fy mhen mewn tristwch canys y mae arnaf gywilydd fy mod yn perthyn i genedl a syrthiodd i waradwydd taeogrwydd trwm.

Traddodwyd araith yr Athro J. R. Jones ar dâp, oherwydd ei absenoldeb yn sgil gwaeledd. Salwch a fyddai'n arwain, ymhen llai na blwyddyn, at ei farwolaeth annhymig. Ynddi dywed yr athronydd fod y Cymry wedi cael eu llygad-dynnu dros ganrifoedd yr uniad gwleidyddol â Lloegr i fabwysiadu ffordd arbennig o weld eu hunain, sef eu bod wedi'u clymu'n dynn, drwy'r syniad o 'undod Prydain', yn un genedl â'r Saeson, gan ymdoddi yn un 'Bobl Brydeinig', a'r enw ar hynny, meddai oedd 'Undod Prydeindod', a Saesneg oedd iaith yr undod hwnnw. Aeth yn ei flaen i esbonio sut yr oedd yr Arwisgo yn ei farn ef yn ffordd o smentio'r undod hwnnw unwaith eto:

Y Goron yw sumbol hynaf, gwytnaf a pharchedicaf yr 'undod' Prydeinig. Drwy ei mawrhydi mesmereiddiol, y mae hi'n

offeryn perffaith at ei law i hyrwyddo'r anrhaith ar gof y
Cymry a chau gefyn ein cyflwr yn dynnach amdanom. A
hynny sydd ar fedr ei wneud yn awr yng Nghaernarfon – troi
golau llachar y Frenhiniaeth arnom i'n hailfesmereiddio ni
â deniadau'r 'undod Prydeinig' i'r diben o atal ac erthylu
deffroad y genedl.

Ac yn ateb i hynny y'n galwyd ninnau ynghyd i Gilmeri i
roi cyfle i arwyddocâd symbolaidd y fangre hon i ddwysbigo'r
Cymry ac ail-gyffroi eu cof. Mae'n wir mai cri go bell sydd
o'n presenoldeb ni yma heddiw i'r hyn a ddigwyddodd
yma yn 1282. A bydd cynffonwyr yr undod Prydeinig am
ofyn: Pa les ail-brocio lludw ein hen hanes fel hyn – ailgodi
crach hen goncwest anghofiedig? Paham ymgynnull yma i
anrhydeddu hen dywysogion? Sylwer ar yr ateb: nid am eu
bod hwy'n ffigurau delfrydol, ond am eu bod hwy'n ddarn o'r
cwmwl mawr o dystion a gafodd ein cenedl ni. Yn dystion i'n
hunaniaeth ni.

Wedi dod i Gilmeri yr oedd y gwrthdystwyr, meddai, i
atgyfnerthu a deffro eu cof, ac ailsefydlu eu hunaniaeth yn eu
meddyliau eu hunain – 'i ddod yn sicr eto yn ein meddyliau pa
Bobl yn union ydym.' Yn fwy na dim, ychwanegodd, ni ddylai'r
Cymry ildio i'r 'gred ffatalistig fod Hanes eisoes wedi setlo ein
tynged – fod Prydeindod o'r diwedd wedi llwyddo i'n lladd ac
mai dathlu cwplâd y Goncwest a wneir yng Nghaernarfon!'

Anfon neges o gefnogaeth trwy ohebiaeth at Dafydd Iwan
wnaeth Llywydd Anrhydeddus Cymdeithas yr Iaith, a chyn-
Lywydd y Blaid Genedlaethol, Saunders Lewis. Pan oedd yn
arwain y Blaid, nid oedd Saunders yn wrth-frenhinwr o gwbl,
ond yn awr roedd yn gweld Coron Lloegr yn yr un termau â J.
R. Jones, yn fygythiad i arwahanrwydd Cymru:

Gyfeillion,

Fe laddwyd Tywysog olaf Cymru yr unfed ar ddeg o fis
Rhagfyr deuddeg cant wyth deg a dau. Claddwyd ef yn Abaty
Cwm Hir. Ni bu gan Gymru Dywysog ar ei ôl ef. Nid oes i

Gymru Dywysog ar ei ôl ef. Cais i gladdu cenedl Cymru yw'r Arwisgo yng Nghaernarfon. Y mae teulu brenhinol Lloegr yn dyfod i Gymru i glymu Cymru wrth lywodraeth Lafur Lloegr. Lleiafrif ydym ni sy'n condemnio hynny. Mae'r miloedd yn addoli'r sêr ffilmiau brenhinol. Ond ni piau traddodiad Llywelyn a Chymru.

Saunders Lewis

Nid bod llawer o aelodau'r Gymdeithas am weld gorseddu teulu brenhinol Cymreig yn lle'r un Seisnig. Gweriniaethol oedd teithi meddwl y rhan fwyaf o'r aelodau, fel cofia Ffred Ffransis, 'Roedden ni gyd â theimladau eitha cymysg yn y Rali. Roedd y mudiad cenedlaethol yn weddol amlochrog, ond roedd nifer ohonon ni ddim yn hoffi'r syniad o dywysogion ffwl-stop ac nad oedden ni'n chwilio am ryw Dywysog Cymreig rhamantus.'

Rhan annatod o afiaith a chynnwrf y cyfnod oedd nid yn unig y protestio, ond y bwrlwm cymdeithasol oedd ynghlwm â hynny. Rhannu nod cyffredin wrth ymladd brwydr wleidyddol dros Gymreictod a glymodd genhedlaeth o Gymry ifanc gyda'i gilydd, ac a gyflawnodd lawer o ran cryfhau hunaniaeth Cymru ym mlynyddoedd anterth y protestiadau. Nid oedd Rali Cilmeri ddim gwahanol yn hynny o beth, fel y disgrifia Eryl Owain:

Ar ôl y Rali mi roedd yna noson ym Mhontrhydfendigaid, ac roedd yn rhan o'r cynnwrf bod pobl yn eiddgar i fynd i brotest felly, a bod yn rhan o'r frawdoliaeth a'r chwaeroliaeth oedd yn bodoli rhwng pobl oedd yn teimlo yr un fath â ni. Roedd yna ryw gysylltiad – roedd rhywun yn teimlo ei fod yn gyfeillion gyda phobl doedd rhywun ddim yn eu nabod o'r blaen oherwydd eu bod yn rhannu'r un safbwynt, ac roedd cyd-ddathlu y noson honno ym Mhontrhydfendigaid yn eithriadol o braf.

Chwyddwyd poblogaeth pentref bychan Cilmeri y diwrnod hwnnw, nid yn unig gan y rhai a ddaeth i brotestio yn erbyn yr

Arwisgo, ond hefyd gan ddegau o blismyn yn eu lifrai a heddlu cudd. Camp i rai o aelodau amlycaf Cymdeithas yr Iaith fel Emyr Llywelyn wrth deithio tuag adre oedd ceisio osgoi cael eu dilyn gan y plismyn:

Ar ôl y Rali roedden ni'n mynd yn ôl, ac oedd gen i mini fan bryd hynny, ac roedden ni'n teithio i Langeitho. Ro'n ni'n dod yn ôl dros dop Tregaron o Gilmeri, ac roedd yna gar yn fy nilyn i yr holl ffordd, sa i'n cofio pwy oedd gen i yn y car ond ro'n i'n gwybod y ffordd ac oedd hi'n nos er bod hi'n Fehefin. Ond doedd hi ddim mor hwyr â hynny. Ro'n i'n dod ar y darn o Langeitho i Felin-fach, mae'n ffordd droellog a rhiwiog ac roeddwn i'n gwybod am un darn lle'r oedd y ffordd yn fforchio, ac mi es rownd y tro 'ma'n gyflym gyflym, troi lawr a diffodd y gole ac ethon nhw (yr heddlu) yn syth 'mlaen. Pan siarades i gyda'r pedwar heddwas oedd yn y car tu ôl wedyn, wedon nhw eu bod nhw'n gynddeiriog wyllt 'mod i wedi gallu osgoi nhw pryd hynny.

Un arall oedd yn benderfynol o osgoi sylw'r plismyn oedd Ffred Ffransis, yn fwy na dim oherwydd fod ganddo gynlluniau i geisio hel ei draed am y gogledd cyn gynted ag y medrai er mwyn cynnal rhagor o brotestiadau yn y tridiau cyn yr Arwisgo, ac efallai llwyddo i gyflawni rhyw fath o weithred ddi-drais ar y diwrnod mawr ei hun:

Mi ges i lifft, gan Eifion Lloyd Jones dwi'n meddwl, o Abergwesyn tua Pontrhydfendigaid, ac wrth fynd o Abergwesyn dim ots pa mor gyflym neu araf roedden ni'n mynd, roedd car yn aros y tu ôl i ni yr holl amser. Ac roedden ni'n meddwl: 'Ydi'r car yma'n ein dilyn ni?' Felly mi ddwedon ni: 'Reit, gawn ni weld ynglŷn â hyn!' Felly mi wnaeth o dynnu i mewn, ac mi wnaeth y car yma ein pasio ni ac mi edrychon ni i weld be welen ni. Ac yno roedd boi yn mynd ar ei ffôn, doedd dim ffonau symudol bryd hynny, dim ond yr heddlu oedd efo ffonau. Roedd yn amlwg bod heddwas yn ein dilyn ni, a dyma oedd dechrau pedwar diwrnod annifyr iawn lle'r oedd pethau'n mynd yn ffars. Roedd yr Arwisgo'n ffars, ond roedd hefyd yn ffars bersonol i fi. Roedd yr heddlu yn fy nilyn i a llawer o bobl eraill o gwmpas y lle, felly gêm oedd dianc rhag yr heddlu.

Roedd pobl yn gofyn i fi wedyn 'Pam?' a doedd hi ddim yn amlwg pam. Achos doeddwn i ddim yn hyrwyddo unrhyw beth, roedd o jesd yn mynd yn gêm rhyngon ni a'r heddlu. Y peth cynta nes i ei wneud wedyn oedd trefnu bod car yn aros amdanaf i yr ochr arall i'r wal lle'r oedd y noson ym Mhontrhydfendigaid. A dyma fi'n cerdded yn araf tuag at du blaen y llwyfan tua diwedd y noson a siarad gyda phobl ar y ffordd. Yna dyma fi'n rhedeg yn sydyn trwy gefn y llwyfan allan dros y wal i'r car ac i ffwrdd.

Roeddwn i'n gwbod lle'r oedden ni'n mynd, sef Aberystwyth, ond ro'n i'n cadw ar lawr y car ac fel y rhan fwyaf o bobl oedd yn y noson ro'n i'n aros yn Aber, a'r bwriad oedd aros mewn tŷ diogel dros nos.

## 23

# Bynting, y Swltan
# a Choron Ping Pong

YMYSG Y GWAHODDEDIGION i'r Arwisgo yng Nghastell Caernarfon oedd un o gyfeillion mawr y teulu brenhinol, sef Swltan Brunei, un o ddynion cyfoethocaf y byd. (Daeth y Swltan i sylw'r byd unwaith eto yn 2019 pan gyflwynodd gyfraith yn caniatáu llabyddio pobl hoyw i farwolaeth). Yn ystod y paratoadau ar gyfer seremoni Caernarfon daeth y Swltan i gysylltiad â'r Archdderwydd Gwyndaf. Roedd Gwyndaf yn athro Ysgrythur yn Ysgol Brynrefail, felly trefnwyd y byddai'r Swltan yn dod ar ymweliad arbennig â'r ysgol ychydig cyn yr Arwisgo. I ddisgybl gwrthryfelgar fel Eirug Wyn, roedd yn gyfle rhy dda i'w golli. Fel yr adrodda Mari, ei chwaer:

Yn ôl traddodiad mae plant y Mans yn ddireidus-ddrwg a gwir dweud ein bod ni'n ddrain yn ystlys y Prif a rhai aelodau o staff yr ysgol yn ystod y misoedd yn arwain at yr Arwisgo. Pan elai unrhyw beth o'i le – y gloch dân, rhoi papur dros y clychau rhwng gwersi neu gloi drysau allanol o'r tu mewn (a'r disgyblion i gyd allan ar y cae) y waedd oedd 'ble mae plant y g'nidog?!'
    Roedd Eirug yn arweinydd ac fe drefnodd sawl digwyddiad. Cafwyd un brotest dorfol ar gae yr ysgol yn datgan anfodlonrwydd, gyda baneri ayyb ac fe safodd rhyw hanner cant o'r disgyblion o'u gwersi am bnawn – hynny

pan gyhoeddwyd yr Arwisgiad. Aeth nifer ohonom lawr i Gaernarfon ar y bws *service* yn syth wedi derbyn cwpanau cofio Carlo a'u malu'n llwch ar wal waelod y castell wrth y cei.

Yn y chwedegau, Pennaeth yr Adran Ysgrythur ym Mrynrefail oedd yr Archdderwydd Gwyndaf, ac ef hefyd fyddai'n dysgu côr yr ysgol i ganu cerdd dant. Ysgol fechan o brin 250 o ddisgyblion oedd Brynrefail adeg hynny felly roedd pob merch yn llythrennol yng nghôr yr ysgol, ac ambell i fachgen! Roedd rhaglen y côr yn eitha' eang ac un diwrnod fe alwodd Gwyndaf ymarfer brys. Roedd am i ni ddysgu 'Modryb Neli a'i chap melyn' dros nos. Ninnau'n chwilfrydig yn gofyn pam gan ein bod â digon o ganeuon ar ein cof yn barod.

Wel, meddai, roedd ymwelydd tramor yn ymweld â'r ysgol drannoeth, un oedd wedi cyrraedd erbyn yr Arwisgo! Nawr roedden ni'n cael trafodaethau chwyrn iawn yn ein gwersi Ysgrythur yn gyson – roedd Gwyndaf yn gefnogol iawn i'r Arwisgo, ac yn dadlau'n frwd dros y Frenhiniaeth!

Doedd e â'i ddisgyblion ddim ar y telerau gorau yn '69. Bu 'na ddadl ffyrnig a fyddai'r côr yn fodlon canu o gwbwl ond roedd 'nhad [y Parch. John Price Wynne], ynghanol y bwrlwm wastad yn dweud wrthyn ni am beidio colli cyfle a sefyll yn gadarn wrth ein hegwyddorion a wynebu sefyllfaoedd anodd ag urddas a dewrder. Roedden ni fel plant ar yr aelwyd adre yn hynod o lwcus o gefnogaeth dawel ac urddasol 'nhad. Roedd o'n sefyll wrth ein hochor bob cam o'r ffordd gyda gwên foddhaus iawn ar ei wyneb yn aml!

Felly, daeth dydd yr ymweliad. Roedd Eirug 'mrawd eisoes wedi'i gloi yn Swyddfa'r Pennaeth – rhag ofn.

Roedd y côr yn sefyll ar y llwyfan.

Daeth gosgordd y Swltan a'r Swltana mewn drwy ddrws cefn y neuadd ac fe eisteddodd y Swltan fel Bwda bach gwengar ar ddwy gadair. A dyma ninne aelodau'r côr yn gwneud yr un modd – eistedd fel mynachod ar lawr y llwyfan.

Cerddodd Gwyndaf ar y llwyfan a'n hannog i godi a chanu.

Gwrthodon.

Dair gwaith gwnaeth yr arwydd urddasol â'i freichiau i ni godi. Ond ar ein heistedd fel mynachod y canon ni'r diwrnod hwnnw gan ymestyn ein gyddfau yn sarhaus a gwenu'n wirion i gyfeiriad y Swltan ar y 'ding a ling a ling ding a ling ling ling'! Roedd yntau yn wên o glust i glust heb unrhyw syniad o'r tensiwn rhwng y côr a'r arweinydd.

Roedd Gwyndaf a'r Pennaeth yn gandryll ond yn dawel fach yn falch mai dyna hyd a lled y brotest y diwrnod hwnnw.

Diwrnod ymweliad y Swltan roedd yna sawl swigen powdwr rhech wedi'u lleoli yn y neuadd ac unigolion â chyfrifoldeb i'w 'tanio'. Dyna un rheswm pam y rhoddwyd Eirug dan glo! Roedd y Prif, druan, yn byw ar ei nerfau yn llythrennol, ac fe gafodd e a dau neu dri aelod arall o staff olwynion fflat a thatws fyny piben egsôst eu ceir ar sawl achlysur.

Pan ddeallon ni bod yr heddlu i gymryd drosodd yr ysgol fel canolfan aros am wythnos fe fu dipyn o 'rigio' o gwmpas lle.

Digwyddodd rywbeth od i gyflenwad dŵr tai bach y bechgyn, rhoddwyd *Swarfega* ar ddolenni drysau a ffenestri, llanwyd tyllau cloeon â poliffila. Diolch i'r drefn ei bod yn gyfnod cyn y camerâu cadw llygad.

Roedd rhyw ddrygioni fel hyn yn dangos anfodlonrwydd â'r holl rialtwch! Er bod sawl digwyddiad yn swnio'n ddiniwed iawn erbyn hyn, roedden ni'n llawn egni a phenderfyniad ac yn credu'n angerddol yn ein brwydr dros yr iaith a Chymreictod.

Ar ddiwrnod yr Arwisgo roedd bwriad i bob ardal gynnal te parti i nodi'r achlysur hapus, ond yn anorfod ar y noson gynt bu cryn dipyn o weithgarwch mewn sawl bro, wrth i brotestwyr geisio amharu ar y trefniadau a thynnu baneri ac addurniadau Prydeinig i lawr.

Yng Ngheredigion aeth Emyr Llywelyn a dau gyfaill iddo am sbin rownd y sir yn ceisio tynnu'r bynting lawr mewn cymaint o drefi a phentrefi â phosib:

Roedd pawb yn rhwystredig wrth weld yr holl bynting lan
ymhob man a wedes i 'Dewch mla'n newn ni un her fach olaf
nawr', a wedes i wrthyn nhw am ddod â'r car o flaen y tŷ ac
mi wna i gropian allan i'r car i osgoi'r heddlu cudd oedd yn
cadw golwg arna i. Wedyn fe aethon ni rownd Sir Aberteifi. A
beth oedd gyda ni oedd bachyn ar ddarn o raff, ac ro'n i'n ei
daflu fe fyny a llusgo'r bynting lawr. Aethon ni drwy sawl tre'
ac roedd hi'n hwyr y nos. Aethon ni rownd trefi, a dechrau'n
Aberaeron a mynd lawr tua Aberteifi, a tynnu'r bynting lawr
yn Aberteifi ond erbyn i ni gyrraedd Llambed roedd yr heddlu
wedi ein dal ni ac mi gafodd y tri ohonon ni ein harestio a'n
cyhuddo o ddifrodi pethe'r Arwisgo.

Yn Nyffryn Ogwen hefyd, cafwyd ymdrechion glew i
ddifetha'r dathliadau trwy dynnu baneri i lawr ar hyd stryd
fawr Bethesda. Yn ôl Ieuan Wyn: 'Roedd tair mil o faneri jac yr
undeb drwy'r pentref, cris-croes i lawr y stryd. Mi wnaethon ni
ddringo'r polion, eu tynnu a'u rhoi mewn bagiau, gan losgi eu
hanner a mynd â'r gweddill i swyddfa'r heddlu er mwyn cael
achos llys.'

Yn ddiweddarach o flaen Llys Ynadon Bangor cyhuddwyd
Selwyn Jones a'i frawd Vernon, Ieuan Wyn a Myrddin Williams
o Fethesda, ynghyd â Morus Parry o Edern, Pwllheli, o achosi
niwed bwriadol a difrodi gwerth £40 o faneri'r Arwisgo. Yn
y llys honnodd y cwnstabl Eric Roberts iddo weld Vernon
Jones yn eistedd ar ysgwydd Morus Parry ac yn defnyddio
ffon hir i dynnu'r baneri i lawr. Adroddodd Geoffrey Davies,
tafarnwr y Douglas Arms a chadeirydd Cyngor Bethesda, ei
fod allan yn cadw golwg ar y Stryd Fawr rhwng canol nos a
phedwar o'r gloch y bore oherwydd ei fod yn poeni y gallai
rhywun ddifrodi'r baneri. Dywedodd Mr Davies na allai gofio
a oedd y Cyngor wedi meddwl gofyn am faneri Cymreig
wrth benderfynu gwario arian ar addurniadau i'r Arwisgo.
Ond mynnodd John Evans, y syrfëwr, ei fod wedi gofyn am
gymaint o faneri Cymru â phosibl wrth wneud archeb ar ran
y Cyngor. P'run bynnag, ym marn y ddau gynrychiolydd o'r

Cyngor, roedd y baneri plastig wedi dod â budd gwirioneddol i drethdalwyr Bethesda.

Dywedodd y protestwyr eu bod wedi gweithredu oherwydd eu bod yn teimlo ei bod yn sarhad i'r pentref a Chymru mai dim ond rhyw dair baner Draig Goch a godwyd yn y pentref, o'u cymharu â miloedd o faneri Jac yr Undeb. Holodd un o'r tynwyr baneri Gadeirydd y Fainc, a oedd hefyd yn aelod o Gyngor Dinesig Bethesda:

'A fyddech chi mor garedig a dweud wrth y llys beth yw baner ein gwlad ni?'

'Jac yr Undeb' oedd ateb yr ynad.

Cafodd y pedwar ddirwy o £3 a'u gorchymyn i dalu costau o £5 yr un.

Roedd Bethesda yn debyg i sawl pentref a thref arall yng Nghymru y flwyddyn honno gyda chymdogion yn ffraeo yn agored neu tu ôl i gefnau ei gilydd ar gownt yr Arwisgo. Yn ôl Ieuan Wyn roedd wedi creu 'awyrgylch anghysurus' yn y pentref, ac un enghraifft o hynny oedd i rywun baentio 'Ich Dien', arwyddair y Tywysog, ar draws ei gar *Triumph* y bore cyn iddo gychwyn am Rali Cilmeri.

Ar ôl Rali Cilmeri roedd Ffred Ffransis am deithio i'r gogledd gan ei fod yn awyddus i fod yng Nghaernarfon ar ddiwrnod yr Arwisgo, ond dryswyd ei gynlluniau gan y ffaith bod yr heddlu'n ei ddilyn i bobman.

Roedd hi rŵan yn ddydd Sul, a dydd Mawrth oedd yr Arwisgo, a dydd Llun roedden ni am wneud ein protest. Ond roedden nhw'n gwylio'r holl ffyrdd allan o Aberystwyth. Mi wnaeth rhywun o'r enw Wil Edern roi lifft i mi y bore wedyn, ac mi wnes i benderfynu 'mod i rŵan am geisio cyrraedd tŷ Ieuan Bryn yn Licswm, ac o fanno roedd y ddau ohonom am drefnu protest. Mi wnes i gadw ar lawr y car tan i ni gyrraedd Talybont, pryd nes i gofio 'mod i wedi gadael fy mag gyda fy holl bapurau'n ôl yn Aberystwyth. Felly dyma ni'n troi'n ôl i Aberystwyth a dal i gadw ar lawr. Cael y bag, ond wedyn bod yn rhy ewn a phenderfynu peidio mynd ar lawr y car eto, ond pwy oedd ar dop Penglais ond heddlu cudd wnaeth fy ngweld i a'n nilyn i a dwi'n cofio ni'n trio eu colli nhw a mynd – yn anghyfrifol iawn – tua 50 milltir yr awr drwy Fachynlleth, stopio'n sydyn yr ochr i'r bont, mynd allan o'r car, ffarwelio efo Wil a mynd i guddio.

Mi ddaeth llwyth o heddlu ar fy ôl, a dod o hyd i mi wrth yr afon. A dweud 'Reit ry'n ni wedi ffeindio chi. Beth chi'n mynd i neud nawrte?'

Ac mi ddeudus i: 'Wel mynd yn ôl i Aberystwyth. Gawn ni fod yn ymarferol ynglŷn â hyn?'

Ac mi ddeudon nhw: 'Ble ti eisiau mynd Ffred? Yn lle bod ni'n dilyn ti'n ôl i Aberystwyth, oni fydden fe'n haws i ni roi lifft yn ôl i ti?'

A dyna ddigwyddodd. Wedyn es i weld cwpwl o bobl a chynllunio eto. Ac roedden nhw'n dal i fy nilyn i o gwmpas Aberystwyth.

I rywun sy'n nabod daearyddiaeth tref Aberystwyth, mae yna *alleyway* bach sy'n mynd o'r Prom i fyny ryw risiau at lle'r oedd Llyfrgell Ceredigion, uwchben Baker Street lle mae Capel Seion, ac mi wnes i drefnu bod car yn aros amdanaf i fanna. Jesd cerdded yn cŵl ar hyd y Prom, ac yn sydyn rhedeg i fyny'r grisiau fanno, llwyddo i'w colli nhw at y car; ac aros ar lawr y car yr holl ffordd i fyny i'r gogledd ac yn y diwedd cyrraedd Licswm lle'r oedd cartref Ieuan Bryn.

Nos Sul yn Licswm, dyma oedd ein cynllun ni – protestio a gwneud rhywbeth gwerth chweil. Roedden ni'n mynd i hitsio o Licswm i Gaernarfon y diwrnod cyn yr Arwisgo ac roedden ni'n mynd i baentio pob arwydd Saesneg ar y ffordd. Rhan o'r broblem oedd oherwydd ein bod ni eisiau cyrraedd Caernarfon, doedden ni ddim eisiau cael ein dal yn paentio arwyddion. Ac roedd hyn yn beth hollol wahanol i mi, achos bob amser roeddwn i'n gwneud rhywbeth roeddwn i'n gwbl agored, ac yn cymryd cyfrifoldeb am bopeth roeddwn i'n ei wneud. Felly roedd rhaid i ni ystyried, o bob cyfeiriad, os oedd pobl yn mynd i'n gweld ni. Yn y diwedd dim ond rhyw chwech o arwyddion wnaethon ni baentio trwy'r dydd i gyd.

Y noson honno, bu'r ddau ohonynt yn cysgu mewn cae wrth erddi Bodnant, cyn bodio i Gyffordd Llandudno a chael bws i gyrion Caernarfon.

*****

Yr un a gafodd y dasg o ddylunio'r set ar gyfer y pasiant yng Nghastell Caernarfon oedd yr Arglwydd Snowdon, Antony Armstrong-Jones, dyn yr oedd gan ei deulu gysylltiadau â thipyn o dir ym mhlwyf Llanwnda, a gŵr y Dywysoges Margaret, chwaer y Frenhines (neu 'Magi Bont' fel y'i gelwid hi'n lleol). Rhyw gyfuniad od oedd yr holl beth o'r modern plastigaidd a'r canoloesol caregog. Roedd llawer o'r deunyddiau a ddefnyddiwyd yn lleol, gan gynnwys llechi o Chwarel Dinorwig ar gyfer y *dais* neu'r llwyfan bychan. Roedd darn persbecs 25 troedfedd sgwâr yn gorchuddio'r gorseddi, a thair pluen Tywysog Cymru wedi'u gwneud o bolisteirin wedi'u gosod ar y canfas persbecs.

Un broblem a wynebodd y trefnwyr yn fuan yn y broses oedd y ffaith bod Edward VIII wedi cadw coronig Tywysog Cymru a chymryd y crair brenhinol gydag ef pan orfodwyd ef i fynd yn alltud ac ildio'r goron i'w frawd Siôr VI, taid Charles. Golygai hynny fod angen coronig newydd ar gyfer seremoni 1969.

Dewiswyd y dylunydd ecsentrig Louis Osman, a oedd yn enw ffasiynol yn y byd dylunio yn Llundain y chwedegau, i gynllunio coronig newydd. Roedd y cynllun yn un lled draddodiadol gan ddilyn ffurf penwisg seremonïol Tywysogion Seisnig Cymru. Yn anffodus aeth pethau o chwith yn ystod y broses gynhyrchu, ac ar y funud olaf bu'n rhaid i'r dylunwyr gyfnewid y belen o aur pur oedd i fod i goroni'r tlws brenhinol am bêl tenis bwrdd wedi'i gorchuddio mewn eurblat.

Felly ar y cyntaf o Orffennaf 1969, mi fyddai Charles yn dod gerbron mawrion y Sefydliad Prydeinig a hoelion wyth Gwlad y Gân i'w arwisgo'n Dywysog Cymru yn gwisgo pêl ping pong ar ei ben.

# 24

# Gwystlon a Merthyron

BWRIAD MAC, DAN arweiniad John Jenkins, oedd cynnal pedwar ymosodiad yn ystod diwrnod yr Arwisgo – cynlluniwyd dau ffrwydrad yn nhref Caernarfon, un arall ar y pier yn Llandudno lle'r oedd disgwyl i'r llong frenhinol *Britannia* angori, a'r pedwerydd yn swyddfa Nawdd Cymdeithasol y Llywodraeth yn Abergele.

Ond aeth pethau o chwith, ac mi dalodd dau ddyn ifanc o'r dref y pris eithaf. Oherwydd o gwmpas hanner nos ar y noson cyn y seremoni lladdwyd dau aelod o MAC, Alwyn Jones a George Taylor, pan ffrwydrodd bom Abergele yn rhy fuan. Achosodd grym y ffrwydrad anafiadau difrifol i'r ddau a malu eu cyrff yn chwilfriw. Rhyw ddwy awr ar ôl y ffrwydrad, cyrhaeddodd swyddogion heddlu dan arweiniad Jock Wilson y dref ac archwilio cartref Taylor. Cafodd corff George Taylor ei adnabod trwy ddefnyddio cofnodion deintyddol ac olion bysedd, ac adnabuwyd Alwyn Jones trwy fodrwy ar ei fys a farciwyd gyda llythrennau cyntaf ei enw.

Pan gafodd ei ladd roedd Alwyn Jones yn labrwr ifanc 22 oed, yn briod gyda merch o Jamaica, ac roedd yn adnabyddus yn y dref am ei ddaliadau gweriniaethol Cymreig. Mynnodd teulu George Taylor, paentiwr a dyn tân uchel ei barch yn y gymuned, nad oedd yn aelod o MAC, a'i fod yn hytrach yn ceisio darbwyllo Alwyn Jones rhag plannu'r bom ar y noson. Ond wrth gael ei holi gan Wyn Thomas, yr arbenigwr ar hanes

MAC, cadarnhaodd John Jenkins fod y ddau yn aelodau o'r mudiad tanddaearol, ac mai ceisio plannu dyfais oeddent pan ffrwydrodd yn gynnar, ac mae'n debyg mai ef ei hun drosglwyddodd y ddyfais i gell Abergele. Dywed Wyn Thomas yn ogystal fod ei ymchwil yn awgrymu bod gan y ddau gysylltiad gyda'r ffrwydrad yn y Snowdonia Mountain Club, Penisarwaun, yn Ionawr 1968, a bod rhai o gyn-swyddogion yr heddlu hefyd yn credu na fyddai gan George Taylor unrhyw reswm i fod yno gydag Alwyn Jones, oni bai ei fod yn cymryd rhan yn y weithred.

Os oedd teulu George Taylor yn gwadu unrhyw gysylltiad gydag eithafwyr Cymreig, nid oedd gan rai o drigolion Abergele unrhyw amheuon. Yn ogystal â dioddef profedigaeth greulon, bu'n rhaid i'r teulu hefyd wynebu gwawd a chasineb carfan o bobl leol, gyda rhai yn mynd mor bell â gwthio llygoden farw a baw ci drwy'r blwch llythyrau a phaentio sloganau ar wal eu cartref.

Clywodd John Jenkins y newyddion am ffrwydrad Abergele ar fore'r Arwisgo. Roedd ar ddyletswydd gyda'r corfflu deintyddol yn ei babell mewn gwersyll y tu allan i Gaernarfon. Rhoddodd capten ei ben rownd cornel y babell a chyhoeddi'n dalog, 'We got two of the bastards last night!' Gwyddai Jenkins fod pedair cell yn gweithredu'r noson honno ond ni allai holi'r capten pwy gafodd eu lladd. Roedd yn teimlo'n ofnadwy, meddai, ond roedd yn rhaid iddo ymddangos fel pe bai wrth ei fodd: 'I was distraught, but the trick was that I had to appear delighted.'

Fel arwydd o natur sgitsoffrenig y genedl, ychydig cyn angladdau 'Merthyron Abergele', cafodd Emyr Llywelyn alwad ffôn gan Bobi Jones, un o diwtoriaid y Tywysog yn ystod ei arhosiad yng Ngholeg Prifysgol Aberystwyth:

Yn y cyfnod cyn yr Arwisgo cafodd y ddau fachgen eu lladd yn Abergele. Roedd rhywun yn teimlo dros deuluoedd dau berson cyffredin fel yna, ond fe wnaeth Bobi Jones fy ffonio i yn gofyn os oedden i'n meddwl mynd i'r angladd. A dwi ddim yn siŵr os oeddwn i wedi meddwl mynd a gweud y gwir, ond wedyn dyma roi lifft i Bobi i'r angladd ac yn ôl. Oedd yn eironig iawn.

*****

Wrth i'r paratoadau ar gyfer yr Arwisgo fynd yn eu blaenau roedd sioe arall yn digwydd yn Llys y Goron Abertawe, sef achos yr FWA. Roedd yr achos yn erbyn y dynion wedi'i seilio bron yn llwyr ar doriadau papur newydd, ffotograffau a thrawsysgrifiadau o gyfweliadau a rhaglenni teledu. Craidd dadl yr erlyniad oedd bod yr FWA yn grŵp terfysgol peryglus a oedd yn fygythiad gwirioneddol i'r drefn. Ar y llaw arall, amcan yr amddiffyniad oedd ceisio profi nad oedd yr FWA yn ddim mwy na breuddwydwyr diniwed a ffôl. Mewn darn o goreograffi cyfreithiol byddai'r achos yn dod i ben ar union ddiwrnod yr Arwisgo. Roedd arafwch rhannau cyntaf yr achos, ac yna'r ffordd y cyflymodd y Barnwr yr Ustus John Thompson bethau yn y llys wrth i ddyddiad y seremoni agosáu – fel bod y diffinyddion yn cael eu dedfrydu ar union ddiwrnod yr Arwisgo – wedi codi amheuon mawr ym meddwl yr amddiffyniad mai cymhelliad gwleidyddol oedd wrth wraidd yr holl beth.

Yr erlynydd oedd Tasker Watkins, a fu'n ddirprwy gwnsel i'r Twrnai Cyffredinol, Syr Elwyn Jones, yn yr Ymchwiliad i Drychineb Aberfan yn 1966 ac a ddaeth maes o law yn Llywydd Undeb Rygbi Cymru rhwng 1993 a 2004. Un o'r cyfreithwyr oedd yn rhan o'r amddiffyniad oedd awdur llyfrau *Rumpole of the Bailey*, John Mortimer, a weithredai ar ran Dennis Coslett.

Ymwelydd cyson â'r achos yn rhinwedd ei waith fel newyddiadurwr ac fel cyfaill i Cayo oedd Lyn Ebenezer:

Mi fues i lawr i'r achos sawl gwaith. Nath *Y Cymro* fy anfon i yno am 'mod i'n ffrindiau mawr gyda Cayo ac yn gefnogol ac ro'n i'n nabod y bois i gyd, ac yn ffrindiau mawr gyda rhai ohonyn nhw, fel Dai Bonar o Lanelli, oedd yn arwr 'da fi. Rwy'n cofio yn Steddfod Abertawe yn 1964 ro'n i'n yfed yn yr Uplands gyda chriw oedd yn cynnwys Harri Webb y bardd a Meic Stephens y llenor ac yn sgwennu caneuon am yr FWA. A dyna lle ro'n i yn cael hwyl gyda'n gilydd a dyma ryw foi o'r *Western Mail* yn yfed whisgi ac wedi cael tipyn wrth ei olwg e yn codi ar ei draed ac yn cyhoeddi 'That's disgusting. You singing songs like that about the FWA. I waded knee deep in Japanese blood.' A chododd Dai Bonar, yn cydio yn ei goler e, a gweud 'If you don't shut up you'll be wading knee deep in your own fucking blood!' A mas aeth e!

Beth bynnag, roedd yr achos yn union fel drama. Yr Ustus Thompson oedd y Barnwr. A mae rhaid i fi weud roedd hiwmor 'da'r boi. Roedd e wrth ei fodd yna rwy'n siŵr o 'ny. A beth oedd yn digwydd oedd y bois, Cayo a Coslett, yn eistedd gyda'i gilydd drwy'r amser ac os oedd y Barnwr neu'r achos yn trafod un ohonyn nhw roedd gyda nhw fodel plastig mas o focs corn fflecs fel tlws Oscar yn Hollywood, ac os oedd sôn am Coslett roedd Cayo'n rhoi'r model plastig o'i flaen e, os oedd sôn am rywun arall fel Dafydd y Dug roedd e'n ei roi o'i flaen e a pasio fe o un i'r llall.

Roedd un digwyddiad dwi'n cofio, lle oedd Coslett wedi gweud bod e am ddysgu ci i gario *hand grenade* rownd ei wddw. Gelert oedd enw'r ci, alsasian mowr. A dyma'r Ustus Thompson yn dweud:

'Let's pause for a minute, this intrigues me Mr Coslett. A hand grenade around a dog's neck?'

'Yes, sir.'

'It'll blow 'the enemy' as you say up?'

'Yes, sir.'

'Tell me then Mr Coslett, how would you teach the dog to remove the pin?'

A dyma Coslett yn crafu ei ben a gweud:

'Dammit you've got me there. I'll have to think more about that!'

A mi wherthodd y barnwr.

Y boi oedd yn amddiffyn Coslett oedd John Mortimer, y

cyfreithiwr ac awdur *Rumpole*, ac mi holodd hwnna Cayo gan ofyn 'Tell me Cayo can you give me anything on Coslett that will help save him from a long sentence? He won't even say anything to save himself.'

Ac medde Cayo, 'Never mind, Mr Mortimer, it could be worse.'

'What do you mean?'

'Well, you could be in the dock and Coslett defending you!' Ac yn ôl John Mortimer, roedd gan Coslett lygad gwydr ac ar ddiwedd yr achos mi nath e roi dau o lygaid gwydr yn bresant i Mortimer a ofynnodd iddo fe 'What the hell can I do with these?' ac atebodd Coslett 'Turn them into cufflinks.' Ac yn un o episodes *Rumpole* ar y teledu roedd Rumpole yn gwisgo'r rhain, a stori am gleient oedd wedi rhoi llygaid gwydr yn anrheg iddo fe.

Daeth Eirwyn Pontshan gyda fi i'r achos unwaith. Roedd Cayo yn arwr iddo fe, a bob tro bydde'r Barnwr yn gweud rhywbeth am Cayo neu Coslett bydde Pontshan yn gneud y sŵn yna yn ei wddw 'Hrrm, ieieehhhh.' A bydde'r Barnwr yn mynd yn wallgo. A bydde gwefusau Pontshan ddim yn symud, ond wedodd e 'If I discover who that fool is, I'll clear the court immediately.'

Rhywun arall a fu'n ymwelydd aml â Llys y Goron Abertawe oedd Saunders Lewis. Mewn llythyr a ysgrifennodd at D. J. Williams ar Sul y Blodau 1969, roedd yn hallt iawn ei feirniadaeth o arweinyddiaeth Plaid Cymru:

Bûm deirgwaith yn y llys bach yng Nghaerdydd yn dangos fy nghydymdeimlad â bechgyn y Free Wales Army. I mi, Cymry'n cael eu herlid gan blismyn Llundain yw'r rhain yn unig, oblegid bod y Tywysog bondigrybwyll yn dyfod i Gymru. Mae'r peth yn warthus enbyd. Ac y mae'r ffaith na ddaeth na Gwynfor na neb o swyddfa Plaid Cymru ar gyfer y llys yn gywilydd ac yn dangos dellni a thwpdra enbyd. Y mae plismyn Caerdydd yn fwy deallus. Nid F.W.A. yw'r bechgyn hyn iddynt hwy, ond Welsh Nationalists. Dyna'r enw a roddant arnynt, ac y mae hynny'n ddigon i mi i roi pob cysur a chalondid a allaf iddynt tra byddant mewn cyffion. Cyn hynny, eu gweld hwy'n benwan a wnawn.

Ond mae'n well gen i fechgyn penwan brwd na chenedlaetholwyr wedi oeri eu gwaed a throi'n fydol ddoeth a pharchus.

Ceisiodd D. J. Williams drefnu cymod rhwng Saunders a Gwynfor Evans, a darbwyllo Llywydd cyfredol y Blaid i fynychu'r achos yng nghwmni'r cyn-Lywydd. Ofer fu ei ymdrechion, er bod gan Gwynfor gryn gydymdeimlad gyda'r dynion yn y doc – yn wir, teimlai iddynt gael eu trin yn warthus. Er eu bod, meddai wrth D. J. Williams 'ymhlith penbyliaid mwyaf y wlad', roeddent wedi cael 'cam mawr iawn' a chael eu trin 'yn gwbl gywilyddus'. Ffolineb politicaidd ar ei ran, meddyliai, fyddai dangos ei wyneb yn Llys y Goron, gan arwain at ensyniadau cyfeiliornus am gefnogaeth y Blaid i weithredu eithafol yn y wasg Saesneg a chymell sylwadau adweithiol gan wleidyddion Llafur fel George Thomas yn y Senedd.

Roedd John Mortimer, cyfreithiwr yr amddiffyniad, yn sicr mai *Show Trial* oedd yr achos, a bod y cyhuddiadau yn annilys. Wrth annerch y rheithgor dywedodd: 'They had done no acts of violence or sabotage. If one of these men was in a position of there being evidence against him of being connected with any such thing, to be sure the proper charges would have been levelled long ago.'

Er hynny, dim ond ugain munud gymerodd y rheithgor i ddod i'w dyfarniad. Erbyn diwedd yr achos roedd Glyn Rowlands, Dai Bonar a Dafydd y Dug wedi addo cynorthwyo'r awdurdodau i dawelu'r penboethiaid, ac arwyddodd Cayo Evans a Dennis Coslett ddatganiadau yn dweud na fyddent fyth eto yn dal arfau anghyfreithlon. O'r naw a gafodd eu harestio a'u cyhuddo, rhyddhawyd Dafydd y Dug cyn i'r achos ddechrau, cafwyd Dai Bonar a Glyn Rowlands yn ddieuog, a rhoddwyd carchar gohiriedig i Viv Davies, Tony Lewis a Vernon Griffiths. Dedfrydwyd Gethin ab Iestyn i garchar am naw mis, a charcharwyd Cayo a Coslett am bymtheg mis. Wrth gael ei ddedfrydu anerchodd Dennis Coslett y llys yn Gymraeg, gan ddweud mai ei gyfnod ym myddin Lloegr a ddangosodd iddo mai arf gwleidyddol oedd trais.

Yn ôl Lyn Ebenezer, nid oedd Cayo wedi llawn sylweddoli difrifoldeb ei sefyllfa tan yn agos at ddiwedd yr Achos:

Y diwrnod y ceson nhw eu dyfarniad, mi ges i funud yng nghwmni Cayo cyn iddo fe fynd lawr. Ac amser hynny y deallodd e rwy'n credu beth oedd wedi digwydd. Roedd y brafado 'ma 'da fe, 'They won't arrest us' ac ati. Ond roedd yna olwg ar ei wyneb e, 'nai fyth anghofio fe, roedd e fel ci wedi cael ei whipo, doedd e dal ddim yn credu bod am gael carchar dwi ddim yn credu.

Ond roedd yr awdurdode wedi'u cael nhw achos roedd plismon *undercover* yn gweithio gyda nhw – Jack Laverty. Ond ro'n nhw'n gwbod ei fod e'n blismon ac roedd e ar y manwfyrs ma gyda nhw. Hefyd gethon nhw newyddiadurwr John Summers o'r *Sunday Telegraph* i gydweithio gyda'r heddlu. Mi wnaeth hwnna neud yffach o *exposé* o'r FWA gyda lluniau mawr a wedon nhw gelwydd yn hwnna hefyd achos oedd gyda nhw lun o ffrwydrad mawr, ond dwi'n cofio Cayo yn gweud wrtha i be ddigwyddodd. Doedd dim ffrwydron 'da nhw y diwrnod hynny, felly aeth un ohonyn nhw o dan y banc a taflu pridd i fyny i'r awyr â rhaw a rhain yn tynnu eu lluniau nhw.

Ond mi nethon nhw gerdded mewn i'r peth. Fuon nhw ar raglen David Frost ac mi wnaeth hwnna yffach o ffŵl ohonyn nhw. Ac mi ddaeth yna griw ffilmio o Israel draw, ac mi ddefnyddion nhw hwnna yn eu herbyn nhw hefyd.

Roedden nhw'n *naive*, ond fel wedodd Gwenallt: 'Dros Gymru buost tithau'n ffŵl' a do, buon nhw'n ffyliaid ond buon nhw'n ffyliaid dros Gymru. Alla i ddim gweud dim drwg yn eu herbyn achos roedd eu calonnau nhw yn y lle iawn.

Wrth gloriannu achos yr FWA, gosododd Saunders Lewis y digwyddiad yng nghyd-destun politicaidd ehangach yr

Arwisgo, a brwydr Cymru dros ryddid cenedlaethol. Er gwaethaf elfennau absẃrd yr achos roedd Cayo a Coslett yn y carchar 'drosom ni', ac roedd digwyddiadau blynyddoedd y gwrthdaro rhwng cenedlaetholwyr a'r awdurdodau yn arwain at yr Arwisgo wedi dinoethi'r wladwriaeth Brydeinig:

Ni bu gen i fymryn o gydymdeimlad â stranciau Mr Caeo [sic] Evans a Mr Coslett hyd at ddiwrnod eu restio. Ond o'r funud y llusgwyd hwy mewn cyffion creulon i'r carchar, fe newidiwyd eu sefyllfa a'u cyflwr yn llwyr... Eu carcharu yn wystlon a wnaed, yn wystlon dros unrhyw genedlaetholwyr a wrthwynebai mewn unrhyw fodd yr Arwisgo yng Nghaernarfon... Gwystlon drosom ni, bob un ohonom, ni sy'n ffieiddio'r Arwisgiad ac yn awchus am ddisodli llywodraeth Seisnig ar Gymru. Trosom ni y bu eu poen, trosom ni y mae eu carchar.

Mi dybiaf i y bydd pobl Arfon a Môn yn gwybod drwy brofiad bellach beth yw byw mewn gwladwriaeth debyg i wladwriaeth gwlad Groeg neu Tsiecoslofacia. Gwladwriaeth y plismyn.

Y mae un mymryn o gysur. Am dridiau hyd at yr Arwisgo fe fu hi'n go agos at beth tebyg i ryfel agored rhwng plismyn y llywodraeth a phobl ifainc Cymru Gymraeg. Ni bydd hi fyth eto yn union fel cynt.

Fe wyddom bellach drwy brofiad mai gormes a grym yw ateb llywodraeth Lloegr i hawliau cenedl Cymru. Trwy garcharau Lloegr, nid trwy Westminster y daw hunanlywodraeth i Gymru. Dyna wers bendant Gorffennaf y cyntaf 1969.

# 25

# 'Nid taeogion mohonom'

MAWR OEDD Y disgwyl yn nhref Caernarfon pan wawriodd y diwrnod mawr. Roedd y wasg mewn llesmair o Brydeindod, gyda golygyddol y *Western Mail* yn clodfori'r Tywysog newydd fel 'The first since Llywelyn who has troubled to learn the tongue of the people he will represent...' Gwnaeth John Eilian ei orau glas i ysgogi'r Cymry Cymraeg i dalu gwrogaeth. 'Mewn cariad hefo'r bachgen main' oedd pennawd atodiad arbennig yr *Herald Cymraeg*, a hysbysai'r darllenwyr yn gynhyrfus am y bwriad i danio 'salíwt 21 o ynnau fel y gedy gorymdaith y Tywysog Phillip Ferodo gyda'r Fam Frenhines, Anne, y Dywysoges Margaret a gosgordd o'r Gwŷr Meirch'.

Daeth gwesteion yno o bedwar ban byd, gan gynnwys Tricia, merch yr Arlywydd Nixon o'r Unol Daleithiau; Jeremy Thorpe, arweinydd y Rhyddfrydwyr; Edward Heath, arweinydd y Blaid Geidwadol a Harold Wilson y Prif Weinidog; heb anghofio cyfaill yr Archdderwydd Gwyndaf, Swltan Brunei. Estynnwyd gwahoddiad i fynychu'r seremoni i bob Aelod Seneddol yng Nghymru, a dim ond Gwynfor Evans a wrthododd. Roedd y rhestr gwesteion yn ymddangos fel 'Pwy yw Pwy?' yn sefydliadau Cymreig y cyfnod – yr Aelodau Seneddol Llafur Cledwyn Hughes, Wil Edwards, Goronwy Roberts ac Elystan Morgan, cynrychiolwyr o'r enwadau crefyddol, T. H. Parry-Williams, Syr Ben Bowen Thomas a Maer y Fwrdeistref Frenhinol, I. B. Griffith. Yno hefyd yn amlwg yn rhwysg eu gwisgoedd gwyn ac euraid yr oedd cynrychiolwyr Gorsedd y Beirdd, yr

Archdderwydd Gwyndaf, a'r Prifeirdd William Morris, Tilsli a Cynan.

Nid yr Urdd oedd yr unig sefydliad Cymraeg lle bu dadleuon chwyrn oherwydd yr Arwisgo. Bu cryn ddadlau a rhwygiadau hefyd ymysg yr enwadau Anghydffurfiol ynghylch anfon cynrychiolwyr i'r castell, gydag aelodau amlwg o'r Bedyddwyr a'r Annibynwyr yn gwrthod gwahoddiad i fynd i seremoni Caernarfon. Cafwyd anghydweld chwerw yn yr Orsedd yn ogystal ynghylch y penderfyniad i anfon cynrychiolwyr swyddogol i'r castell ym mis Gorffennaf. Aeth yr Orsedd a'r Eisteddfod hefyd yr ail filltir frenhinol o ran cydweithredu gyda'r Palas drwy estyn gwahoddiad i'r Tywysog ymweld ag Eisteddfod Genedlaethol y Fflint yn nes ymlaen yr haf hwnnw. Achosodd hyn ddrwgdeimlad a ffraeo mawr, fel y cofia Ioan Roberts oedd yn ohebydd gyda'r *Cymro*:

> Dwi'n cofio Glyn Evans oedd yn gwneud pethau llenyddol gan fwyaf, ar y ffôn efo Cynan a ffrae ynglŷn â bod yr Orsedd yn mynd i'r Arwisgo neu bod Carlo'n cael ei wahodd i Steddfod Fflint. Mi ffoniodd o Gwyndaf gyntaf ond heb gael gwybod rhyw lawer, a wedyn dyma fo'n ffonio Cynan i weld fysa fo'n cael mwy gan hwnnw. Dyma hwnnw'n deud: 'Does gen i ddim un iot i'w ychwanegu at be ddeudodd Gwyndaf wrthach chi!' A dwi'n cofio Glyn yn ein cael ni'n lladd chwerthin gyda'r ymadrodd: 'Dim un IOT i ddeud wrthach chi!'

Wrth weld y lluniau a'r geiriau hyn yn y wasg gan hoelion wyth y diwylliant Cymraeg teimlad y Myrddin ap Dafydd ifanc oedd bod rhyw frad mawr wedi digwydd: 'Nid dim ond y werin oedd wedi colli'u pennau. Roedd ein sefydliadau ein hunain a'r hen grefftau cynhenid wedi troi'u cefnau arnom yn ogystal.' Diedifar oedd yr Archdderwydd Gwyndaf am ymwneud yr Orsedd â'r dathliadau brenhinol, fodd bynnag, gan ddadlau bod y Goron yn 'symbol ein hunoliaeth' a bod yr unoliaeth honno yr un mor bwysig i Gymru â'i harwahanrwydd.

Adroddodd gohebydd arbennig y *Western Mail* mai pethau llai aruchel a mwy hanfodol oedd ar feddwl Mr Eddie Hughes o Langefni y bore hwnnw yng Nghaernarfon. Cythruddwyd ef a'i deulu a llawer o ymwelwyr eraill gan safon cyfleusterau toiledau cyhoeddus yr achlysur. Gosodwyd 300 o doiledau symudol, ar gost o £12,500 yn arbennig ar gyfer y torfeydd, ond er mawr siom i lawer ohonynt nid oedd y cyfleusterau yn gallu ymdopi â'r galw, a bu llawer o gwyno gan ymwelwyr dioddefus eu pledrenni wrth iddynt orfod ciwio am dros ddwy awr. 'It's scandalous!' oedd dyfarniad Mr Hughes.

*****

Er nad oedd bygythiad mwyach o gyfeiriad yr FWA a'r Patriotic Front, roedd yr awdurdodau'n ymwybodol iawn fod MAC yn dal i weithredu a bod modd i brotestwyr eraill fel aelodau Cymdeithas yr Iaith hefyd darfu ar y trefniadau.

I'r perwyl hwnnw, rhoddwyd camau diogelwch llym ar waith ar draws Cymru. Roedd hofrenyddion y Fyddin yn monitro'r pibellau dŵr rhwng Cymru a Lloegr, cadwyd gwyliadwriaeth agosach nag arfer ar amryw o gronfeydd dŵr, a chynyddwyd diogelwch ger Pont Hafren a'r Bathdy Brenhinol yn Llantrisant. Yng Nghaernarfon ei hun gwelwyd mesurau diogelwch na welwyd mo'u tebyg erioed o'r blaen. Caewyd ffyrdd yn arwain i mewn i'r dref o bob cyfeiriad. Ers Tachwedd 1968, bu heddlu a chŵn yn cynnal patrôl bob nos ger Castell Edward I, ac yn yr wythnosau cyn y 1af o Orffennaf, cynhaliwyd chwiliadau o dir y castell bob chwech awr. Roedd hyd yn oed y Fenai dan warchae diogelwch gyda llongau *minesweeper* yn cadw llygad ar gychod bach a'u rhwystro rhag dod yn rhy agos at y castell. Pryder arall i'r awdurdodau oedd gwarchod llwybr y teulu brenhinol wrth iddynt gyrraedd Caernarfon. Er bod Charles yn teithio mewn car o'r llong frenhinol 'Britannia' a angorwyd yng Nghaergybi, byddai'r Frenhines yn teithio ar y trên o Loegr. Cadwyd union lwybr y trên brenhinol yn gyfrinachol, ond y bwriad oedd teithio i Gymru y diwrnod cyn y seremoni ac aros dros nos mewn lleoliad cyfrinachol ger Abergele, cyn symud ymlaen y bore wedyn i Gaernarfon.

Yn y dref ei hun, roedd timau o dditectifs wedi cadw gwyliadwriaeth gyson ar dai a busnesau ar hyd llwybr yr orymdaith frenhinol. Aed mor bell â gludo gorchuddion *manholes* er mwyn atal terfysgwyr rhag dod i mewn i Gaernarfon drwy'r system garthffosiaeth. Yn ôl John S. Ellis, yr arbenigwr ar yr Arwisgo, roedd 1,186 o swyddogion heddlu yn eu lifrai, yn ogystal â 2,230 o filwyr ar ddyletswydd ar hyd llwybr yr orymdaith. Ar ben hynny roedd dros 1,200 o swyddogion heddlu eraill ar ddyletswydd mewn rhannau eraill o'r dref a'r ardal gyfagos. Dyfarniad gohebydd y *Sun* am y gweithgarwch hyn i gyd oedd bod yna 'an awful lot of people watching other people' yng Nghaernarfon a'r cyffiniau.

Wrth iddynt gyrraedd mynedfa'r castell câi'r gwesteion eu chwilio cyn mynd i mewn. Un o'r rheiny oedd Ioan Roberts, oedd yno i ohebu ar y seremoni ar ran *Y Cymro*, a wnaeth ganfod ei hun 'er dirfawr syndod' yn eistedd ar 'fy nghlustog tair-pluen' o wlân Cymreig am ddeg o'r gloch y bore hwnnw:

> Mi oedd wedi croesi fy meddwl i y buaswn i'n gorfod mynd i'r Arwisgo achos y dewis arall oedd gynnon nhw (*Y Cymro*) oedd Lyn Ebenezer oedd yn ffrind mawr i Cayo Evans ac mae'n siŵr 'mod i'n llai o risg na Lyn! Mae'n siŵr fod yna rhyw fath o fetio arna i, mi faswn i'n meddwl, ond doeddwn i erioed wedi breuddwydio y baswn i'n landio yn y fath le.

Wrth iddo yrru'n agosach at Gaernarfon gwelai res ar ôl rhes o gerbydau milwrol ar bob ochr i'r ffordd, a rhai o'r pedair mil o filwyr a oedd wedi'u lleoli mewn gwersylloedd dros dro arbennig yn Llandwrog ar ochr ddeheuol y dref ac yn y Faenol ar yr ochr ogleddol ers rhai wythnosau:

> Rwy'n cofio ro'n i wedi gwisgo jîns i'r Arwisgo, er gofid braidd i mam, i ddangos 'mod i ddim yn credu'n gryf yn y sbloets, a dwi'n cofio mynd heibio Glynllifon ar hyd wal

y Glyn fanna, a gweld cerbydau'r heddlu a'r fyddin ac yna
yng Nghaernarfon gorfod parcio'r car dros Bont yr Aber a
rhywun yn gorfod mynd â bwyd efo fo achos doedd rhywun
ddim yn cael mynd allan. Cofio mynd â brechdanau caws a
banana – dim yn yr un frechdan ond ar wahân! Roeddwn i'n
cael fy stopio bob yn ail cam bron am 'mod i wedi gwisgo'n
flerach na neb arall ar y Maes, a chael fy holi 'Be sy gen ti
yn dy boced?' 'Be sy'n y paced yma?' Dwi ddim yn meddwl
bod brechdanau caws a banana wedi cael eu harchwilio mor
drylwyr erioed!

Ac yn y diwedd mynd i fewn, ac rwy'n cofio bob ryw hyn
a hyn clywed sŵn saethu neu ryw ffrwydradau a doedd gen
i ddim syniad be ar y ddaear oedd yn digwydd. Ond roedd
yno'r fath densiwn.

Un aelod o'r fyddin oedd yn gwasanaethu yn y gwersylloedd
milwrol y pasiodd Ioan Roberts heibio iddynt y bore hwnnw
oedd prif drefnydd MAC, John Jenkins. Profiad chwerw, llawn
tensiwn iddo oedd bod yn yr ardal, ac eto i gyd, beth bynnag
am y bobl bwysig oedd tu fewn i furiau'r castell, roedd yn falch
o weld nad oedd pob Cofi yn plygu glin:

I was in a Camp there, and the air there was electric. You
could feel it. It was horrible. I walked down the street to a
shop, and I was in uniform, and this car drew up alongside
me and someone shouted 'Blydi Bradwr!' And I was
delighted, they were probably expecting me to start shouting
and waving my stick but I really thought 'Good, thank God
for that!'

Gwelai Jenkins agweddau fel hynny'n brawf bod un elfen
o'i amcanion wedi llwyddo, sef ceisio dangos i bobl beth oedd
gwir symbolaeth ac ystyr yr Arwisgo: 'Our objective was to
change the activity side of things around the Investiture, so
that the public could see what it was really all about. And that
did happen.'

Er bod rhai corau a bandiau, fel Band Pres Trefor er enghraifft, wedi gwrthod perfformio yn y seremoni, un o'r corau wnaeth gytuno i ganu o flaen y teulu brenhinol a'u gwesteion ar y diwrnod oedd Côr Godre'r Aran. Ni bu hynny yn ddi-gost, oherwydd achoswyd hollt chwerw iawn ymysg yr aelodau gan y penderfyniad i ganu yn y castell. Crëwyd anniddigrwydd mawr yn y côr ac yn ardal Penllyn ynghylch y bwriad i gymryd rhan yn y seremoni. Aeth y Cynghorydd Tom Jones, un o sylfaenwyr y côr cyn belled â bygwth y byddai'n dirwyn y côr i ben pe na baent yn mynychu'r Arwisgo. I danlinellu hynny aeth cefnogwyr y cynghorydd o gwmpas yr ardal i ganfasio'r aelodau i'w darbwyllo i gytuno i fynd. Un a wrthododd fynd ar egwyddor oedd cyfeilydd a thelynores y côr, Heulwen Roberts. Wedi gwneud ei phenderfyniad gwyddai – yn sgil yr holl ddrwgdeimlad a gafwyd rhwng cymdogion, cyfeillion a theuluoedd – nad oedd unrhyw ffordd yn ôl iddi a thorrodd ei chysylltiad â'r côr. Bu'r côr yn rhan ganolog o'i bywyd ac achosodd yr holl beth loes mawr ac iselder iddi am flynyddoedd wedyn.

Wrth wylio Côr Godre'r Aran yn canu ar y diwrnod, synhwyrai Ioan Roberts fod hyd yn oed y rhai oedd yn bresennol yn gwneud hynny'n anfoddog iawn:

> Dwi'n cofio wedyn pan oedden nhw'n canu ac roedd Côr Godre'r Aran yno a dwi'n meddwl mai 'Rwy'n Caru Pob Erw o'r Hen Gymru Wen' oedd hi, ac mi roedd yna un dyn, ro'n i'n ei nabod o, a doedd o ddim tamaid eisiau bod yno, ond roedd o wedi dod o dan bwysau ofnadwy, a dyma fi'n sbio ar y dyn yma a doedd o ddim yn agor ei geg i ganu ac ro'n i'n gwybod mai nid fi oedd yr unig un oedd ddim yn dymuno bod yna.

Un o'r eitemau a berfformiwyd gan y côr o Benllyn yn y seremoni oedd awdl yr Archdderwydd Gwyndaf i'r Arwisgiad. Mae'r gerdd yn gyfuniad o foliant i'r Tywysog, ac ymgais i ganfod rhyw gyfiawnhad dros yr Arwisgo ar sail Cymreictod. Ar gychwyn y gerdd cyferchir 'Aer y Goron' yn hawddgar gan ofyn i Dduw ei warchod, a gofynnir iddo arwain y Cymry 'o'i freinol lys' gan nad 'taeog wyt i'n tywys.' Ar yr un pryd mae'n ceisio ateb cenedlaetholwyr ac aelodau Cymdeithas yr Iaith fu mor hallt eu beirniadaeth o ddynion fel Gwyndaf a Chynan:

Nid taeogion mohonom
Er ein siâr o erwin siom;
Er yn drwm dan yr hen drais
Ni'n melir gan un malais;
Er amarch y gorthrymydd,
Cymru fawr ein Cymru fydd.

Mae achos Cymru yr un mor agos at galonnau'r rhai a fynychodd y seremoni a'r protestwyr. Gofynna Gwyndaf i'r tywysog arddel symbolau a diwylliant Cymru yn 'dy balasau' gan chwifio'r ddraig 'yn dy drigfannau.' Diwedda'r gerdd drwy erfyn ar Charles, fel rhyw fab darogan cyfoes, i fod yn 'eon dŵr' a sefyll dros hawliau'r genedl 'yn ei horiau duon'

Tybiai Dafydd Iwan fod y gerdd yn ymgais gan yr Archdderwydd i gyfiawnhau ei bresenoldeb ef a Chymry diwylliedig tebyg:

Yn ei gerdd, roedd Gwyndaf, wrth ddweud 'Nid taeogion mohonom' fel tasa fo'n ateb fy nghyfeiriad i at daeogion (yn 'Carlo'), a dweud y gwir mae'n chwip o gerdd wleidyddol yn ateb ein cyhuddiadau ni a dweud bod y ffaith eu bod nhw wedi bod yn yr Arwisgo ddim yn eu gwneud nhw'n daeogion. Ac roedd Gwyndaf yn iawn efo fi ac ro'n i'n gwneud yn iawn efo fo, ac ro'n gwneud yn iawn gydag I. B. Griffith. Ond mi roedd y tyndra yma a'r anghytuno, ac ro'n i'n teimlo bod rhywun fel I. B. ychydig bach yn anghyfforddus ynglŷn â'r holl beth, ond doedd o ddim yn mynd i wrthod fel Maer Caernarfon bod yn rhan o'r seremoni. Ro'n i'n synhwyro bod I. B. eisiau cael ei dderbyn fel y gwerinwr mawr Cymraeg ac roedd o'n teimlo bod y beirniadu a fu arnyn nhw ynghylch yr Arwisgo yn mynd yn groes i'r graen i hynny.

Os gwir yw damcaniaeth Dafydd Iwan, sef bod rhai o'r Cymry amlwg oedd yno yn anesmwyth am eu rhan yn y sioe, nid nhw oedd yr unig rai ar y diwrnod i fynd yn groes i'w daliadau. Roedd sawl un o ohebwyr y wasg hefyd yn rhagrithio o'i chwr hi, fel yr adrodda Ioan Roberts:

Yn eistedd ar y chwith i mi oedd rhyw ohebydd o'r *North Wales Chronicle*. Sgotyn oedd o ac roedd o'n erbyn yr Arwisgo, 'I am against this bloody nonsense, I dont believe in this crap!' ond yr erthygl sgwennodd o oedd 'the Queen looked so elegant in her dress.' Ac roedd y pethau oedd o'n ddeud a'r pethau oedd o'n sgwennu mor wahanol i'w gilydd ag y gallan nhw fod.

Teimlai Arfon Gwilym fod arweinwyr sefydliadau diwylliannol ac addysgol y Gymru Gymraeg wedi cael eu dal yn y canol rhwng y gwrthwynebwyr a'r Sefydliad Prydeinig, ond bod y mwyafrif ohonynt, 'pan ddaeth hi'n fater o ddewis, wedi dewis ochri gyda'r Sefydliad.' Yn gwylio'r holl beth o hirbell, ni allai J. R. Jones faddau i arweinwyr diwylliannol a gwleidyddol Cymru am ymuno mewn rhywbeth a welai fel dathliad o oresgyniad a chymathiad Cymru yn rhan o Loegr. Cyhuddwyd hwynt ganddo o fethiant deallusol trwy beidio agor llygaid trwch y boblogaeth i wirionedd symbolaidd a gwirioneddol yr hyn a ddigwyddodd yng Nghastell Caernarfon:

Drwy fynychu'r Arwisgiad, a chyhoeddi felly ei bod hi'n Weithred i'w chynnal a'i chyfiawnhau, ni roesoch eich tarian dros y werin gyffredin. Fe'i gadawsoch yn noeth ac agored i drais y cyflyru yr amcanwyd ei gyflawni ar ei meddwl drwy symbolaeth y Seremoni hon – bwriad a gariwyd allan gyda'r fath lwyredd ciaidd fel nad oedd yr un pris anhygoel yn ormod i'w dalu. Wrth gwrs, ni chawsoch chwi eich hunain mo'ch cyflyru gan yr Achlysur. Yr ydych chwi yn soffistigedig, yn olau a hyddysg yn ein hiaith a'n llên a chyfnodau cynnar ein hanes. Ond dall a diddeall yw'r cyffredin mud, wedi'u hurtio gan ddeniadau Prydeindod ac yn drueni diamddiffyn yn erbyn yr ymosodiad symboliadol bwriadus hwn ar eu cof a'u teimlad a'u teyrngarwch. Creulon o dro a fu eu gadael yn ddi-arweiniad ar foment mor arwyddocaol yn y frwydr am einioes ein gwahanrwydd. Dyma beth yw 'brad y deallusion' os bu neb yn euog ohono erioed. A diogel nas anghofir.

# 26

# 'O'r diwedd
# mae gyda ni Brins...'

AR DDECHRAU'R PRYNHAWN wrth i'r osgordd frenhinol deithio
tua'r castell yn eu coestys seremonïol, yn gymysg â bonllefau
o gymeradwyaeth, yn annisgwyl clywyd yn ogystal lawer o
weiddi a bwio anghroesawgar. Taflwyd wy at goets y Frenhines
a Dug Caeredin, er na tharfodd hynny fawr ddim arnynt. Wrth
i'r Tywysog, oedd yn teithio mewn coets arall yng nghwmni
George Thomas a David Checketts, ei *Equerry*, nesáu at byrth
y castell, clywyd sŵn ffrwydrad yn y pellter. Holodd Charles yr
Ysgrifennydd Gwladol beth oedd y sŵn, ac atebodd Thomas
mai rhan o'r salíwt brenhinol oedd y tanio. Pan ddywedodd y
Tywysog ei fod yn *peculiar royal salute*, atebodd Thomas trwy
ddweud: 'There are peculiar people up here, sir'.

Un dyn a wyddai'n iawn beth oedd wedi tarfu ar Charles
oedd John Jenkins. Un o fomiau MAC yn ffrwydro oedd yr
ergyd. Plannwyd y ddyfais y noson gynt yn Love Lane ger
cartref Prif Gwnstabl Gwynedd, y Cyrnol William Williams,
gyda'r bwriad o ychwanegu ffrwydrad arall at y cyfarchiad
21-gwn traddodiadol. Ond roedd cynlluniau eraill Jenkins a
MAC yn dechrau mynd o chwith. O'r pedair dyfais a osodwyd,
roedd yr un a blannwyd ger Pier Llandudno wedi methu
tanio, ffrwydrodd yr un yn Abergele gyda chanlyniadau
erchyll, ac er bod bom y salíwt 22 gwn wedi llwyddo,
roedd un arall a blannwyd yng Nghaernarfon yn dal heb

ffrwydro. Ni ddaethpwyd o hyd i'r pedwerydd bom tan y 5ed o Orffennaf. Dywed John Jenkins fod MAC wedi rhybuddio am y bom ar ôl iddo fethu ffrwydro, ond bod yr awdurdodau wedi anwybyddu'r rhybudd am fod degau o alwadau bom ffug wedi'u derbyn yn yr wythnos honno. Beth bynnag oedd y rheswm, roedd y canlyniadau'n ddifrifol. Darganfuwyd y bom wrth chwarae gan Ian Cox, bachgen ifanc 10 oed o Surrey, oedd ar ei wyliau yng Nghaernarfon, ond rhoddodd ei droed ar y ddyfais wrth chwilio am ei bêl. Ffrwydrodd y bom, a dioddefodd y llanc anafiadau difrifol a cholli rhan o'i goes.

Dywedodd y Frenhines wedyn ei bod yn falch o gyrraedd 'comforting security' y tu mewn i furiau'r castell. Agorwyd Porth y Dŵr i dderbyn yr osgordd frenhinol ac wedi hynny aeth y seremoni yn ei blaen yn ddidramgwydd. Cyhoeddodd George Thomas Lythyrau Proclamasiwn yr Arwisgo yn y Gymraeg, a thraddododd Charles araith yn y ddwy iaith. Darllenwyd Anerchiad o Deyrngarwch pobl Cymru i'r Tywysog gan Syr Ben Bowen Thomas, Llywydd Coleg Prifysgol Cymru Aberystwyth – a fu yn ei ieuenctid yn un o aelodau cyntaf Plaid Cymru. Dilynwyd hynny gan Cynan yn adrodd pennill cyntaf emyn John Hughes, Pontrobert, 'O anfon Di yr Ysbryd Glan', a dau ddarlleniad o'r Beibl, y naill gan Archesgob Bangor Gwilym O. Williams, a'r llall gan Lywydd Eglwysi Rhyddion Cymru, y Parch. Gwilym Owen. Gorffennodd rhan grefyddol y seremoni gydag emyn Elfed 'Cofia'n Gwlad Benllywydd Tirion', wedi i'r Archdderwydd Gwyndaf gyflwyno'r emyn drwy adrodd y pennill cyntaf. Traddodwyd y fendith gan Archesgob Cymru, y Parch. Glyn Simon. Diweddodd y pasiant brenhinol gydag adlais bwriadol, a phryfoclyd, o'r canoloesoedd, wrth i'r Frenhines a Charles gerdded at y balconi uwchben Porth y Frenhines, yn union fel y dywedyd y gwnaeth Edward I a'i fab yn 1284, a chyflwyno eu Tywysog newydd i'r Cymry.

Diwrnod anodd ac annifyr oedd y 1af o Orffennaf i'r rhai oedd wedi gwrthwynebu'r Arwisgo. Gweithio dros yr haf mewn garej yn Bont-ddu oedd Eryl Owain, ond hyd yn oed yno, nid oedd modd dianc rhag y sioe a'r heddlu hollbresennol:

Ar ddiwrnod yr Arwisgo ei hun roeddwn i wedi gadael yr
ysgol ac yn gweithio ar y pympiau mewn garej ym Mhont-
ddu yn gwerthu petrol. Mi oedd y perchennog Gwilym, a
dwi'n ffrindiau mawr efo fo, wedi dod â theledu i'r gweithdy
ac yn y prynhawn mi roedd y tri mecanic yn gwylio'r
Arwisgo. Mi roeddwn i wedi cael cynnig, chwara teg, ond
mi roeddwn i'n mynnu 'mod i am weithio drwy'r diwrnod. A
dwi'n cofio plismon ar gefn moto-beic yn cyrraedd yn gynnar
yn y bore ac aros am ryw ddeng munud, chwarter awr, a
ddim yn dweud dim byd wrth neb. Yna mynd a dychwelyd
ddwywaith neu deirgwaith, ac yna aros yno tan yn gynnar
yn y prynhawn a treulio rhyw ddwy neu dair awr yno. A dwi
ddim yn gwybod, yndê, achos mae'n hawdd iawn i rywun fod
yn *paranoid* a chwyddo ei bwysigrwydd ei hun ond tybed,
oherwydd y protestio cynt, a oedd fy enw i ar ryw restr a
bod gynnon nhw swyddog jesd yn cadw llygad a fy mod i'n
'ddiogel', o'u safbwynt nhw, yn y Bont-ddu!

Gweithio hefyd oedd dwy o ymprydwyr Coleg Aberystwyth.
Mewn gwesty ym Môn oedd Nia Griffith, ond er bod y rhan
fwyaf o'r staff yn gwylio'r seremoni ar y teledu yn y lolfa,
gwrthododd ymuno gyda'r gweddill, gan ddewis tacluso
ystafelloedd yn lle hynny. Mewn caffi ym Mangor yr oedd
Sioned Bebb, mewn swydd dymhorol dros wyliau'r haf.
Ond diwrnod yr Arwisgo oedd ei diwrnod olaf yn y swydd,
oherwydd cafodd y sac drannoeth am iddi fynegi barn groes
am y digwyddiad. 'Mae'n siŵr eu bod nhw (y perchnogion),'
meddai, 'yn telynegu am y digwyddiad a minnau'n methu dal
fy ngheg!'

Llwyddodd Ffred Ffransis a Ieuan Bryn i gyrraedd
Caernarfon. Roedd y ddau wedi cael bws o Gyffordd
Llandudno i Gaernarfon, ond gan fod y ffyrdd wedi'u cau
bu'n rhaid iddynt gerdded o safle ffatri Ferodo i ganol y dref.
Eu bwriad oedd cynnal protest yno, ond fel y cofia Ieuan
Bryn, 'Roedd yna filwyr o fewn dwy neu dair llath i'w gilydd
ar y ddwy ochr i'r stryd bob cam o ganol Caernarfon at y

fynedfa i hen ffatri Ferodo – blaen eu gynnau'n gorffwys ar eu hysgwyddau, a'r bidogau'n noeth.' Buan iawn y sylweddolodd Ffred Ffransis na fyddai gweithred ystyrlon o unrhyw fath yn bosib oherwydd presenoldeb yr holl filwyr a heddlu:

Mi wnaethon ni gyrraedd Caernarfon y diwrnod wedyn ac mi ddywedodd aelod o'r heddlu wrtha i wedyn: 'Do, mi nethon ni bigo chi fyny wrth i chi ddod mewn i Gaernarfon a chadw golwg arnoch chi o fanno ymlaen.' Y wers i mi oedd, oherwydd y gêm yma gyda'r heddlu, ein bod ni'n dechre mynd i'r un fath o lefel â'r FWA, jest yn chwarae gemau a doedden ni ddim yn ennill unrhyw beth fel 'na, a'i bod hi'n well cadw at weithredu'n gwbl agored, cymryd cyfrifoldeb ym mhopeth ry'n ni'n ei wneud. Roedd pobl yn dweud wrthon ni 'violence ydi'r unig beth y mae Llywodraeth Lloegr yn ei ddeall'. I mi roedd hynny'n reswm da iawn dros wneud rhywbeth doedden nhw ddim yn ei ddeall, sef y dull di-drais, felly dyna wnawn ni.

Fy mwriad i oedd mynd dros y ffens, o flaen y drol oedd yn tynnu Carlo a'r Cwîn. Y broblem oedd, yn leinio bob ochr y ffordd yr oedd milwyr i gyd efo bidogau. Felly byddai'n rhaid i fi, ar yr union amser iawn, gerdded i fyny a'r milwyr i gyd ar *alert* pan fyddai'r teulu brenhinol yn mynd heibio a rywsut taflu ein hunain dros y *bayonets* yma i'w cyrraedd. Ac mi ddaethon ni i'r casgliad nad oedd o'n mynd i ddigwydd. Doedd o ddim yn ymarferol.

Yr hyn sy'n aros yn y cof i Ieuan Bryn yn fwy na dim oedd

... bidogau noeth y milwyr ar ben eu reiffls. Yn barod i'w defnyddio. Diwrnod llwyd, trymaidd a chymylog oedd hi, a hen brofiad digon siomedig oedd bod yno. Rwy'n cofio ymlwybro o stryd i stryd yng Nghaernarfon, a Ffred yn pwyso a mesur a ddylen ni gynnal un brotest fach olaf. Bob hyn a hyn, byddai Ffred yn dynwared y milwyr, yn gwneud symudiadau ffug-filwrol, ac yn rhoi bloedd filitaraidd uchel.

Cawsom gyfle i droi ein cefnau at y cerbyd brenhinol pan ddaeth heibio, a Siarl erbyn hynny wedi'i goroni'n 'dywysog Cymru'.

Rwy'n cofio cael sgwrs efo Geoff Charles, ffotograffydd *Y Cymro*, mewn caffi ger y castell, a chlywed ganddo am y ffrwydrad yn Abergele. Ac rwy'n cofio Ffred yn pryderu'n fawr iawn am yr effaith negyddol y byddai digwyddiad felly wedi'i chael petai Siarl wedi'i ladd gan ffrwydrad o'r fath.

Diwrnod trist ar derfyn cyfnod hynod o drist yn hanes y Cymry.

Yn nes ymlaen yn y dydd roedd y ddau yn cerdded allan o'r dref i gyfeiriad Bethel, pan gawsant eu stopio gan gar heddlu. Pwy oedd yn y car oedd un o swyddogion y Gangen Arbennig o Aberystwyth, John Owen Evans, 'y Sarff' neu 'y Twrc' fel oedd yn cael ei alw. Aethpwyd â'r ddau i gael eu holi yng Ngorsaf Heddlu Maesincla. Ni chawsant eu croesholi am ddim o bwys, ac eithrio eu holi am eu symudiadau ar y diwrnod ac ar ôl awr neu ddwy dywedwyd wrthynt eu bod yn rhydd i fynd. Cynigiodd yr heddlu lifft iddynt i gartref Ffred yn y Rhyl ac fe dderbyniwyd y cynnig. Profiad swreal a rhyfedd oedd y daith honno yn ôl Ieuan Bryn:

Yn ystod y siwrnai, cofiaf yr heddlu oedd yn ein cludo (dau aelod o'r Gangen Arbennig) yn dweud wrthym iddyn nhw ymweld â safle'r ffrwydrad yn Abergele y bore hwnnw, ac iddyn nhw gael eu llorio gan y gwaed a'r dinistr – cyrff y ddau a osododd y bom wedi'u rhwygo'n ddarnau, ac aelodau o'u cyrff wedi'u gwasgaru dros arwynebedd eang. Petaen nhw'n gwybod ble'r oedden ni, medden nhw, fe fydden nhw wedi mynd â ni yno i weld yr alanas.

Gadawodd yr awgrym iasol hwnnw argraff ryfedd iawn arnaf, a methwn beidio â gofyn i mi fy hun beth fyddai'r cymhelliad dros fynd â ni i weld y fath olygfa erchyll? Ai ein cynghori'n garedig yn ein hieuenctid i beidio ag ymhél â gweithredoedd gwleidyddol treisgar neu er mwyn ein brawychu i gefnu ar bob math o argyhoeddiadau gwleidyddol? Wn i ddim.

Aeth nifer o brotestwyr eraill i seremoni arall y diwrnod hwnnw, sef priodas yn Llanelwy. Yn eu plith Robat Gruffudd, a ysgrifennodd yn ei ddyddiadur:

Mynd i briodas Gareth Gregory a Ceridwen ddoe yn Llanelwy, achlysur a drefnwyd yn arbennig i gyd-daro â'r Arwisgo. Roedden ni wedi argraffu gwahoddiadau pinc a phiws gyda'r llythrennau addurniadol 'Gwahoddiad, 1 Gorffennaf' ar y clawr. Ac yn wir roedd rhywbeth urddasol a thywysogaidd am y ffordd y llywyddodd Lewis Valentine, sy'n perthyn i Ceridwen, y gwasanaeth yn y capel a'r wledd. Roedd yn brynhawn braf a hapus, yn rhydd o daeogrwydd y dydd.

Un arall oedd yn y briodas oedd Dafydd Iwan, ac roedd yntau hefyd wedi mwynhau gallu dianc o Brydeindod clawstroffobig y dydd a chael modd i fyw yn gwrando ar Valentine yn hel atgofion am losgi'r Ysgol Fomio:

Roedd diwrnod yr Arwisgo wrth gwrs yn gofiadwy i ni achos priodas Gareth Gregory a Ceridwen, gyda Lewis Valentine yn weinidog. Ac mi gawson ni brynhawn yng nghwmni Lewis Valentine ac yntau'n deud hanes ymgyrch llosgi'r Ysgol Fomio, ac yn ddifyr iawn iawn, ac roedden ni i gyd o'i gwmpas o yn gwrando am hydoedd tra oedd yr Arwisgo ymlaen. Felly, roedd yn ddiwrnod cofiadwy iawn yn yr ystyr yna.

Yn ôl yng Nghaernarfon roedd y rhialtwch yn cyrraedd ei anterth, ac o gredu geiriau gohebydd y *Western Mail* roedd yn ddathliad Prydeinig penigamp: 'It was like Mafeking night, the Mardi Gras and New Year's Eve in Trafalgar Square rolled into one.' Yn rhan o'r adloniant ar y Maes yr oedd dawnswyr

Morris a band milwrol, ond er bod y dre'n orlawn nid oedd gormod o drigolion y dref allan yn dathlu a chwyddwyd y dorf yn sylweddol gan filwyr o wersylloedd dros dro y fyddin yn Llandwrog a'r Faenol.

Mwy dethol oedd gwesteion y ddawns fawr a gynhaliwyd yng Nglynllifon y noson honno. Dywedwyd bod mil a hanner o wahoddedigion pwysig wedi bod wrthi yn dawnsio ac yfed hyd oriau mân y bore. Ymysg y gwesteion yr oedd y Dywysoges Margaret a'r Arglwydd Snowdon, enwogion o fyd canu ac actio, a sêr Cymreig yr oes, gan gynnwys Harry Secombe, Geraint Evans, Delme Bryn-Jones, Rowland Jones a'r pêl-droediwr Wyn Davies.

Nid bod y noson wedi mynd yn ddidrafferth chwaith, oherwydd cafwyd ambell ddigwyddiad anffodus i darfu ar yr hwyl – cafwyd toriad hir yn y cyflenwad trydan, nid oedd y ffôn i'r safle yn gweithio ac, yn waeth na dim, yfwyd y bar yn sych ymhell cyn diwedd y ddawns. Ond yn ôl y trefnydd, Valerie Wynne Williams, yn ystod y cyfnod y bu'r parti heb drydan, camodd y pedwarawd cerddorol i'r adwy a chanu i gadw'r gwesteion yn hapus. Er bod cadw'r safon wedi bod yn anodd i Geraint Evans a'i gyd-berfformwyr, oherwydd erbyn i'r golau ddod yn ôl mae'n debyg bod yr arlwy gerddorol wedi dirywio fymryn, gan symud o'r byd clasurol i ganeuon rygbi masweddus.

Celwydd hefyd, yn ôl Mrs Williams oedd y stori bod y ddiod wedi gorffen ar hanner y ddawns: 'Roedd un ficer Americanaidd yn dal i gludo poteli *champagne* o rywle am bedwar o'r gloch y bore.' Ychwanegodd: 'Roedd gwesteion o Ganada ac America wrth eu bodd yn y ddawns ac wedi gwirioni ar Gymru', meddai, gyda rhai gwesteion ar eu traed tan chwech o'r gloch y bore ymhell ar ôl toriad gwawr.

# 27

# Adladd Arwisgiad

ADEILADWYD Y LLWYFAN brenhinol ar gyfer yr Arwisgo yng Nghastell Caernarfon trwy ddefnyddio llechi o Chwarel Dinorwig ger Llanberis, un o chwareli hynaf yr ardal. Buan y dangoswyd i weithwyr Arfon nad oedd defnyddio eu llafur mewn seremoni frenhinol yn golygu fawr ddim, oherwydd drannoeth y dathlu clywodd tri chant o weithwyr Dinorwig y newyddion ysgytwol o fwriad y perchnogion i gau'r chwarel. 'Cyfoeth mawr yn yr ardal yr wythnos diwethaf; tlodi'r wythnos yma' oedd geiriau digalon un holltwr llechi yn y chwarel wrth glywed y newyddion. Roedd y newyddion am golli swyddi yn gwireddu darogan sinigaidd rhai o ieuenctid Arfon a holwyd gan ohebydd *Y Cymro* fisoedd ynghynt adeg Rali'r Cei Llechi. Byddai'r Arwisgo, meddent, 'yn dod ag arian i'r dre dros dro, ond unwaith y bydd o drosodd fydd yna ddim byd ar ôl i'r bobl ifainc.'

Nid bod yr Arwisgo wedi bod yn llwyddiant digamsyniol. Yn hytrach na'r 250,000 o ymwelwyr disgwyliedig, dim ond rhyw 70,000 o bobl aeth draw i Gaernarfon. Fel sylwodd Gareth Miles, 'Hyd yn oed ar y diwrnod ei hun, mi ddaeth yna lot yn llai o bobl i'r Arwisgo na ddisgwylid. Roedd ffermwyr wedi gosod eu tir i greu meysydd parcio, nad oedd yn cael eu defnyddio. Mi roedd yna gwmni wedi gwneud miloedd o gyw iâr a tjips a neb yn eu bwyta.'

Yno yn gohebu ar ran y *New Statesman* sylwodd Mervyn Jones mai cymharol denau oedd y dorf:

The crowds looked thick on the narrow pavements, but they'd never fill Trafalgar Square. The show would have played to a thin house indeed without plain-clothes police, journalists, foreigners, organised parties of schoolchildren and people who were on a week's holiday in Llandudno anyhow.

Ni fu 'Croeso '69' chwaith mor llwyddiannus â hynny: 'Bumper Holiday season is flop' sgrechodd pennawd y *Western Mail* ganol Mehefin, gyda chwmnïau teithio yn canslo eu cynlluniau. Wrth ymateb i'w benderfyniad i beidio bwrw ymlaen â gwyliau 16 diwrnod i 300 o ymwelwyr tramor, dywedodd cyfarwyddwr cwmni gwyliau Evan Evans Tours bod pobl o America a Chanada 'seem afraid to come to Wales', a rhoddodd y bai am hynny'n sgwâr ar 'the political turmoil in Wales'.

Nid oedd diffyg llwyddiant cynlluniau'r Bwrdd Croeso yn syndod mawr i Dafydd Iwan:

A dweud y gwir roedd y syniad o 'Dri Mis o Ddathlu Mawr' yn dipyn o jôc, achos dyna pam sgwennais i'r gân ffordd gwnes i oedd bod yna bwysau ar bawb gan gynnwys Merched y Wawr Cwmsgŵt i drefnu rhywbeth a dweud bod o'n rhan o ddathliadau'r Arwisgo. Ond mewn gwirionedd *damp squib* oedd y 'Tri Mis o Ddathlu Mawr', a gellid dweud mai *damp squib* oedd yr Arwisgo o ran y miloedd roedden nhw'n eu disgwyl.

Mae'n gwestiwn hefyd pa mor ddwfn oedd y gefnogaeth yng Nghymru i'r dathliadau brenhinol. Mewn pôl piniwn yn Awst 1968, roedd 44% yn gweld yr holl beth fel gwastraff arian, ond newidiodd y farn wrth i'r peiriant propaganda gyrraedd ei anterth ac wrth i'r seremoni nesáu – gyda 76% o'r cyhoedd yn cefnogi'r digwyddiad ar ddechrau 1969. Er gwaethaf y symudiad yma yn y farn gyhoeddus, roedd lleiafrif sylweddol iawn o bobl Cymru yn wrthwynebus, a Chymry Cymraeg yn arbennig.

Mewn erthygl yn *Y Faner*, nodweddiadol chwyrn oedd barn Kate Roberts am y pasiant ar y 1af o Orffennaf. Gan alaru am y ddau a fu farw yn Abergele, a chystwyo'r 'deallusion' am eu rhagrith, daeth hithau hefyd i'r casgliad na fu'r diwrnod gystal llwyddiant â'r disgwyl i'r awdurdodau:

Do, cefais innau wahoddiad i'r seremoni, ond nis derbyniais. Ni welais mohoni chwaith ar y teledu. Gwelais luniau yn y papur newydd drannoeth, ac oni bai am y drasiedi a fu y noson gynt, buaswn yn gweld y peth yn ddigrif ofnadwy. Collodd dau ddyn ieuainc eu bywyd wrth baratoi i fynd i ddangos eu protest o bosibl ac fe wireddwyd geiriau Mr. Saunders Lewis; fe gollwyd gwaed Cymreig. Yr oedd sylwadau'r Ysgrifennydd dros Gymru ar y peth yn greulon; y fo, sy'n siarad mor ddagreuol am ei fam, yn medru gobeithio y byddai hyn yn ddiwedd ar y bomio, yn wir, yn maentumio byddai felly. Ar wahân i fod yn greulon, yr oedd yn beth twp i'w ddisgwyl o'r fan yna. Ac o weld yr holl daeogrwydd ddangoswyd yn y lluniau, dynion bach yn hobnobio efo'r teulu brenhinol, yr holl blygu glin, a chyflwyno Tywysog o Sais i genedl y Cymry, mae'n anodd i hyd yn oed heddychwyr beidio â chreu stŵr!

Oddi mewn i'r castell yr oedd pobl yr arferem eu hystyried yn genedlgarwyr, pobl yn caru diwylliant Cymru, meddent hwy ar eu tafodau, ond y diwrnod hwnnw yn cydnabod hawl cenedl arall ar ein bywyd, yn edrych ar y Frenhines yn cyflwyno ei thywysog i Gymru... Ac yr oedd beirdd a phregethwyr Cymru yn y castell yn derbyn y sumbol yma o feddiant y Sais arnom, y sumbol o'n caethiwed. Maent wedi bod, ac fe fyddant eto, yn derbyn tâl am fynd i siarad ar ryw agwedd ar ddiwylliant Cymru i'n cymdeithasau llenyddol, hynny heb ddim cywilydd o'u dauwynebogrwydd.

Dywedir mai tyrfa fechan oedd yn yr Arwisgo, ac mae masnachwyr Caernarfon yn siomedig. Eitha' gwaith â hwy! Ambell dro ceir cyfiawnder. Beir y teledu yn fwy na dim arall. Ond ni chlywais neb yn sôn am y dyrfa fawr a brotestiodd yn ddistaw trwy aros gartref ac anwybyddu'r holl sioe wirion, pobl o bob plaid.

\*\*\*\*\*

Nid seremoni Caernarfon oedd diwedd y 'Tri Mis o Ddathlu Mawr' oherwydd cynlluniwyd taith i'r Tywysog o amgylch Cymru yn yr wythnosau wedyn. Mewn adlais clir a bwriadol o gylchdaith Edward I drwy'r wlad, ar ôl lladd Llywelyn ap Gruffudd yn 1282, trefnwyd i'r Tywysog ymweld â lleoliadau fel Llandudno, Blaenau Ffestiniog, Y Drenewydd, Abergwaun, Tyddewi, Hendy-gwyn ar Daf, Caerfyrddin, Capel y Tabernaclyn yn Nhreforys, Castell Cyfarthfa ym Merthyr Tudful, a Chastell Caerdydd.

Un o'r llefydd cyntaf y trefnwyd i Charles fynd iddo oedd Gwersyll yr Urdd yng Nglan-llyn ger y Bala. Cytunodd Pwyllgor Gwaith yr Urdd i gais y Tywysog, gan bwysleisio mai ymweliad preifat anffurfiol fyddai hwn, ac nad oeddent yn dymuno gweld haid o blismyn o gwmpas y gwersyll. Felly ar yr 2il o Orffennaf, daeth Charles yng nghwmni gosgordd fechan iawn o dan arweiniad Arglwydd Raglaw Meirionnydd, y Cyrnol J. F. Williams-Wynne, i Benllyn. Ymysg y rhai oedd yno i'w gyfarfod yr oedd Syr Ifan ab Owen Edwards a'i wraig, ynghyd â John Eric Williams, Pennaeth Glan-llyn a staff y gwersyll. Llywyddwyd y cyfarfod gan fab Syr Ifan, Prys Edwards, Cadeirydd Pwyllgor Gwersylloedd yr Urdd. Cyn i'r osgordd frenhinol gyrraedd y gwersyll roedd George Thomas wedi cael cyngor pendant gan Goronwy Daniel, Ysgrifennydd Parhaol yn y Swyddfa Gymreig, i newid llwybr y Tywysog. Bernid mai annoeth fyddai iddo deithio i Lan-llyn trwy fynd heibio Llyn Tryweryn, gan yn hytrach gyrraedd y gwersyll o gyfeiriad tref y Bala.

Ar yr un diwrnod yr oedd Dafydd Iwan hefyd yn mynd i gyfeiriad y Bala. Roedd yn gyrru'n ôl i Gaerdydd ar ôl bod ym mhriodas Llanelwy y diwrnod blaenorol, ond nid oedd yn disgwyl dod i ganol y dorf anferth oedd wedi ymgasglu ar stryd fawr y dref i groesawu 'Carlo':

> Wedyn roeddwn i'n dreifo yn ôl drannoeth yn y fan fach goch a honno'n bosteri gwrth-Arwisgo i gyd. A dyma ni'n cyrraedd y Bala heb sylweddoli ein bod ni'n cyrraedd bron yr un pryd â'r Prins. Roedd o'n gwneud taith drwy Gymru ac roedd y torfeydd allan yn y Bala, lle dwi'n ei nabod yn iawn wrth gwrs, ac ro'n i'n methu gyrru drwy'r dorf achos roedd gymaint o bobl ar stryd fawr y Bala. Roedd yna blismyn yno, a dyma fi'n agor y drws ac yn gofyn i'r plismon agosa: 'Esgusodwch fi, eisiau mynd drwodd ydw i.' Mi wnaeth o fy anwybyddu fi yn llwyr. Dyma rhai yn fy adnabod i yn y dorf, ac un yn dod allan o'r dafarn a dechrau rhegi a bygwth fy lladd i yn y fan a'r lle. A dyma fi'n dweud wrth y plismon: 'Ydach chi'n clywed be mae hwn yn ddweud?' a mi wnaeth o fy anwybyddu fi eto. Dyma fi'n neidio'n ôl mewn i'r car achos roedd hi'n dechrau mynd yn beryglus a fel oedd mwy o bobl yn dod i sylweddoli pwy oedd yna, a'r posteri ar y car. Roedden nhw'n meddwl 'mod i'n gwneud o'n fwriadol wrth gwrs, a dyma nhw'n dechrau gweiddi. Mi wnes i jesd gyrru yn ara bach drwy'r dorf ac roedd rhaid iddyn nhw symud. Ond roedd hwnna'n un o'r profiadau mwyaf dychrynllyd – yn y Bala o bob man!
>
> A dyma ni'n cyrraedd Glan-llyn a phwy welais i yn cerddd ar y lôn ond Dyfan Roberts. A dyma fi'n stopio a'i holi 'I ble ti'n mynd?' Ac mi atebodd 'Wel meddwl mynd lawr i Glan-llyn achos mae Carlo yn galw yno ar ei ffordd. Ac ro'n i'n meddwl mynd yno i brotestio.' Ac mi ddywedais i, 'Dwi'n meddwl bysa'n well i ti beidio, achos mae pethau'n edrych yn hyll iawn.' Dwi ddim yn siŵr be wnaeth o, ond beth bynnag es i yn fy mlaen adre i Gaerdydd.

Y diwrnod wedyn aeth Charles yn ei flaen i dderbyniad dinesig yng Nghaerfyrddin. Aelod Seneddol yr ardal oedd Gwynfor Evans, a oedd wedi penderfynu cadw draw o'r seremoni yng Nghaernarfon. Roedd penderfynu a ddylai gyfarfod â Charles yn ei etholaeth ei hun yn ddilema arall anodd iddo. Dywed cofiannydd Gwynfor, Rhys Evans, fod arweinwyr Plaid Cymru yn rhanedig ond bod rhai fel Dr R. Tudur Jones a Dafydd Orwig o'r farn y dylai gyfarfod â'r Tywysog yng Nghaerfyrddin fel Aelod Seneddol yr ardal. Nid cydnabod yr Arwisgo na Charles fel Tywysog Cymru fel y cyfryw fyddai, ond yn hytrach mynd yno i gyfarfod 'ymwelydd o fri' fel cynrychiolydd ei etholwyr. Sylweddolodd Gwynfor y byddai llawer o genedlaetholwyr a chefnogwyr Cymdeithas yr Iaith yn gweld hyn fel bradychu'r achos, ond teimlai fod yn rhaid iddo ysgwyd llaw â Charles, rhag 'creu atgasedd' a fyddai'n peryglu ei obeithion o ddal gafael ar sedd Caerfyrddin yn yr etholiad cyffredinol nesaf.

Mae Ffred Ffransis yn sicr mai diben rhwydo cymaint o sefydliadau Cymraeg i ddigwyddiadau mawr a bach yr Arwisgo oedd gwneud drwg i Blaid Cymru, er ei fod yn anghytuno â Gwynfor Evans am effaith hir dymor hynny:

Roedd y Sefydliad Prydeinig wedi cael ei ffordd. Mor *naive* oedd gymaint o bobl yn y gwahanol sefydliadau Cymreig i hyn, a'r bwriad oedd wrth gwrs creu rhwygiadau ymhlith etholwyr. Ac mi ddywedodd Gwynfor ar ôl etholiad 1970 taw protestiadau yr Arwisgo a *show trials* yr FWA oedd yn gyfrifol am iddo golli ei sedd. Dwi'n meddwl bod ei ddehongliad o'n anghywir, oherwydd mi wnaeth Winnie Ewing (o'r SNP) golli ei sedd hefyd, a doedd dim FWA na Chymdeithas yr Iaith nac Arwisgo yn fanno a byddai wedi bod yn wyrthiol ennill sedd am y tro cyntaf mewn Etholiad Cyffredinol a gyda'r propaganda Prydeinig i gyd yn canolbwyntio ar y dewis rhwng dwy blaid Brydeinig oedd yn wahanol i amodau isetholiad. Ond yn sicr wnaeth o ddim lles iddo fo, ac roedd yn rhaid iddo ffeindio rhyw sefyllfa oedd yn plesio ei holl etholwyr felly mi wnaeth o wrthod mynd i'r Arwisgo ond fel cynrychiolydd pobl Sir Gaerfyrddin – oedd yn amlwg wedi bod yn gefnogol i'r Arwisgo – mi aeth i gyfarfod Carlo pan ddaeth o i Gaerfyrddin yr wythnos wedyn ar ei daith rownd

Cymru. Ac roedden nhw'n gwneud yn siŵr bod y Tywysog yn mynd i'r llefydd lle roedden nhw eisiau gwneud drwg i'r mudiad cenedlaethol.

Nid oedd y Sefydliad diwylliannol Cymraeg wedi gorffen talu gwrogaeth i'r Tywysog newydd yr haf hwnnw chwaith, oherwydd estynnwyd gwahoddiad iddo fynychu'r Eisteddfod Genedlaethol yn y Fflint ym mis Awst. Nid bod hynny'n annisgwyl o gofio presenoldeb yr Orsedd yn y castell. Ar ben hynny roedd cynrychiolwyr y Brifwyl, Stephen J. Williams, Cynan ac Ernest Roberts yn aelodau o Bwyllgor Arglwydd Raglaw Sir Fflint a thrwy'r pwyllgor hwnnw y rhoddwyd y gwahoddiad i'r Tywysog ymweld â'r Eisteddfod.

Cynan oedd y brenhinwr mwyaf brwd o'r holl Orseddogion, ac roedd wedi cael tipyn o awen wrth ail-lunio ei gerdd 'Tywysog Gwlad y Bryniau' i'w hargraffu yn Rhaglen y Dydd, er mwyn i gynulleidfa'r pafiliwn ei chanu ei gerbron etifedd y Goron:

Tywysog Gwlad y Bryniau,
Byth rhoed y Nefoedd Wen
Serchiadau brwd y Cymry
Yn goron ar ei ben.

Nid oedd pawb mor frwd dros eiriau'r bardd mawr, fodd bynnag. Yn rhifyn Awst 1988 o'r *Casglwr*, adrodda Ernest Roberts sut y cafodd alwad ffôn ynghanol mis Mai 1969 gan John Roberts, Trefnydd yr Eisteddfod, yn dweud wrtho bod plant ysgolion Cymraeg Maes Garmon a Glan Clwyd yn gwrthwynebu canu fersiwn newydd Cynan o 'Tywysog Gwlad y Bryniau'. Yr unig ffordd o ddatrys yr anghydfod oedd ceisio annog yr awdur i newid geiriau'r gerdd yn Rhaglen y Dydd, felly aeth Ernest Roberts draw i'w weld yn ei gartref i geisio ei ddarbwyllo gan ofni:

Pe cyhoeddid y gân yn Rhaglen y Dydd i'w chanu gan gynulleidfa'r Eisteddfod, ofnwn y cyneuid coelcerth ar Faes

223

yr Eisteddfod o raglenni'r dydd, ddyddiau cyn ymweliad
y Tywysog. Roedd Cynan yn ystod y dydd wedi bod yng
Nghastell Caernarfon i gael gweld a sefyll ar yr union le y
bydd yn sefyll i ledio'r emyn ar ddiwrnod mawr yr Arwisgo.
Roedd hwyl dda arno yn disgrifio hyn oll ac ymroddais i'w
borthi ac i ryfeddu at bopeth a ddywedai. Fe ddywedodd
hefyd yn gwbl gyfrinachol 'a tydw i ddim am ddeud hyn wrth
heb ond wrtha chi a William' (William Morris), y cynhwysid
ei enw yn rhestr anrhydeddau'r Frenhines. Wedi iddo
eistedd yn ei hoff gadair – Cadair Pontypwl – 'Wel 'rŵan SYR
CYNAN' meddwn 'dim rhagor o blydi nonsens hefo Fflint i
ddifetha'r cwbl.'

Canlyniad hynny oedd i Cynan gytuno i gynnwys 'Gogoniant
i'r Cymry', cerdd lawer mwy diniwed ym moli tirwedd, pobl a
diwylliant Cymru, yn y Rhaglen Swyddogol, a'r unig gyfeiriad
ynddi at Dywysog o unrhyw fath oedd y llinell:

A heniaith sy'n fyw trwy wrhydri a brwydrau,
Iaith annwyl gan werin, Tywysog a sant.

Nid oedd y gwrthwynebwyr am adael i bethau fod chwaith,
ac ar ddiwrnod ymweliad Charles â'r Eisteddfod roedd yna
fwriad i gynnal protest ar yr union adeg y byddai Charles yn
camu ar y llwyfan. Wrth i'r osgordd gyrraedd y llwyfan safodd
Dafydd Huws, (awdur *Dyddiadur Dyn Dŵad*), Dyfan Roberts,
yr actor, Ffred Ffransis a Ieuan Bryn ar eu traed gan weiddi
'Brad yr Eisteddfod!' a dal posteri uwch eu pennau. Rhuthrodd
heddlu amdanynt a gafael ynddynt – ac eithrio Dyfan Roberts
oherwydd am ryw reswm ni sylwodd y plismyn arno ef – a'u
cario allan o'r pafiliwn a'u llusgo i garafán yr heddlu ar y Maes.
Yn ôl Ieuan Bryn:

Pan gyrhaeddodd yr Osgordd gefn y pafiliwn, roedd y pedwar
ohonom yn eistedd yn weddol agos at y fynedfa. Dyma godi
ar ein traed, anelu at lwybr canol y pafiliwn, a sefyll o flaen

yr osgordd gan arddangos ein posteri gwrth-Arwisgo a lleisio ein hanfodlonrwydd.

Rhuthrodd yr heddlu atom, ac roedden nhw'n hynod o ymosodol. Fe wnaethon nhw gario Dafydd Huws gerfydd ei wallt ar draws y maes i'w carafán, ac yno, fe ddefnyddion nhw eu dyrnau yn erbyn mwy nag un ohonom. Mi roddon nhw hances dros yr *handcuffs* a'u defnyddio i ddyrnu ein pennau ni, ac mi gafodd rhai ohonon ni hi'n reit ddrwg. Cyn bo hir, roedd yna griw o gefnogwyr wedi ymgasglu y tu allan i'r garafán, ac wrth glywed y cythrwfl y tu mewn, dyma nhw'n dechrau siglo'r garafán yn ôl a blaen, er mwyn i'r heddlu ein rhyddhau. Ond mynnu ein cadw am bron i deirawr wnaeth yr heddlu tan i Carlo adael y Maes er na ddygwyd cyhuddiad yn ein herbyn.

Y siom bersonol i mi oedd bod un o ffrindiau ysgol agos fy chwaer ymysg yr heddlu oedd yn y garafán, ac fe gaeodd ei llygaid yn llwyr i'r driniaeth arw a gawson ni gan ei chyd-aelodau o'r heddlu.

Anfarwolwyd y digwyddiad gan y poster 'Mae'n Drosedd Bod yn Gymro', lle ceir llun o Dafydd Huws yn cael ei gario ar draws Faes yr Eisteddfod gyda'r plismyn yn gafael yn ei wallt a'i draed.

I Dafydd Iwan, ôl-nodyn mwyaf arwyddocaol y protestiadau gwrth-Arwisgo oedd cyngerdd ym mhafiliwn Eisteddfod Genedlaethol y Fflint. Dyma oedd y tro cyntaf iddo gael gwahoddiad i ganu yn un o gyngherddau swyddogol y Brifwyl, ond roedd tensiwn mawr yn dilyn arestio'r tri phrotestiwr yn gynharach yn y dydd. Daeth I. B. Griffith, oedd yn arwain y noson, draw at y canwr gan ofyn beth oedd yn mynd i'w ganu, yn amlwg yn poeni am ymateb y gynulleidfa a'u hymateb iddo ef, o gofio ei ran wrth groesawu'r Tywysog i Gaernarfon. Dewis canu cân newydd wnaeth Dafydd Iwan, o'r enw 'Yno yr Wylodd Efe'. Cân am yr Arwisgo oedd hi, ond cân hefyd oedd yn sôn am ddigwyddiadau trasig marwolaeth y ddau yn Abergele:

Fe welodd y gwaed ar y muriau
Yn y dre lle bu farw'r ddau,
Ac âi pawb o'r tu arall heibio
Gan ddweud 'Arnyn nhw roedd y bai'.
Gan na fuont farw mewn rhyfel,
Nid eiddynt anrhydedd na chlod,
Onid ffyliaid, dihirod oeddynt?
Onid ffôl ac annheilwng eu nod?

Yno yr oedodd,
Yno y gwelodd,
Yno yr wylodd efe.

Gwrthwynebodd Dafydd Iwan ddefnyddio ffrwydron a dulliau tebyg i ymladd dros Gymru ar hyd ei oes, ond testun y gân yw rhagrith cymdeithas lle mae arfau lladd yn bethau i'w clodfori os defnyddir nhw yn enw Prydain, ond yn bethau i'w condemnio os defnyddir nhw gan rai sy'n cael eu gweld fel 'gelynion' Prydeindod. Nid gwyngalchu'r ddau oedd y bwriad, meddai'r awdur, ond eu gweld fel rhai a gollodd eu bywydau 'mewn ymgais ofer i ddial am y gormes a fu ar ein cenedl'.

Ond draw ar lan afon Menai
Y gwelodd y miloedd ynghyd,
Yn bloeddio taeogrwydd eu croeso
I'r drefn a'u caethiwodd cyhyd,
Ac yno fe welodd y milwyr
Gyda'r bidog a'r gwn ym mhob llaw
Ac eco'u martsio'n atseinio
Rhwng creigiau Dinorwig draw.

Yn ei hunangofiant dywed Dafydd Iwan na fedrai fod wedi dewis cân fwy gwleidyddol sensitif:

Roedd I. B. yn ymbil arna i beidio â'i chanu, ond ro'n i'n benderfynol. Ac mi canais i hi a'r tro hwnnw ches i ddim llawer o ymateb. Dim ond rhyw ddistawrwydd a rhyw glap bach. Ond roeddwn am ei chanu hi. Doedd hi ddim yn gân hwyl, doedd hi ddim yn gân ddychan, a doedd hi ddim yn anthemig, ond roedd hi yn gân drist am ddau oedd wedi colli eu bywydau. A hynny drwy weithred na fuaswn i wedi cytuno â hi.

Cyn belled ag yr oedd y canwr yn y cwestiwn roedd y perfformiad ar y noson honno yn cau pen y mwdwl ar helynt hyll a diangen yr Arwisgo a 'Chroeso '69'.

*****

Un ôl-nodyn sy'n darlunio effaith sur yr Arwisgo ar sawl cyfeillgarwch, oedd y cyfarfyddiad, y bu Lyn Ebenezer yn dyst iddo, flwyddyn yn ddiweddarach rhwng Eirwyn Pontshan ac I. B. Griffith yn Eisteddfod Genedlaethol Rhydaman. Cyn digwyddiadau 1969 bu Pontshan ac I. B. yn ffrindiau ac yn troi yn yr un cylchoedd cymdeithasol:

Achos roedd Pontshan yn ffrindiau mawr gyda fe yng Nghaernarfon, a gyda Harris Tomos, y dyn wnaeth ysgrifennu anthem Undeb y Tancwyr, a cyn yr Arwisgo mi fydden ni'n mynd lan gyda fe i Gaernarfon i gwrdd â Harris a mi fydde I. B. 'na – ac oedd e'n meddwl y byd o Pontshan. Ar Faes y Steddfod yn Rhydaman roedd criw ohonon ni'n siarad a dyma I. B. yn dod draw ac yn meddwl wrth gwrs y bydde popeth 'run peth ac yn estyn ei law ac yn dweud 'Eirwyn sut wyt ti?' A dyma Eirwyn yn tynnu ei law yn ôl a thynnu ei gap gwyn a dweud yn ddifrifol: 'I. B., I. B., chi'n destun gweddi' ac mi gerddodd I. B. bant heb yngan gair.

Ar yr 2il o Dachwedd 1969, daeth cnoc ar ddrws cartref John Jenkins. Yr heddlu oedd yno, yn gofyn am ei gymorth. Roedd angen swyddog milwrol arnynt i'w hebrwng i'r orsaf cadetiaid leol gan fod arian wedi'i ddwyn oddi yno. Cytunodd i helpu a cherdded allan o'i swyddfa. Ychydig a wyddai mai dyna'r tro olaf y byddai ei draed yn rhydd am flynyddoedd, oherwydd fe'i harestiwyd yn syth ar ôl gadael y tŷ. Yn dilyn arestio Jenkins a'i gydfilwr, Frederick Alders, daeth diwedd ar weithgareddau MAC, ac ym mis Ebrill 1970 dedfrydwyd Jenkins i ddeng mlynedd o garchar. Treuliodd y rhan fwyaf o'r cyfnod hwnnw fel carcharor yn y categori llymaf, sef Categori A.

Gwahanol oedd hanes Jock Wilson, y plismon fu'n arwain yr ymdrechion i ddal y bomwyr. Derbyniodd OBE gan y Frenhines yn ei Rhestr Anrhydeddau am ei ymdrechion. Yn ôl y disgwyl roedd Cymry amlwg ymysg y dethol rai ar y Rhestr Anrhydeddau yn ogystal, gan gynnwys Prifathro Coleg Prifysgol Bangor, Charles Evans, a gafodd ei wneud yn farchog. Cael ei urddo yn farchog hefyd oedd gwobr Geraint Evans y canwr opera (efallai am ei berfformiad arwrol o ganeuon rygbi ym mhlasty Glynllifon pan ddiffoddodd y trydan). Yn goron ar y cyfan, yn union fel yr oedd wedi darogan i'w gyfaill Ernest Roberts, yn rhestr anrhydeddau'r flwyddyn honno hefyd dyrchafwyd Cynan yn Syr Albert Evans Jones.

# 28

# Dau gwestiwn

Os MAI UN o amcanion gwleidyddol yr Arwisgo oedd ffrwyno cynnydd etholiadol Plaid Cymru, gellir dweud ei fod wedi llwyddo'n rhannol. Er i'r Blaid Lafur golli pedair sedd yng Nghymru i'r Ceidwadwyr yn Etholiad Cyffredinol 1970, fe lwyddwyd i adennill Caerfyrddin yn ôl oddi wrth y cenedlaetholwyr. Er i Blaid Cymru golli Gwynfor Evans fel ei hunig Aelod Seneddol, o ran canran y bleidlais yng Nghymru, Etholiad Cyffredinol 1970 oedd y canlyniad gorau erioed i'r Blaid yn yr ugeinfed ganrif; a phedair blynedd yn ddiweddarach yn Etholiad Hydref 1974 cipiodd dair sedd seneddol, gan gynnwys etholaeth bwrdeistref frenhinol Caernarfon. Rhoddodd cynnwrf ralïau a phrotestiadau 1969 wynt yn hwyliau Cymdeithas yr Iaith am y blynyddoedd wedi hynny. Caledwyd penderfyniad y mudiad ar gyfer yr ymgyrchoedd i ddod gan brofiadau wynebu awdurdodau cyfraith a threfn cyfnod yr Arwisgo, ac aeth yr ymgyrch arwyddion ffyrdd o nerth i nerth, ac felly hefyd yr ymgyrch dros sianel deledu Gymraeg.

Yn yr hanner canrif ers 1969 cafodd Cymru ei gweddnewid mewn sawl ffordd. Enillwyd rhagor o statws i'r Gymraeg, sefydlwyd S4C yn 1982 ac enillwyd dwy refferendwm i sefydlu a chryfhau datganoli yn 1997 a 2011. Er gwaethaf gwendidau'r setliad datganoli, mae gan Gymru ei Senedd ei hun yn 2019. Er hynny cafwyd colledion – gwanio mae'r Gymraeg yn ei chadarnleoedd, a diolch yn bennaf i ddihidrwydd gwleidyddol, poenus o araf a thameidiog yw ei hadferiad yng ngweddill Cymru. At hynny, mae Cymru'n parhau i fod yn un o'r gwledydd gyda'r lefelau tlodi uchaf yn Ewrop, ac mae Brexit wedi rhoi ail wynt i genedlaetholdeb Prydeinig adweithiol ac ymosodol.

Felly dyma ofyn yn gyntaf i rai o'r ymgyrchwyr wrth edrych yn ôl dros y blynyddoedd, a oedd hi'n werth ymgyrchu mor galed yn erbyn yr Arwisgo?

**Dafydd Iwan:**
Oedd. Er 'mod i wedi siarad yn erbyn rhoi blaenoriaeth iddi, roedd rhaid i ni wneud. Ac roedd hi'n anochel ei bod yn mynd i gael ei chwythu fyny yn fwy nag oedd hi mewn ffordd, a dwi'n falch ein bod ni wedi gwneud, cyn mynd yn ôl at y pethau pwysicach sef yr ymgyrch arwyddion, sianel deledu ac ati.

Dw i'n dal i dueddu i gredu bod yr ymateb a'r gwrthymateb a'r ffraeo fuodd ynglŷn â'r Arwisgo yn erbyn cefndir y paentio arwyddion, bod hwnna i gyd wedi achosi'r ysgytwad oedd ei angen ar wleidyddiaeth Cymru. Hynny yw, mi roedd yn werth y boen er mwyn cael y newid, achos beth sy'n rhyfeddol ydi, mi gethon ni'r rali dorfol fwyaf erioed yn erbyn yr Arwisgo wrth y castell ar ddydd Gŵyl Dewi, ac o fewn dim mi roedd Robyn Lewis ar ran y Blaid yn Etholiad 1970 yn cael y bleidlais fwyaf erioed a gosod y platfform i Dafydd Wigley ennill yn '74. Mae'n amlwg na wnaeth ddim drwg o gwbl. Mi dorrodd Plaid Cymru drwodd yn 1974, cwta bedair blynedd ar ôl yr holl helynt. Codi'r bleidlais yn union grud yr Arwisgo. Rwy'n credu'i bod hi'n gywir i ddweud bod y ffraeo a'r ffrwgwd a'r rhwygo a'r dadlau wedi gwneud i bobl feddwl, a'u bod nhw wedi symud i gyfeiriad newydd. Achos mae rhywun yn anghofio bod y rhan fwyaf o Feirionnydd a Chaernarfon tan y 60au yn gadarnleoedd Llafur, gyda mwyafrifoedd clir iawn.

Ond dyna yw natur adeg sensitif yn wleidyddol – mae

rhywun yn cael profiadau annifyr a dwfn ac annymunol weithiau, ond rwy'n credu bod rhaid i ni fynd trwy'r profiadau hynny i weithio pethau allan. Ac ar ôl i bopeth dawelu, mi ro'n i wedi medru dod yn gyfeillgar gyda'r rhan fwyaf o bobl oedd yn cymryd rhan a derbyn ein bod ni'n anghytuno. A dwi jesd yn gobeithio bod yna rywbeth wedi mynd drwodd ond yn anffodus erbyn hyn ac edrych yn ôl dros amser, mae rhywun yn gweld bod y peiriant sydd y tu ôl i'r teulu brenhinol yn un cythreulig o gryf ac maen nhw'n benderfynol o ennill y frwydr i gyfiawnhau eu bodolaeth. Dim ond gobeithio rhyw ddiwrnod y cawn ni ddewis yn hynny.

**Emyr Llywelyn:**
Rwy'n credu bod e wedi cryfhau Cymdeithas yr Iaith, ac roeddem yn sylweddoli pan oedd yr Arwisgo ymlaen, mor gryf oedd y wladwriaeth Brydeinig yn ei holl agweddau. Roedden nhw'n rheoli'r wasg, roedd gyda nhw rym yr heddlu, a'r heddlu cudd ac yn y blaen. Ac roeddem yn sylweddoli bod rhaid i Gymdeithas yr Iaith ymroi i weithredu'n heddychlon, a bod rhaid iddi hefyd fod yn gwbl agored ynghylch pob gweithgaredd roedd hi'n ei wneud. Does dim pwrpas i heddlu cudd os yw mudiad yn gweithredu'n agored, dyw heddlu cudd ond yn gallu gweithredu pan fo pobl yn gweithredu'n danddaearol felly roedd hynny'n bwysig iawn. Mi gynhaliwyd y cyfan o'r gweithgareddau yn gwbl agored mewn protestiadau cyhoeddus. Wrth gwrs y drasiedi oedd bod yna gasineb ofnadwy ac mae'n anodd wrth edrych yn ôl sylweddoli gymaint oedd maint y casineb a Dafydd (Iwan) ddioddefodd hynny yn waeth na neb.

**Ieuan Wyn:**
Roedd y brotest yn gwbl allweddol oherwydd fel pob ymdrech, mae rhinwedd yn yr ymdrech. Mae llwyddo yn dibynnu ar amgylchiadau allanol. Roedd o'n ymgais i ddarbwyllo ein cyd-Gymry bod rhywbeth amgenach yn bosibl. Doeddan ni ddim yn gweld gwahaniaeth rhwng brwydr yr iaith a'r diwylliant

a'r frwydr yn erbyn yr Arwisgo. Yn ymwneud yn y bôn â theyrngarwch, a hynny'n gyfrwng hunaniaeth.

**Gareth Miles:**
Roeddwn i'n gweld gweithgareddau Cymdeithas yr Iaith Gymraeg – yr arwyddion ffyrdd, cael statws i'r iaith ddarlledu a gwrthwynebu'r Arwisgo fel therapi genedlaethol a'n bod ni'n ymryddhau o feddylfryd gwasaidd.

Roedd ein protestiadau yn digwydd yng nghyd-destun gwrthryfel pobl ifanc yn bennaf ledled y byd yn niwedd y chwedegau yn enwedig yn Ewrop a Gogledd America a phrotestiadau yn erbyn Fietnam ac ati. Gwrthryfel diwylliannol oedd o, yn erbyn y drefn, yn erbyn y *status quo*, yn erbyn ceidwadaeth yn gyffredinol a dros ryddid personol. Dwi'n meddwl bod hynny'n rhan o'r peth, ac yng nghyd-destun beth oedd yn digwydd yng ngwledydd Affrica, ac Iwerddon yn dechrau codi, felly roedd yn gymysgedd o bethau. Wrth gwrs be ddigwyddodd wedyn oedd bod y Llywodraeth Brydeinig wedi bod yn delio efo lleiafrifoedd ac yn gwybod sut i wneud consesiynau tactegol, ac mi roedden nhw'n gwneud yr un fath efo ni weithiau.

**Eryl Owain:**
Roedd hi'n werth protestio, a hynny am ddau reswm. Un rheswm oedd iddo fod yn ysbrydoliaeth i lawer ohonom i ymgyrchu wedyn ar faterion pwysicach mewn ffordd. Ar faterion yn ymwneud yn uniongyrchol â'r iaith. Roedd wedi tynnu llawer ohonom at ein gilydd, ac wedi'n harfogi ni rywsut i fod yn barod i wynebu ychydig bach o wrthwynebiad ac yn y blaen.

Yn ail, dwi'n meddwl ei bod yn hollbwysig i wneud y safiad a bod agweddau wedi newid erbyn hyn. Un peth sy'n crisialu hyn oedd dwi'n cofio siarad efo athro yn yr ysgol. Sais oedd o oedd newydd symud i'r ardal a dechrau dysgu. A dwi'n cofio trafod yr Arwisgo a 'ngwrthwynebiad gydag o. A meddai fo: 'Ah I see, you see the Investiture as some kind of national prostitution do you?' A dwi'n meddwl ei fod wedi crisialu'r peth yn glir, a dwi'n meddwl bod angen gwrthwynebu'r teimlad hynny, a dangos ein bod ni'n barod i sefyll dros ein hintegriti ni fel cenedl. A dwi'n meddwl ei fod wedi gwneud i bobl gwestiynu pethau. A dydw i ddim yn meddwl bod yr un math o eilunaddoliaeth o'r frenhiniaeth yn bodoli heddiw o bell ffordd.

**Myrddin ap Dafydd:**
Does ryfedd bod cenhedlaeth o genedlaetholwyr wedi colli ffydd efo'r Sefydliad Cymreig yn dilyn hynny. Aeth yr Orsedd a'i 'Heddwch!' yn destun gwawd; doedd ysgolheictod Cymraeg yn ddim ond ffordd gyflogedig o gladdu pen yn y tywod. Teyrngedau cartwnaidd yn *Lol* fu eu hanes wedyn. Ond caledwyd ein penderfyniad.

**Ffred Ffransis:**
Yr hyn 'da ni'n gobeithio yw ein bod ni wedi newid Cymru. Mae'n draddodiad nad yw gwleidyddion yn rhoi'r teulu brenhinol mewn sefyllfa anodd. Yn 1969 roedden nhw'n gwybod y bydde yna brotestiadau, ond un aelod seneddol oedd gyda Plaid Cymru, mudiad protest yn unig oedd Cymdeithas yr Iaith ac roedd y Ddeddf Iaith gyntaf newydd gael ei phasio yn 1967. Yn ei phlentyndod oedd y sefyllfa. Ac roedd Harold Wilson yn gallu cynghori'r Palas: 'Wel, mi fydd yna brotestio ond mi fydd pobl Cymru yn derbyn hyn, maen nhw bob amser wedi gwneud hynny.' Roedd yr holl sefydliad wedi dweud eu bod nhw'n barod i gydweithio – Prifysgol Cymru, yr Urdd a'r Orsedd ac yn y blaen. Rwy'n gobeithio nawr mai'r neges fyddai'n mynd yn ôl yw y byddai'r rhan fwyaf o Aelodau Cynulliad Cymru yn mynd i wrthwynebu hyn sy'n golygu y byddai'n ffrae wleidyddol, nid rhyw un person fel Gwynfor. Ac felly fyddai'r Palas Brenhinol ddim yn cytuno â'r peth. Felly dwi'n gobeithio ein bod ni wedi newid Cymru fel na fydd y mater yn codi.

**Beth wedyn ddylai'r ymateb fod pe bai'r awdurdodau'n cyhoeddi bwriad i gynnal Arwisgo arall?**

**Mari Wyn:**
Dylid protestio yn bendifaddau! Be sy wedi newid mewn hanner can mlynedd yn hanes Cymru? Dim! Falle bod mwy wedi newid yn hanes y *Firm* a'r *Establishment* ym Mycinhampalas! Wela'i mo Siarl yn gwthio William, ac yn bendant wela'i mo Wills yn hwrjo Jorj ac mae gan y Llywodraeth geniog a dime 'na'n San Steffan broblemau mwy dyrys i'w datrys – Alun Cairns yn un! Ond pe clywn hanner gair bod Arwisgiad arall ar y gweill, yn bendant dylid gwrthwynebu! Byddai tair cenhedlaeth o'n teulu ni ymhob protest, mi alla i fod yn siŵr o hynny.

**Peter Hughes Griffiths:**
Anodd rhagweld beth fyddai ymateb y genedl i Arwisgiad arall. Fe allai fod yn weddol debyg gydag arweinwyr y sefydliadau a gwleidyddion Seisnig a gwrth-Gymreig yn gweld ffordd unwaith eto i rwygo Cymru'n ddwy er mwyn gwneud niwed i genedlaetholdeb. Ond, ry'n ni wedi symud ymlaen llawer iawn ers hynny fel cenedl yn ein Cymreictod ac mae hwnnw'n ddyfnach erbyn hyn. Go brin y byddai yn werth i'r sefydliad Saesneg risgo cynnal Arwisgiad – ond ar ôl gweld dylanwad y dde gyda Brexit – pwy a ŵyr?

**Dafydd Iwan:**
Ers y cyfnod hynny dw i yn bersonol yn credu nad ydi hi'n werth i ni fynd i mewn i'r holl gawdel yna o deimladau sydd ynglŷn â'r teulu brenhinol. Mae'n well i ni ganolbwyntio ar annibyniaeth Cymru a chael cymaint o bwerau i bobl Cymru ag sy'n bosib drwy ein sefydliadau ein hunan ac yna penderfynu beth ddylen ni ei wneud gyda'r teulu brenhinol. Felly dwi ddim yn credu ein bod ni eisiau cael ein tynnu oddi ar y gwaith pwysicach i fynd ar ôl y teulu brenhinol. Dyna ydi fy nheimladau i erbyn hyn.

Dwi'n mynd bob hyn a hyn o hyd i glwb Y Ddraig Goch ym

Mlaenau Ffestiniog, ond clwb y Royal Welsh oedd o'n arfer bod, ac roedd hwnna'n un o'r clybiau gan ei fod yn frenhinol iawn a lluniau'r teulu brenhinol i fyny ar y wal a chafwyd sawl ffrae ynglŷn â 'ngwadd i yno a ches i ddim gwahoddiad yno tan ychydig flynyddoedd yn ôl, ac rwy'n mynd yno'n fwriadol rŵan achos 'mod i'n gwbod am yr hanes yna. A mae rhywun yn siŵr o ddod ata i a dweud: 'Ew, ti'n gweld hwnna fanna, hwnna oedd yn bennaf yn dy erbyn di!' Wedyn mae o'n rhoi boddhad i rywun i weld bod rheiny bellach wedi troi, wel, dwi ddim yn dweud ei bod nhw'n gefnogol yn wleidyddol, ond o leia wedi derbyn ac yn ymuno yn yr hwyl ac mi fyddai'n canu 'Carlo' a'r caneuon yma a diolch iddyn nhw am roi'r llun i fyny ar y wal, a'r math yna o beth!

Hynny yw, mae o'n rhyfedd y busnes brenhinol yma, achos mae o'n arwynebol ar un ystyr, dydi o ddim yn ddwfn, ac eto mae o'n beth anodd iawn i'w symud. Ond beth sy'n dychryn rhywun yw bod y teulu brenhinol, os rhywbeth, yn cael eu defnyddio yn fwy gwleidyddol nag erioed. Ers datganoli mae fel tasen nhw'n gweld mai yr unig beth sydd ganddyn nhw ar ôl fel arf yn erbyn chwalu y Deyrnas Unedig ydi y teulu brenhinol. Ac felly mae yna ymdrechion pendant yn cael eu gwneud i dynnu Cymry amlwg i mewn i anrhydeddau'r Frenhines ac yn y blaen. Ond yn fwy na hynny i ddefnyddio'r teulu brenhinol i chwipio'r teimladau yma mai un wlad ydan ni. Un wladwriaeth, un genedl, ac yn talu gwrogaeth i'r teulu brenhinol.

Mae hynny'n codi cwestiwn diddorol ynghylch be ddylai agwedd y Cynulliad Cenedlaethol fod, a beth yw'r berthynas. Ac unwaith eto, efallai bod yr Alban yn iawn, ac mai'r peth pwysicaf yw cael pwerau i'r sefydliad Cymreig ac yna chwarae'r gêm tra bod rhaid ac yna penderfynu'n swyddogol trwy refferendwm beth ydi'n perthynas ni. Ond mae yn ddychryn rŵan bod y sefydliad Prydeinig, sut bynnag mae hwnna'n cael ei ddiffinio, a phwy bynnag sy'n gyfrifol am strategaeth, mae'n amlwg eu bod nhw'n defnyddio'r teulu brenhinol, y rhai ieuengaf rŵan, i greu rhyw sefydliad y bydd pawb yn teimlo 'mae rhaid i ni gadw hyn' a'i gefnogi.

**Emyr Llywelyn:**
Roedd pobl yn eilunaddoli y teulu brenhinol yn y cyfnod hwnnw, ac ry'n ni mewn cyfnod nawr pan mae'r teulu brenhinol yn cael ei ddefnyddio i bwrpasau gwleidyddol. A'r tro nesa bydd yna Arwisgo, bydd yna fwy o bresenoldeb militaraidd a mwy o sioe filitaraidd achos mae militariaeth yn rhywbeth y mae'r Llywodraeth yma'n ei wthio. Mae'r Llywodraeth nawr mewn cyfnod mwy celwyddog, mwy grymus o ran grym torfol, ac yn rheoli'r cyfryngau mwy nag y bu Llywodraeth Prydain erioed.

**Robat Gruffudd:**
Byddai'n bwysig gwrthwynebu Arwisgiad arall, os yn unig er mwyn cadw ein meddyliau ein hunain yn glir. Cynllwyn gwleidyddol oedd e gan y Blaid Lafur ac eraill yn y sefydliad Prydeinig i dawelu bygythiad cenedlaetholdeb Cymreig. Gallwn ddisgwyl sawl ymgais eto i Brydeineiddio meddyliau pobl Cymru a'r Alban, a'u cadw'n ufudd i'r drefn sigledig sydd ohoni.

**Ffred Ffransis:**
Mae'n amlwg bod y posibilrwydd cyfansoddiadol yno iddyn nhw. Mab Brenin Lloegr ar y pryd sydd i fod yn Dywysog Cymru felly yn gyfansoddiadol – yn groes i be 'da ni gyd yn ei feddwl – mae'n rhaid i Charles fynd yn Frenin Lloegr cyn bod syniad am urddo William yn Dywysog Cymru. A hyd yma dyw e dal ddim wedi digwydd eto, ond dwi'n meddwl bod dal peryg a bod pobl yn y Sefydliad Prydeinig yn dal i weld y fantais. Unwaith eith Charles i'r orsedd fel Brenin Lloegr, mi fydd yna bobl yn dal i awgrymu y dylai William gael ei orseddu yn Dywysog Cymru. Ac mae yna beryg o hyd y gall hynny ddigwydd. Er bod Dafydd Êl wedi dweud 'We don't do Investitures in Wales anymore', a bod Cymru wedi newid mae dal perygl. Mae'n bwysig bod pobl yn gwrthwynebu.

**John Jenkins:**
At the moment I think they're waiting to see what we can marshal against them. I think they would like to have another Investiture just to show us who's bloody boss, and then we would have to show them who's boss. People are convinced that they would risk another Investiture if they thought it was necessary. They thought the last one was necessary that's why they had to have it. At the moment they aren't sure, when they are sure they will make a move. And when they do, then it's time to get going.

**Gareth Miles:**
Roedd hi'n dywyll ar ôl Tryweryn. Yn dywyll ofnadwy. Rwy'n cofio darllen 'Paham y Llosgasom yr Ysgol Fomio', roedd fel rhyw weledigaeth, rhyw epiffani fel 'tae, ac ro'n i'n gweld mai dyma'r ffordd iawn. Dyma'r ffordd i wneud. Ac yn yr un modd gyda gweithredu yn erbyn Arwisgo arall, mater o hunan-barch ydi o dwi'n meddwl. Hynny ydi, mae'r awdurdodau yn ein sarhau ni, felly mae'n rhaid i ni eu herio nhw.

Dwi'n meddwl y byddai'n rhaid i unrhyw brotest, nid yn unig fod yn erbyn y frenhiniaeth ond yn un o blaid gweriniaeth sosialaidd Gymreig. A bod yn deg efo ni, bryd hynny roedden ni'n gweld y brotest yn erbyn yr Arwisgo fel rhan o'r brotest dros hunaniaeth Cymru, dros barch i Gymru, nid dim ond yn erbyn yr Arwisgo ei hun.

A does neb yn gallu rhagweld y dyfodol, ac mae gwneud safiad dros egwyddor yn bwysig ac yn ennill parch. Beth y mae pobl eisiau yn fwy na dim yw safbwynt sy'n ddealladwy ac yn herio'r drefn mewn ffordd adeiladol. Fel mae Saunders Lewis, y cenedlaetholwr Catholig Cymreig ac Antonio Gramsci y Comiwnydd o Sardinia yn dweud: os wyt ti'n torri dy galon, ac yn rhoi'r gorau i'r frwydr, wnei di fyth ennill. Os wnei di ddal ati mae'n bosib y byddi di'n ennill. Os wnei di ddim, rwyt ti'n bownd o golli.

# Llyfryddiaeth a darllen pellach

Y prif ffynonellau ar gyfer y llyfr hwn oedd cyfweliadau a sgyrsiau gyda gweithredwyr ac ymgyrchwyr, a phapurau newydd Cymraeg a Saesneg y cyfnod. Ond 'sefyll ar ysgwyddau cewri' y mae rhywun i raddau helaeth iawn wrth ysgrifennu hanes poblogaidd fel hwn. Cyfrolau anhepgor o ran cywain gwybodaeth werthfawr am ddigwyddiadau diwedd y chwedegau yng Nghymru oedd gwaith academaidd a thrylwyr John S. Ellis ar Arwisigiadau 1911 ac 1969, a champwaith Wyn Thomas ar hanes MAC a'r FWA. Yn ogystal, bu *Wyt Ti'n Cofio* gan Gwilym Tudur, *Cân dros Gymru* gan Dafydd Iwan a chofiannau rhagorol Derec Llwyd Morgan i Thomas Parry, Martin Shipton i George Thomas a Rhys Evans i Gwynfor Evans wrth fy mhenelin gydol yr amser.

## Prif Ffynonellau

*Investiture: Royal Ceremony and National Identity in Wales, 1911-1969* – John S. Ellis (Gwasg Prifysgol Cymru)
*Hands Off Wales: Nationhood and Militancy* – Wyn Thomas (Gomer)

## Ffynonellau eraill

### Cofiannau

*Cynhaeaf Hanner Canrif* – Gwilym Prys Davies (Gomer)
*Bywyd Cymro* – Gwynfor Evans (Gwasg Gwynedd)
*Rhag Pob Brad* – Rhys Evans (Y Lolfa)
*O Lwyfan i Lwyfan* – Peter Hughes Griffiths (Y Lolfa)

*Lolian* – Robat Gruffudd (Y Lolfa)

*Cân dros Gymru* – Dafydd Iwan (Gwasg Gwynedd)

*Pobol* – Dafydd Iwan (Y Lolfa)

*Prison Letters* – John Jenkins (Y Lolfa)

*Y Brenhinbren: Bywyd a Gwaith Thomas Parry* – Derec Llwyd Morgan (Gomer)

*Cofiant Cledwyn Hughes – Un o Wŷr Mawr Môn a Chymru* – D. Ben Rees (Y Lolfa)

*Political Chameleon: In Search of George Thomas* – Martin Shipton (Welsh Academic Press)

*Llywelyn ap Gruffydd: Tywysog Cymru* – J. Beverly Smith (Gwasg Prifysgol Cymru)

*Welsh Lives: Gone but not forgotten* – Meic Stephens (Y Lolfa)

*Tryweryn – A Nation Awakes – The Story of a Welsh Freedom Fighter* – Owain Williams (Y Lolfa)

*Y Plismon yn y Castell* – Elfyn Williams (Gwasg Carreg Gwalch)

## Hanesyddol

*To Dream Of Freedom* – Roy Clews (Y Lolfa)

*Hanes Cymru* – John Davies (Penguin)

*Urdd Gobaith Cymru: Cyfrol 3 (1960-1972)* – R. E. Griffith (Cwmni Urdd Gobaith Cymru)

'Arwisgiad 1969: Yr Ymateb Gwleidyddol' – Dafydd Gwynn, yn *Cof Cenedl XV*, gol. Geraint Jenkins (Gomer)

*Mae Rhywun yn Gwybod* – Alwyn Gruffydd (Gwasg Carreg Gwalch)

*Freedom Fighters: Wales's Forgotten 'War', 1963-1993* – John Humphries (Gwasg Prifysgol Cymru)

*Trwy Ddulliau Chwyldro: Hanes Cymdeithas yr Iaith, 1962-92* – Dylan Philips (Gomer)

*Wyt Ti'n Cofio?* – Gwilym Tudur (Y Lolfa)

## Dychan a Chreadigol

*Holl Ganeuon Dafydd Iwan* – Dafydd Iwan a Hefin Elis (Y Lolfa)

'Songs of Malice and Spite'?: Wales, Prince Charles, and an
   Anti-Investiture Ballad of Dafydd Iwan' – Craig Owen Jones
   yn *Music and Politics* Cyfrol 7, Rhifyn 2
*Llyfr Mawr Lol* – gol. Arwel Vittle (Y Lolfa)
'Llythyr y Cwîn' – Gareth Miles, *Tafod y Ddraig* (1968-70)
*Cerddi'r Cywilydd* – Gerallt Lloyd Owen (Gwasg Gwynedd)
*Ad Astra* – Manon Rhys (Gomer)

## Ysgrifau a Chyfweliadau
*Prince, The Crown and The Cash* – Emrys Hughes (Housmans)
*Gwaedd yng Nghymru* – J. R. Jones (Cyhoeddiadau Modern
   Cymreig)
*Areithiau Emyr Llywelyn* – Emyr Llywelyn (Y Lolfa)
*Ym Marn Alwyn D. Rees* – Alwyn D. Rees (gol. R.M. Jones)
   (Christopher Davies)
*No Half Way House: Selected Political Journalism* – Harri Webb
   (gol. Meic Stephens) (Y Lolfa)
Cyfweliad Vaughan Hughes gyda Gerallt Lloyd Owen, yn *Barn*
   (Mehefin 2009)

## Papurau newydd a chylchgronau 1967-1970
*Barn*
*Bronco*
*Caernarvon and Denbigh Herald*
*I'r Gad (Cylchgrawn Ieuenctid Plaid Cymru)*
*Liverpool Daily Post*
*Lol*
*Llais y Lli*
*Observer*
*Tafod y Ddraig*
*The Courier*
*The Guardian*
*The Sun*
*The Sunday Telegraph*
*Y Casglwr*
*Y Clorianydd*

*Y Cymro*
*Y Faner*
*Yr Herald Cymraeg*
*Western Mail*

Yn ogystal â'r ffynonellau uchod cafwyd deunydd hefyd ar gyfer y gyfrol ym Mhapurau Gwynfor Evans a gedwir yn y Llyfrgell Genedlaethol yn Aberystwyth.

# Mynegai Pobl

Hefyd o'r Lolfa:

£14.99

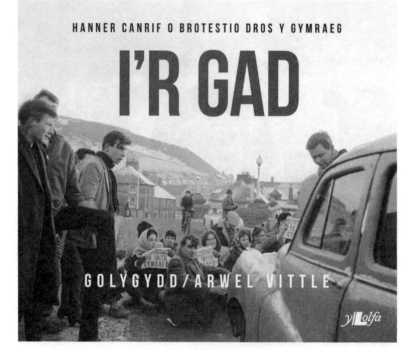

HANNER CANRIF O BROTESTIO DROS Y GYMRAEG

# I'R GAD

GOLYGYDD/ARWEL VITTLE

y Lolfa

£29.95 (cc)
£19.95 (cm)

Cofio 75 mlynedd ers llosgi'r Ysgol Fomio

# 'Cythral o Dân'

Rhagair gan
DAFYDD WIGLEY

ARWEL VITTLE

yLolfa

£7.95

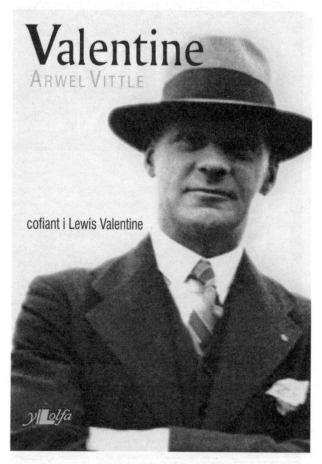

# Valentine

ARWEL VITTLE

cofiant i Lewis Valentine

yl Lolfa

£14.95

# Tryweryn:
## A Nation Awakes

The story of a Welsh Freedom Fighter

# OWAIN WILLIAMS

y Lolfa

£9.99

# John Jenkins
## Prison Letters

£9.99
Allan mis Mehefin

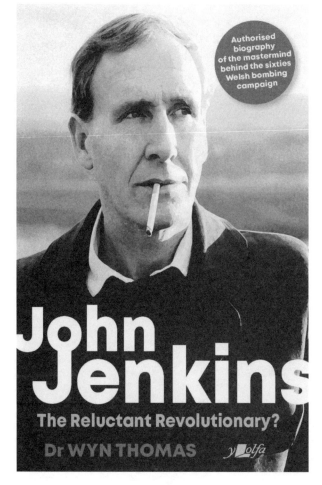

Authorised biography of the mastermind behind the sixties Welsh bombing campaign

# John Jenkins

## The Reluctant Revolutionary?

### Dr WYN THOMAS

y Lolfa

£19.99 (cc)
Allan mis Mehefin